Gabriele Krone-Schmalz
Rußland wird nicht untergehen . . .

Gabriele Krone-Schmalz

Rußland wird nicht untergehen . . .

ECON Verlag
Düsseldorf · Wien · New York · Moskau

Inhalt

Zu diesem Buch

Zuerst wollte ich mein drittes Buch »Im Osten nichts Neues« nennen – das hatte ich in der erweiterten Ausgabe des zweiten bereits angedeutet. Mir war »Im Westen nichts Neues«, der Roman von Erich Maria Remarque, in Erinnerung. Ohne unzulässige Parallelen ziehen zu wollen, hatte ich dabei folgendes im Sinn: In den Köpfen der Menschen in Deutschland – und nicht nur da – scheint sich festgesetzt zu haben, daß es in Rußland und den Ländern der ehemaligen Sowjetunion einfach nicht vorangeht. Im Osten nichts Neues – das ließe sich über fast jeden Artikel schreiben, der zum wiederholten Male die altbekannten Mißstände und Unzulänglichkeiten beschreibt. Die Versorgungslage ist schwierig bis katastrophal, die Preise unerschwinglich, die Fabriken verrotten, die Ernte vergammelt, die Kriminalität wächst – alles bekannt.

Die Realität ist vielfältiger, kommt aber kaum vor. Denn in dieser negativen Grundstimmung haben nur bestimmte Geschichten eine Chance, Geschichten, die das bekannte Bild bestätigen und weiter ausmalen. (Das ist in gewissem Sinne die Umkehrung schönfärberischer Propaganda – ebenso mit fatalen Konsequenzen.)

Es gibt viele Gründe, warum das so ist. Böse Absicht scheint mir in den wenigsten Fällen das Motiv zu sein, eher eine gewisse Gleichgültigkeit, Gedankenlosigkeit, gelegentlich ergänzt um das dumm-dreiste Motto mancher Medienmacher: Schön schrecklich muß es sein, sonst guckt eh keiner hin.

Aber auch Sachzwänge – wirkliche oder vermeintliche – spielen eine Rolle, etwa die durchaus berechtigten Skrupel von Journalisten, in einer Zeit, wo alle Welt vom wirtschaftlichen Zusammenbruch und gesellschaftlichen Chaos redet, wo unbestritten große Teile der russischen Bevölkerung existentielle Probleme haben, in einer solchen Zeit den Blick auf Inseln der Ordnung und der funktionierenden Zusammenarbeit zu richten. Simpel auf den Punkt gebracht: Wenn internationale Treffen in Politik und Wirtschaft von Themen wie der Zahlungsunfähigkeit Rußlands beherrscht werden, dann ist im engen Zeitrahmen von Informationssendungen für Reportagen über eine erfolgreich arbeitende Kolchose oder das kulturelle Leben einer Provinzstadt kein Platz.

Daß wir kaum etwas über Erfolge erfahren, hat aber auch mit dem ungeschriebenen Gesetz zu tun: Nur eine schlechte Nachricht ist eine gute Nachricht. Auf den ersten Blick klingt es einleuchtend, wenn ein Kollege dieses Motto anschaulich rechtfertigt: »Wir berichten ja auch nicht über die vielen tausend gelungenen Landungen von Verkehrsflugzeugen. Normalität ist kein Grund für Berichterstattung.« Auf den zweiten Blick muß man folgendes begreifen: Es handelt sich bei der Umgestaltung in den Ländern der ehemaligen Sowjetunion um alles andere als Normalität.

Was sich dort seit Perestroika-Zeiten abspielt, hat es weltweit bislang nirgendwo gegeben. Es ist eine Revolution gigantischen Ausmaßes, ein Prozeß, dem man mit herkömmlichen Mitteln in keiner Weise beikommen kann – auch nicht in der Berichterstattung.

Angesichts der Tatsache, daß die Welt immer stärker auf Zusammenarbeit und Gegenseitigkeit angewiesen ist, daß sich katastrophale Zustände in einzelnen Ländern längst über die Landesgrenzen hinaus auswirken, ist es beinahe sträflich, mit einem – aus welchen Gründen auch immer – verengten Blick ein Szenario zu entwerfen, das nur noch Resignation erlaubt und potentiell interessierte und motivierte Menschen entmutigt.

Nichts ist überzeugender als ein funktionierendes Beispiel. Statt Informationen dieser Art zu unterschlagen oder zu übersehen, sollten wir sie vorrangig verbreiten. Einen kleinen bescheidenen Beitrag dazu möchte ich mit diesem Buch leisten.

... ach so, der Titel. Vielleicht haben nicht mehr alle den Klassiker »Im Westen nichts Neues« präsent, vielleicht hätte ein Bezug darauf auch zu Mißverständnissen geführt. Andere hätten es vielleicht für eine Anmaßung gehalten. Das alles wollte ich nicht riskieren. Also machte ich mich auf die Suche nach einem anderen Zitat, um im Stil meiner bisherigen Buchtitel zu bleiben, und bin bei Maxim Gorki fündig geworden: »Rußland wird nicht untergehen.«

Davon bin ich übrigens überzeugt.

Auf der anderen Seite der Mattscheibe

Rückkehr nach Deutschland

Ich habe lange darüber nachgedacht, ob das folgende überhaupt in dieses Buch gehört. Ob es nicht zu persönlich ist. Bei diesen Überlegungen habe ich festgestellt, daß ich mir die Erwartungen anderer vorstelle und Gefahr laufe, mich zu verkrampfen und meine Unbefangenheit zu verlieren, obwohl ich mich für einen recht stabilen Typ halte.

Warum soll ich nicht erzählen, was mir nach meiner Rückkehr aus Moskau in Deutschland aufgefallen ist, was mich dazu gebracht hat, mich nach wie vor mit dem Thema Rußland bzw. ehemalige Sowjetunion zu beschäftigen? Warum sollte ich das unterschlagen und gleich zur Faktensammlung und Analyse kommen? Bloß weil »man das eigentlich nicht tut«, weil der eine oder andere mir vorwerfen könnte, daß ich mich selbst zu wichtig nehme? Natürlich geht es in erster Linie darum, Informationen zu vermitteln, aber ich glaube, es ist immer besser, zu erzählen, statt zu dozieren. Ich will mich lieber nicht als neutrale Instanz aufspielen, sondern persönliche Gedanken und Empfindungen zulassen.

Als ich im Sommer 1991 Moskau verließ, etwa zwei Wochen vor dem Putschversuch, hatte ich mich ganz bewußt für eine Beurlaubung entschieden. Ich wollte aus privaten Gründen nicht noch ein weiteres Jahr als Korrespondentin in Moskau arbeiten und aus persönlichen Gründen auf keinen Fall das Thema Rußland aufgeben. Das aber wäre die zwangsläufige Konsequenz gewesen, wenn ich als Journalistin an irgendeinen anderen Ort der Welt gegangen wäre, und zwar ganz gleich, ob dieser Ort Washington oder Bonn geheißen hätte.

Meine Pläne des geruhsamen Studiums russischer Politik, Wirtschaft und Kultur machte der Putschversuch zunichte. Die Ereignisse überschlugen sich, ich war gerade – sozusagen ganz frisch – aus Moskau zurückgekehrt und als unkompliziert greifbarer Gesprächspartner gefragt.

Es wäre müßig, das daraus resultierende Chaos beschreiben zu wollen. Nur soviel – aus dieser Zeit stammt eine Art Trauma beim Klingeln des Telefons. Dankbar bin ich für die vielseitigen Erfahrungen, die ich dadurch machen konnte, daß ich nahezu ununterbrochen in Deutschland unterwegs war und vor den unterschiedlichsten Foren referierte. Ich bekam einen Eindruck von den Vorstellungen, die hier über Rußland und die Russen herrschen. Etwas, das man auf der anderen Seite der Mattscheibe so nie erfährt. So viele »Zuschauer« im direkten Kontakt – davon kann man als Fernsehjournalist nur träumen.

Man muß ja nicht gleich blind alles umsetzen, was man hört, aber es ist schon sehr hilfreich, wenn Zuschauer Wünsche und Klagen über die Berichterstattung im Fernsehen mal von Angesicht zu Angesicht loswerden können. Es sei all jenen dringend empfohlen, die in ihren Redaktionsstuben mehr und mehr den Kontakt zur Außenwelt verlieren, weil sie nur noch für sich, ihre Kollegen und allenfalls die Kritiker Programm machen. Weil sie Prioritätenlisten aufstellen, die sie selbst erfunden haben, ohne sich für die Bedürfnisse von Zuschauern zu interessieren. Weil sie mit Einschaltquoten argumentieren, die nur wenig aussagen, weil ja immer nur gemessen werden kann, was angeboten wird.

Kurz und gut: Ich habe festgestellt, daß das Bild Rußlands im Sommer 1991 – nicht zuletzt gezeichnet durch die Medien – meist mit der Vorstellung von Hunger und Chaos, Kriminalität und Mafia verbunden war; die am häufigsten gebrauchten Formeln lauteten »Faß ohne Boden«, in das man nicht länger investieren könne, und »Millionen auf gepackten Koffern«, vor denen man Angst haben müsse.

Apropos – wußten Sie, daß in Großbritannien 49 Prozent

der Einwohner ihr Land verlassen würden, wenn sie könnten? Das sind Zahlen einer Gallup-Umfrage von Februar 1993. Obwohl also nahezu die Hälfte der britischen Bevölkerung lieber im Ausland wohnen würde, wenn die Möglichkeit dazu bestände, ist uns das allenfalls eine Randnotiz wert. Oder haben Sie eine entsprechende Schlagzeile entdeckt, die unsere Ängste vor einer Invasion über den Kanal schürt?

Natürlich muß man nicht damit rechnen, daß es nun über dreißig Millionen Briten ausgerechnet nach Deutschland zieht – auch wenn sie als EG-Bürger durchaus das Recht zur Niederlassung bei uns hätten. Aber es sagt doch eine Menge über den Zustand einer Gesellschaft, aus der die Hälfte der Einwohner am liebsten weglaufen möchte.

Was hat das alles mit Rußland zu tun, werden Sie möglicherweise fragen. Eine Menge – denn es sollte uns hier in Deutschland deutlicher vor Augen führen, wie erstaunlich vernünftig und besonnen sich doch die russischen Völker verhalten, denen durch den Zusammenbruch ihres gesamten gewohnten Lebensumfeldes jegliche Sicherheit abhanden gekommen ist – und die dennoch keineswegs zu Millionen gen Westen ziehen oder auch nur mehrheitlich davon träumen. Wie schnell demgegenüber Menschen anderswo doch die Flinte ins Korn werfen und aufgeben!

Wenn ich die Reaktionen der Menschen bilanzieren soll, vor denen ich in den letzten anderthalb, zwei Jahren über Rußland und die Länder der ehemaligen Sowjetunion gesprochen habe, so war die überwiegende Mehrheit sehr stark an mehr und genaueren Informationen interessiert und zumeist überrascht, wenn ich von positiven Beispielen berichtete, die in die allgemeine Vorstellung vom russischen Chaos nicht so recht passen wollten. Die meisten waren bereit, sich zu engagieren, sowohl im persönlichen als auch im geschäftlichen Rahmen, sich zumindest irgendwie einzumischen, sich mitverantwortlich zu fühlen. Das Problem bestand immer darin – im kleinen wie im großen, im privaten wie im wirtschaftlichen Bereich –, daß die meisten nicht genau wußten, wohin mit ihrem Engagement. Mit der Zeit wurde mir klar, was manche aus Politik und Wirtschaft schon längst begriffen, dennoch nicht umgesetzt hatten, daß man nämlich eine Art Info-Börse braucht, eine zentrale Anlaufstelle und Partnervermittlung, um dieses wertvolle Potential nicht brachliegen zu lassen.

Die meisten meiner Zuhörer – ob Topmanager oder Student – zeigten Verständnis für die schwierige Lage der Menschen in der ehemaligen Sowjetunion oder waren doch zumindest bereit, Verständnis zu entwickeln. Vorurteile, Borniertheit – das ist mir erstaunlich wenig begegnet. Die keifende alte Dame in Bayern, die mir vorwarf, zuviel Verständnis für Russen zu haben, war eine absolute Ausnahme. Sie selbst würde »denen da drüben« kein Wort glauben, ereiferte sie sich vor etwa 500 Zuhörern. »Ich weiß, wovon ich rede, ich war schließlich vor zehn Jahren mal in Moskau. Mir kann man nichts vormachen«, schleuderte sie in den Saal. »Die Russen haben diese ganze Perestroika doch nur angefangen, weil sie finanziell und wirtschaftlich am Ende waren. Sobald die wieder Boden unter die Füße bekommen, werden die Russen ihr wahres Gesicht wieder zeigen.« – Man kann darüber streiten, ob hinter diesem Ausbruch bösartige Verhetzung oder hilflose Angst steckte, und ich bin nicht sicher, welches von beiden sich besser bekämpfen ließe.

Der jovial lächelnde Sparkassendirektor aus Norddeutschland, der mir bei der Begrüßung Naivität in der Beurteilung wirtschaftlicher Möglichkeiten in Rußland unterstellte, war ebenso ein Einzelfall. Doch selbst der gab seine starre, ablehnende Haltung gegenüber Rußland auf, als er merkte, daß lebendige Beispiele bessere Beweise sind als tote Statistiken.

Wie oft mögen Angst und/oder Feindbilder Entscheidungen in Politik und Wirtschaft beeinflussen? Wie häufig verhindern Berührungsängste den Zugang zu Informationen? Ich glaube, bevor man etwas begreifen kann, muß man zunächst die richtigen Relationen finden. Das wiederum kann nur gelingen, wenn man überhaupt etwas wissen will und wenn man bereit ist, gängige Vorstellungen zu überprüfen und notfalls zu korrigieren. Hinderlich ist es auf jeden Fall, mit dem Bewußtsein durch die Welt zu gehen, im Besitz der alleingültigen Wahrheit zu sein und sowieso alles im Griff zu haben.

Man kann wahrlich nicht von jedem Menschen verlangen, sich global politisch auf dem laufenden zu halten; es ist überhaupt nicht schlimm, von wichtigen Entwicklungen auf der Welt nichts zu wissen. Ich würde nie jemandem vorwerfen, daß er die russische Realität nicht kennt. Muß er oder sie ja nicht. Aber wer urteilen will – der muß.

Nichts als Chaos?
Nach dem Ende der Sowjetunion

Es ist erstaunlich, wie schwer wir uns im Westen damit tun, Rußland zu begreifen. Der »Eiserne Vorhang« ist schon lange verschwunden, kaum ein Land der Welt läßt sich so offen in die Karten gucken wie Rußland, ganz gleich, ob es sich um Rüstungsbetriebe, Kernenergie, Umweltsünden oder Staats- und Parteiakten handelt, und dennoch – Rußland scheint für uns nach wie vor ein Buch mit sieben Siegeln zu sein.

Und immer noch haben wir große Angst: früher, zu Zeiten des Kalten Krieges, vor dem monolithischen waffenstarrenden Block Sowjetunion und heute vor dem Chaos im zerplatzten Koloß. Da hat sich kaum etwas verändert. Der Effekt ist der gleiche. Man macht sich ein falsches Bild.

Wie sieht denn das typische Bild aus, das wir heute haben – ja, wovon eigentlich: von Rußland, den Ländern der ehemaligen Sowjetunion? Es war zwar damals schon peinlich, wenn ausgerechnet Menschen aus dem Westen Rußland und Sowjetunion für ein und dasselbe hielten, aber es ist heute noch peinlicher, wenn in einer seriösen Nachrichtensendung Umweltminister Töpfer als Interviewpartner in Rußland begrüßt wird, obwohl er sich in Tschernobyl aufhält; und das liegt nun einmal in der Ukraine. Oder wenn in sogenannten Infotainment-Sendungen Esten immer wieder zu Russen gemacht werden.

Aber zurück zum üblichen Bild, und bleiben wir in Rußland. In der Regel stellen wir uns das doch folgendermaßen vor: Not und Armut bei den einfachen Menschen, deren Enttäuschung sich nur blutig in Form eines Bürgerkrieges entladen kann. In allen Ecken lauern Altkommunisten, die mit Riesenschritten in düsterste Vergangenheit zurücksteuern. Eine ideologisch entwurzelte und gedemütigte Armee harrt ihrer Chance, die politische Macht zu ergreifen. Hinter allem die allmächtige Mafia, die sich auch noch den größten Teil der humanitären Hilfe unter den Nagel reißt. Wenn wir ehrlich sind: So denken doch viele.

Es gibt arme Menschen, Not, Elend, Verzweiflung, gewiß – aber das ist doch keine russische Spezialität. Auch wenn es vielen dort heute wirklich schlechtgeht, ist das noch lange kein Grund, aus weltweit vorhandenen Phänomenen mit Vorliebe russische Besonderheiten zu machen, die als Begründung dafür herhalten müssen, warum der Westen das eine tut und das andere läßt.

Zum Beispiel: die Mafia. Hält uns die Existenz einer gutfunktionierenden Mafia in Italien, in den USA oder auch in Deutschland von Investitionen oder Urlaubsreisen ab? Natürlich nicht.

Zum Beispiel: Staatsverschuldung. Nennen Sie mir ein Land ohne. Die westlichen Länder haben das dickere Polster, da kann man wie im richtigen Leben auch länger ungestraft sein Konto überziehen. Die Wirtschaftslage ist weltweit beunruhigend schlecht.

Die Relationen stimmen einfach nicht, wenn wir an planwirtschaftlichen Resten in einer Gesellschaft herummäkeln, in der alles aus den Fugen gerät, und gleichzeitig gute Argumente für die Beibehaltung von Subventionen in unserem eigenen stabilen System finden.

In der politischen Landschaft verirren wir Westler uns zuweilen gründlich, weil wir uns weit mehr als unsere östlichen Nachbarn ideologische Stolpersteine in den Weg legen. Ist Ihnen beispielsweise aufgefallen, daß wir von Jelzins kommunistischer Vergangenheit so gut wie nie reden, sie aber bei anderen Politikern ständig parat haben? Beim russischen Ministerpräsidenten Tschernomyrdin fiel sie uns sofort ein und diente als Beweis für einen Rückschritt in der russischen

Reformpolitik. Wir hielten seinen Vorgänger Gaidar alleine schon deshalb für einen fähigen Politiker, weil er nicht kommunistisch vorbelastet war, und stilisierten ihn zum Garanten einer Wirtschaftsreform hoch, die den Begriff soziale Marktwirtschaft nun wirklich nicht verdient. Gaidar stand eher für die liberalistische Brutalo-Variante, die von den meisten Deutschen zu Hause mit Sicherheit dankend abgelehnt werden würde.

Beinahe schizophren – höflicher ausgedrückt: nicht ganz logisch – ist es, wenn wir Rußland unter Druck setzen und dazu zwingen, Reformprozesse zu beschleunigen, das heißt zu brutalisieren. *Darin* liegt ein soziales Risiko und die Gefahr politischer Instabilität – mit der wir aber dann gerne argumentieren, wenn es um Rußland als Wirtschaftspartner geht und wir uns lieber zurückhalten und abwarten wollen.

Wir fürchten uns angesichts einer kommunistischen Demonstration in Moskau, an der 100 000 Menschen teilnehmen, und vergessen, daß in dieser Stadt fast zehn Millionen leben, etwa so viele wie in ganz Weißrußland.

Das sind die Dinge, die man sich klarmachen muß, wenn man wirklich etwas begreifen will und bereit ist, erst zu analysieren und dann zu urteilen. Das ist keineswegs selbstverständlich, weder bei Journalisten noch bei Politikern. Und bei den Wirtschaftsleuten seltsamerweise auch nicht so ohne weiteres, obwohl man denen das am ehesten nachsagt.

Versuchen wir es doch einmal ganz unaufgeregt und ehrlich. Tatsache ist, daß wir es alleine in Rußland mit einem potentiellen Markt von 160 Millionen Menschen zu tun haben, die nahezu mit allem zu versorgen sind. Welch eine Perspektive für die Wirtschaft der westlichen Länder, in denen es immer schwieriger wird, etwas abzusetzen, weil fast alle fast alles haben oder die Kaufkraft stagniert.

Klopfen wir doch mal die verschiedenen Interessen ab:

- Das politische Interesse des Westens muß sein, Rußland wirtschaftlich auf die Beine zu helfen, um stabile Verhältnisse zu fördern. Dafür werden nicht unbeträchtliche

Mittel ausgegeben – daß man die besser koordinieren müßte, steht auf einem anderen Blatt. Solange Programme der Bundesländer, des Bundes und der Europäischen Gemeinschaft miteinander konkurrieren, darf man sich nicht wundern, wenn Erfolge ausbleiben.

- Das legitime Interesse der Wirtschaft ist es, Geschäfte zu machen, und das funktioniert am schnellsten beim Handel bzw. Verkauf von Konsumgütern. Es hat gute Gründe, daß sich Karstadt im Moskauer GUM-Kaufhaus etabliert hat oder McDonald's seit über fünf Jahren auf dem Gebiet der ehemaligen Sowjetunion expandiert oder daß es in Moskau seit neuestem einen großen Baumarkt mit deutscher Beteiligung unter dem schönen Namen »Bauklotz« gibt.
- Im Interesse Rußlands müßte es liegen, soviel wie möglich im eigenen Land zu produzieren, damit man nicht für jeden Fleischklops kostbare Devisen ausgeben muß. Auch wenn es verständlich ist, daß man sich von kurzfristigen Importen dieser Art ein wenig Erleichterung erhofft. Und im Interesse Rußlands liegt es, die wenigen Produkte, mit denen sie auf dem Weltmarkt konkurrieren können, zu exportieren, um Devisen zu erwirtschaften.
- Das wiederum liegt nicht so ohne weiteres im Interesse des Westens. Wenn darüber aufrichtiger gesprochen würde, bekäme all das, was sich unter dem Stichwort »Wirtschaftshilfe« sammelt, einen etwas anderen Stellenwert.

Wenn man an den Beginn der Umbaupolitik – besser bekannt unter dem russischen Namen Perestroika – vor acht Jahren denkt und an die Reaktion des Westens darauf, dann muß man an zweierlei erinnern:

Erstens: Wir haben uns sehr viel Zeit damit gelassen, diese politische Umorientierung ernst zu nehmen. Das ist heute so weit weg für uns. Wer denkt noch an den Begriff »Genscherismus«, mit dem man die Haltung des ehemaligen deutschen

Außenministers abfällig charakterisierte, der als einer der ersten diese für den Westen überraschende Politik der Sowjetunion ernst genommen hat. Viele von denen, die sich heute als Freunde Gorbatschows und Jelzins bezeichnen, haben die neue sowjetische Politik zunächst einmal für eine besonders raffinierte Finte gehalten und blieben lange skeptisch. Das muß man verstehen, aber man darf es nicht vergessen, denn dadurch ging eine Menge kostbarer Zeit verloren.

Und zweitens: Wir sind im Westen doch vielfach davon ausgegangen, man muß nur die sozialistische Planwirtschaft per Beschluß abschaffen, also politisch sagen, wo's langgeht, und dann baut sich dort automatisch und wundersam genau das auf, was wir kennen, nämlich soziale Marktwirtschaft. Wir hätten es eigentlich von Anfang an besser wissen müssen.

Ein weiterer Punkt, den wir in der Regel nicht sehr präsent haben, der aber wichtig ist, um die Verhältnisse in den Ländern der ehemaligen Sowjetunion zu verstehen: Der Umbauprozeß ging nicht von der Bevölkerung aus, wie in den meisten Ländern des ehemaligen Ostblocks, sondern von der Spitze der Kommunistischen Partei. Wir vergessen das oft und haben nicht nur größte Schwierigkeiten, unsere Berührungsängste mit Kommunisten zu überwinden, sondern machen darüber hinaus auch noch den fatalen Fehler, Antikommunisten von vornherein für Demokraten zu halten.

Es herrscht zuweilen in unserer Berichterstattung und auch in der Politik eine abenteuerliche Naivität, die etwa auf die Formel hinausläuft: Wer sich heute am lautesten von seiner früheren kommunistischen Vergangenheit distanziert, ist auf jeden Fall ein guter Demokrat. Dieses unpassende Schema findet ja auch Anwendung auf die ehemalige DDR. Aber so einfach ist das alles nicht. Es gibt genügend Fälle, in denen sich Kommunisten demokratischer und rechtsstaatlicher verhalten als Nichtkommunisten. In meinem letzten Buch habe ich über die traurige Wandlung des Vorgängers von Eduard Schewardnadse als georgischer Präsident geschrieben: Swiad Gamsachurdia, der frühere Dissident und Freiheitskämpfer, hatte sich – einmal an der Macht – als brutaler Diktator entpuppt. Und Schewardnadse, ein Glücksfall für das zerrissene Georgien, war in der Vergangenheit 1. Sekretär der KP.

Ein weiteres, besonders griffiges Beispiel verlangt einen kleinen Exkurs nach Litauen. Im Westen wurde der litauische Präsident Algirdas Brazauskas nach seiner Wahl Anfang 1993 stets als Exkommunist vorgestellt. Das politische Programm dieses Mannes war dabei zweitrangig. Wir haben die Tatsache, daß Landsbergis bei dieser Wahl mit Pauken und Trompeten durchgefallen war und Brazauskas, der frühere erste Mann Litauens – damals Kommunist, was sonst –, einen Erdrutschsieg verbuchen konnte, als Zeichen für einen Rückfall in frühere Zeiten gewertet. Es ist anders, und es wäre so leicht zu erklären.

Brazauskas hatte sich schon damals, zu Zeiten der Sowjetunion, als er an der Macht war, als integrer und kluger Politiker erwiesen. Er hat als Kommunist die Trennung von der Sowjetunion betrieben, hartnäckig und clever. Er hat, als erster überhaupt, die Parteiorganisation einer Republik von der Moskauer Zentrale abgespalten. Sehr revolutionäre und mutige Taten damals. Und dann stolperte er über den Zeitgeist, über die öffentliche Meinung, die die Nase voll hatte von Kommunisten. Jeder andere war besser als ein KP-Mann. Menschlich, psychologisch zu verstehen. Mittlerweile haben die Litauer in ihrer Mehrheit begriffen, daß Landsbergis außer viel heißer Luft und einem selbstmörderischen Konfrontationskurs mit Rußland nicht viel zu bieten hat, und sie erinnerten sich an den Profi Brazauskas. So – und? Die Chancen für eine Politik der Zusammenarbeit sind auf jeden Fall gestiegen. Die Erkenntnis, daß die Staaten der früheren Sowjetunion insbesondere wirtschaftlich extrem aufeinander angewiesen sind, diese Erkenntnis, die bei Landsbergis beinahe unter Strafe stand, scheint sich langsam durchzusetzen und politisch umzusetzen. Das hat nichts mit Nostalgie zu tun und auch nichts mit irgendeinem Ismus.

Ich reite deshalb auf den Begriffen »Kommunist« und »Kommunismus« herum, weil nach meinem Eindruck eine möglichst unverkrampfte Haltung und eine klare Analyse der politischen Verhältnisse – nicht von vornherein getrübt durch irgendwelche ideologischen Brillen unsererseits – hilft, die dortigen Entwicklungen besser zu begreifen. Berührungsängste, so verständlich sie im einzelnen sein mögen, schaden. Das kann man nicht oft genug betonen.

Wenn wir ganz ehrlich sind, wir im Westen, dann müssen wir zugeben, daß wir uns im Grunde nichts sehnlicher gewünscht haben als den Zusammenbruch der Sowjetunion. Und als uns der Wunsch dann erfüllt wurde, stellten wir erschreckt fest, wie unbequem es plötzlich für uns geworden war. Mit viel Verspätung dämmerte uns, daß sich die zwischennationalen Probleme der Sowjetunion nicht automatisch dadurch lösen, daß die einzelnen Republiken von der Moskauer Zentrale unabhängig werden.

Wir im Westen haben auch viel zu sehr auf Schlagworte wie Unabhängigkeit gebaut und damit vielen Republiken – gerade auch den baltischen – Flausen in den Kopf gesetzt, die sich wunder was von ihrer Unabhängigkeit erwartet haben. Wie wäre es gewesen, folgende Idee zu vermitteln: Unabhängigkeit in dem Sinne, wie ihr das nachholen wollt, die gibt es nicht mehr auf dieser Welt. Es gibt allenfalls einen Katalog von Freiheiten, von gesicherten Rechten, aber das funktioniert am besten miteinander und nicht gegeneinander.

Wie sieht es denn in den baltischen Republiken heute aus? Zu sowjetischen Zeiten bestand in Litauen, Lettland und Estland ein wesentlich höherer Lebensstandard als beispielsweise in Rußland. Das führte ja auch dazu, daß die Russen Einkaufsfahrten ins Baltikum machten und sich die Balten schließlich dagegen mit der Regelung schützten, daß man nur noch unter Vorlage eines einheimischen Passes einkaufen konnte.

Und heute? Heute muß sich in den baltischen Republiken niemand mehr vor Einkaufstouren der Russen fürchten. Heute sitzen Litauer, Letten und Esten im Winter in kalten Wohnungen, weil die Energieversorgung nicht klappt. Und warum das alles? Weil wechselseitige Rachegelüste, Sturheit, Borniertheit und maßlose Selbstüberschätzung die Politik bestimmten und zum Teil noch bestimmen, statt realistischer Pragmatismus, der nach Möglichkeit nicht alte Rechnungen aufmacht, sondern ein neues Konto eröffnet. – Mir ist sehr wohl bewußt, daß sich so etwas leichter sagen läßt, wenn man nicht mittendrin steckt, sondern von außen beobachten kann – dennoch muß man es sagen dürfen.

Noch einmal: Wir sollten akzeptieren, daß wir über Rußland und die ehemalige Sowjetunion immer noch viel zuwenig wissen. Nur wenn wir das sehen, können wir gezielt etwas dagegen tun. Wenn nicht, lassen wir uns weiter von nebulösen Vorstellungen einlullen und treffen falsche Entscheidungen, die sich todsicher rächen.

Was die Wirtschaft und Industrie angeht: Eigentlich findet in Deutschland gegenwärtig nur ein reger Erfahrungsaustausch über Pleiten statt, aber kein Erfahrungsaustausch darüber, wenn es funktioniert im Geschäft mit den Russen.

Das hat etwas mit Konkurrenz zu tun. Ich höre immer wieder von in Rußland erfolgreichen deutschen Unternehmern, daß sie gar nicht so unglücklich darüber sind, wenn die meisten ihrer Kollegen inklusive deren Geldgeber immer noch auf die vielzitierten Rahmenbedingungen warten, bevor sie überhaupt anfangen, darüber nachzudenken, wie man auch ohne diese ein Geschäft auf die Beine stellen kann. Denn das verschafft den *jetzt* dort Tätigen einen kaum noch einzuholenden Vorteil. Wie stark diese Konkurrenzüberlegungen sind, stelle ich zur Zeit fest, wenn bei gezielter Nachfrage, wie diejenigen das denn gemacht haben, die auf dem russischen Markt so zufrieden sind, ganz massiv geblockt wird nach dem Motto: Das müssen die anderen schon selbst herausfinden.

Auch das muß man in gewisser Weise verstehen, aber schade ist es doch. Denn wie viele Kräfte und wie viele Mittel könnte man mobilisieren, wenn man den vielen kleinen und mittleren deutschen Interessenten ein gewisses Know-how zur Verfügung stellen würde, dessen Erarbeitung sich in der Regel nur die großen leisten können.

Und was die journalistische Berichterstattung aus dem russischen Wirtschaftsleben angeht: Positive Beispiele werden oftmals verwechselt mit der Propagierung einer verlogenen heilen Welt. Positive Berichterstattung hat beinahe etwas Suspektes. Ich denke, es kann nicht angehen, daß sich ein Journalist, der über das wirtschaftliche Engagement einer Firma in Rußland positiv berichtet, fragen lassen muß, wann er demnächst bei denen als Pressesprecher oder PR-Manager anfängt. Auch das hat was mit Berührungsängsten zu tun und mit der – wie ich finde – typisch deutschen Neigung zum Schubladendenken.

Gerade mit Blick auf das sowjetische Experiment muß man Antworten zulassen, die mit »Ja, aber« beginnen, Erklärungen, die ein »Sowohl-Als-auch« beinhalten. So etwas verstehen einige Menschen eher als Unentschlossenheit oder Schwäche denn als notwendige Differenzierung komplexer Zusammenhänge. Der wirtschaftliche Bereich eignet sich sehr gut, diesen Gedanken zu illustrieren.

Sicher, die Zahlungsunfähigkeit Rußlands, die schleppende Zahlungsmoral und das Einfrieren von Devisenkonten haben einige deutsche Firmen an den Rand ihrer Existenz gebracht oder gar in den Ruin getrieben. Aber was ist mit denen, die durch ihr Rußlandgeschäft expandieren und Traumrenditen einfahren?

Es ist ein weitverbreiteter Irrtum, daß in Rußland oder in der GUS kein Geld vorhanden sei. Die politischen Entscheidungsträger wissen lediglich nicht, wo es liegt – und wie es in den Wirtschaftskreislauf gebracht werden kann. Die russische Regierung geht von 25 oder gar 35 Milliarden US-Dollar aus, die bei russischen Privatpersonen und Unternehmen vorhanden sind. Höchstwahrscheinlich liegt die Summe noch höher.

Sicher, die westlichen Banken und deren Kunden klagen zu Recht über die Verluste durch Wertberichtigungen bei Krediten, aber wer überprüft die einstmals bejubelten, zuweilen gigantomanischen Projekte daraufhin, wie sinnvoll und notwendig sie tatsächlich waren?

Sicher, die Milliardenprogramme, die weltweit für Rußland und den gesamten Ostblock aufgelegt werden, sind in ihrer Summe bemerkenswert, aber wer macht mal die Rechnung auf, wieviel davon tatsächlich im Osten ankommt? Unabhängig von neuen Krediten, mit denen alte finanziert werden, verbergen sich dahinter auch Mittel, die an westliche Beratungsfirmen gehen, die parallel und unkoordiniert die 150. Studie zu ein und demselben Thema erarbeiten, die ebenso teuer wie überflüssig ist und zuweilen auch noch von Leuten erstellt wird, die Rußland erst entdeckt haben, seit es dafür aus Bonn und Brüssel Geld gibt.

Es ist nicht nur in Rußland die große Zeit der Schaumschläger. Darauf sollte die Berichterstattung ein Auge werfen und all denen in die Parade fahren, die kritischen Journalismus mit allgemeiner Miesmacherei verwechseln und glauben, der russischen Realität gerecht zu werden, wenn sie alle Facetten der Kriminalität heranzoomen oder unkommentiert einen hochkarätigen deutschen Banker zu Wort kommen lassen, der ganz pauschal vor jeglicher Investition im Osten warnt und sich offenbar keine Gedanken darüber macht, welche Sogwirkung das hat. – Um so schlimmer, wenn er sich doch welche gemacht hat.

Eine der weltweit geltenden Grundregeln lautet doch: Wenn die Rendite steigt, wächst auch das Risiko. Wenn ich auf der sicheren Seite bleiben möchte, dann sind die Zinsen gering bis mäßig. Warum soll diese Regel ausgerechnet in Rußland oder den anderen Ländern der ehemaligen Sowjetunion nicht gelten? In diesen Goldgräberzeiten – anders kann man das nicht nennen – ist die Aussicht auf hohe Gewinne groß, größer als in Deutschland.

Aus reiner Nächstenliebe investiert niemand. Es muß sich

lohnen. Warum geht ein Ölkonzern mit einer Milliardeninvestition gen Osten, finanziert durch ein Bankenkonsortium, und beantwortet die Frage nach dem Risiko mit dem Satz: »Unsere Sicherheit besteht darin, daß sich das Geschäft innerhalb von drei Jahren amortisiert haben wird«? Ich werde in diesem Buch von solchen Beispielen erzählen, die ich nicht suchen mußte, die vielmehr buchstäblich auf der Straße liegen.

Um gute Geschäfte machen zu können, müssen einige Dinge zusammenkommen:

- Das Produkt muß einen Markt finden. Das ist nicht das Problem, denn in Rußland ist nahezu alles »Defizit«, um es mit diesem universalen russischen Ausdruck für Mangelwaren zu sagen.
- Die Menschen müssen es bezahlen können. Auch das ist nicht das Problem, denn die russische Bevölkerung besteht nicht nur aus Rentnern, Arbeitslosen und kinderreichen Familien – auch wenn man als Medienkonsument zuweilen diesen Eindruck haben könnte.
- Und eine psychologische Komponente kommt auch noch hinzu. Der ausländische Geschäftsmann – oder die ausländische Geschäftsfrau – muß akzeptiert werden. Was diesen Punkt betrifft, haben Deutsche einen kaum zu bezifferbaren Wettbewerbsvorteil im Vergleich zu anderen Europäern, Amerikanern oder Japanern. Denn das Wort von den traditionell guten Beziehungen zwischen Deutschen und Russen hat einen realen Hintergrund. Wenn Deutsche mit vergleichbaren Projekten dabei sind, haben sie gute Chancen, bevorzugt zu werden. Die Fälle, in denen »solidarisches« Großmachtdenken der Russen den Ausschlag gibt, nach dem Motto »Die Amerikaner sind von ihrer Bedeutung her die adäquateren Partner für uns«, scheinen mir eher die Ausnahme zu sein.

Übrigens – daß die deutschen Anbieter damals beim Bau von Wohnungen für die zurückkehrenden Soldaten der sowjetischen Streitkräfte nach der deutschen Vereinigung gegenüber

Türken und Finnen zunächst den kürzeren zogen, hat etwas damit zu tun, daß die Russen marktwirtschaftliche Regeln schneller verstanden haben, als wir ihnen das offensichtlich zutrauten ... Tatsache ist, daß Deutsche in Rußland gerngesehene Partner sind.

Doch im Moment hat man nicht den Eindruck, daß die Deutschen mit diesem Pfund wuchern. Sie sind eher dabei, eine wichtige Entwicklung zu verschlafen, und warten lieber weiterhin auf die noch fehlenden Rahmenbedingungen. Das muß alles stabiler und übersichtlicher werden, heißt es ja immer wieder. Der ukrainische Präsident Leonid Krawtschuk hat es kürzlich in einem *Spiegel*-Interview auf den Punkt gebracht: »Man sagt uns, stabilisiert erst mal euer Land, dann helfen wir euch. Aber wenn wir uns stabilisiert haben, dann brauchen wir keine Hilfe mehr.« Wobei mit Hilfe keine Geschenke, sondern Anschubinvestitionen, Know-how, Hilfe zur Selbsthilfe gemeint sind.

Es gibt bei uns ja nicht einmal eine zentrale Anlaufstelle für potentielle Investoren. Was könnte eine wirtschaftliche Partnervermittlung alles schaffen, die intelligent koordiniert, was einerseits gebraucht und andererseits angeboten wird. Das wäre nach meinem Eindruck die lohnendste Investition für die Zukunft, denn Rußland ist reich (an Bodenschätzen, Wissen, Arbeitskraft) und wird künftig ein Absatzmarkt ungeheuren Ausmaßes sein. Wir verzetteln uns aber mit Dutzenden von Anlaufstellen, die zum Teil mehr mit ihrer eigenen Finanzierung beschäftigt sind als mit ihrer Aufgabe, aber dennoch immerhin einen Anfang setzen.*

Und ich glaube, wir machen noch einen Fehler. Wir tun so, als sei in Rußland alles unterhalb einer bestimmten finanziellen Größenordnung nur der berühmte Tropfen auf den heißen Stein und deshalb zu vernachlässigen. Das ist ein Trugschluß. Kleine überschaubare Projekte, möglichst nicht in Moskau,

* Sie finden im Anhang eine Liste verschiedener Anlaufstellen, die sich in den unterschiedlichsten Bereichen gebildet haben.

sondern in der Provinz, das sind die Tropfen, die sich vernetzen. Sie bieten den russischen Menschen praktisches Anschauungsmaterial, das zur Nachahmung anregt und auch befähigt.

Das Schlüsselwort heißt Partnerschaft. Zu partnerschaftlichem Verhalten gehört, daß man sich gegenseitig respektiert und nicht einer dem anderen seine Sicht der Dinge aufdrängen will. Das führt zwangsläufig zum Thema IWF (Internationaler Währungsfonds) und dessen Richtlinien für Rußland.

Der Internationale Währungsfonds konzentriert sich in der Regel auf sogenannte makroökonomische Daten. Also: Die Inflation muß gesenkt werden, ganz gleich wie, lautet eine seiner Hauptforderungen. Dagegen wird niemand etwas haben. Natürlich ist es sinnvoll und notwendig, die Inflationsrate zu senken. Wenn es allerdings darauf hinausläuft, daß die innenpolitischen Probleme eines Landes vollständig ignoriert werden, Hauptsache, die IWF-Richtlinie wird befolgt, dann ist das mehr als kurzsichtig.

Eine kleine Geschichte soll zeigen, wie sich eine theoretisch richtige Forderung, absolut gesetzt, in ihr Gegenteil verkehren kann.

Erinnern Sie sich noch an die Auseinandersetzung um die Agrarpreise in Rußland? Die Bauern bzw. die Kolchosen wollten ihr Getreide nicht für 10 000 Rubel pro Tonne an den Staat verkaufen. Der war aber vom IWF dringend aufgefordert, sich wegen der Haushaltsstabilität keinesfalls auf höhere Preise einzulassen. Theoretisch alles richtig. Praktisch heißt das aber, daß die russischen Getreideproduzenten ihre Ware, ihr Getreide, lieber verschimmeln lassen oder vernichten, als es für 10 000 Rubel die Tonne – aus ihrer Sicht – zu verschleudern. Das wiederum führt dazu, daß der Fehlbedarf importiert werden muß. Das kostet dann keine 10 000 Rubel mehr, sondern kostbare Devisen, in dem konkreten Fall 120 US-Dollar pro Tonne, inzwischen – je nach Kurs – etwa 35 000/40 000 Rubel wert. Fazit: Es wäre billiger gewesen, den russischen Bauern etwas mehr zu zahlen, und es würde die Menschen dort wesentlich mehr für den Westen einnehmen, wenn sie spürten, daß uns ihre Realität überhaupt wirklich interessiert.

Neulich kam in den russischen Fernsehnachrichten der Sprecher einer Agrarvereinigung zu Wort, der ganz unverblümt sagte: »Unsere Regierung und der Oberste Sowjet, die unterstützen mit ihren Getreidekäufen die amerikanischen und kanadischen Bauern. Wenn die uns nur die Hälfte dessen zukommen ließen, dann könnten wir unser Gerät auf Vordermann bringen, Saatgut usw. kaufen und würden ausgezeichnet produzieren. Aber so?« – Recht hat der Mann. Und wie recht er hat, das beweisen amerikanische Studien, die ein Horrorszenario für den Fall entwerfen, daß die Russen und die Ukrainer in der Lage sind, sich selbst zu ernähren und möglicherweise auch noch zu exportieren. Dann können die amerikanischen und kanadischen Bauern nämlich einpacken.

Privatisierung scheint mir auch so ein Fetisch des Westens zu sein. Nach dem Motto »Je mehr die privatisieren, desto glaubwürdiger wird ihr marktwirtschaftlicher Kurs«. Das ist Unsinn. Im gigantischen Maßstab dieses Landes ebenso gigantisch zu privatisieren würde für Rußland alles nur noch unübersichtlicher und bestimmt nicht stabiler machen.

Sicher existieren in Rußland nicht nur real begründete Bedenken gegenüber der Privatisierung, sondern auch diffuse Ängste. Mit kommunistischer Nostalgie hat das kaum zu tun; wenn man bestehende ökonomische Strukturen ganz pragmatisch nutzt, ist das nicht von vornherein eine ideologische Entscheidung. Welche Probleme bei der Privatisierung auftauchen, das erleben wir Deutsche ganz hautnah bei der Treuhandanstalt; überhaupt finden russische Bedenken Nahrung mit Blick auf die ehemalige DDR. Auch wenn ich den folgenden Gedanken in der erweiterten Ausgabe meines letzten Buches bereits ausgeführt habe, möchte ich ihn, weil er für den Zusammenhang wichtig ist, an dieser Stelle aufgreifen. Seit aus der DDR die neuen Bundesländer geworden sind, haben auch viele Deutsche eine etwas plastischere Vorstellung davon, wie gründlich man ein Land abwirtschaften kann und wie schwierig es ist, alles gleichzeitig in Angriff zu nehmen. Wieviel soziale Sprengkraft dabei entsteht, wie viele unpopuläre Maßnahmen lebensnotwendig sind und welch grandioser Nährboden für jegliche kriminelle Energie diese Zeiten des Umbruchs sind. Das ist für das vergleichsweise kleine und reiche Deutschland ein Kraftakt, wieviel mehr für den russischen Riesen, dessen Reich sich über elf Zeitzonen erstreckt (so viele Zeitzonen trennen uns Deutsche von Hawaii) und der eine ganz andere Geschichte zu bewältigen hat. In der Sowjetunion ist man von der autoritären Zarenherrschaft gleich in den totalitären Kommunismus gerutscht. Da gibt es nichts, woran man sich erinnern oder worauf man aufbauen könnte in puncto Demokratie und Freiheit oder freies Wirtschaften.

Die ehemalige DDR und ihr Schicksal wird in Rußland mit besonderem Interesse beobachtet. Zu den Bedenken dort gehört auch, daß die Leute aus dem Westen eben nicht nur sanieren, aufbauen, Anschubinvestitionen leisten, sondern auch aufkaufen, Vertriebsnetze nutzen, einheimische Produkte verdrängen und damit den Markt für die eigenen erweitern. Diese bitteren Realitäten vermitteln sich in Rußland deutlicher, als wir ahnen, und treffen auf die erwähnten diffusen Ängste.

Privatbesitz war ein Verbrechen an der Gesellschaft. Privatbesitz hat den Großbauern, den Kulaken, unter Stalin millionenfach den Tod gebracht, weil sie als Schmarotzer und Verräter an der Gesellschaft stigmatisiert, deportiert und umgebracht wurden. So etwas vergißt man nicht von heute auf morgen. Das ist ja gerade mal sechzig Jahre her.

Und es kommt noch etwas hinzu. Die russische Realität heute vermittelt vielen Menschen den nicht von der Hand zu weisenden Eindruck, Privatbesitz sei tatsächlich so etwas wie Verrat an der Gesellschaft. Denn häufig genug findet Bereicherung in den diversen Grauzonen wirklich auf Kosten der Allgemeinheit statt – und nicht aufgrund eigener Leistung.

Es sind im wesentlichen nicht die Denk- und Verhaltensschablonen alter Zeiten, es sind alte und neue Erfahrungen, die den Menschen in Rußland zu schaffen machen und sie manchmal nicht in unserem Tempo reagieren lassen. Und was den journalistischen Blick auf all das betrifft – daß Journalisten einen verantwortungsvollen Beruf haben, ist im Grunde eine Banalität; daß die Herausforderungen, denen Menschen sich weltweit zu stellen haben, bemerkenswert angewachsen sind, ist auch keine sensationelle Neuigkeit; daß sich Kommunikationsgewohnheiten ändern, weiß man ebenfalls – aber Tatsache ist, daß uns offenbar die Nuancen abhanden kommen. Wir haben nur noch Superlative parat. Mit Blick auf Rußland ist es entweder das neue historische Kapitel, das wir gemeinsam aufschlagen, oder die Katastrophe, der Abgrund, das unbeherrschbare Chaos. Fixiert auf »entweder/oder«, »richtig/falsch«, »gut/schlecht«, landen wir früher oder später wieder bei den Reduzierungen des Kalten Krieges, von denen wir wissen, wie fatal sie sich ausgewirkt haben.

Die Alternative ist nach meiner Überzeugung nicht – je nach Temperament – sauertöpfische Larmoyanz (»Alles furchtbar, und nächste Woche geht die Welt sowieso unter«), blutrünstige Horrorszenarien mit Schockeffekten (nach dem Motto »Wie entsetzlich, kann ich gar nicht hingucken«) oder das durchgestylte Hochgefühl »No future – but no problem« (Keine Zukunft, also auch keine Probleme). Was ich versuchen möchte: hinschauen, sich Zeit lassen fürs Hinschauen, erzählen, was man gesehen und erfahren hat, und den wundervollen Zustand ausnutzen, daß man als Journalist kein Interessenvertreter sein muß.

»Man muß es sehen, um es zu glauben«

Wieder in Moskau

Das Gesicht Moskaus hat sich verändert.

Wenn ich daran denke, wie exotisch Werbung noch vor gar nicht allzu langer Zeit dort war. Im Fernsehen und im Straßenbild vereinzelt erst Ende der achtziger Jahre zu entdecken, bis dahin als Werkzeug kapitalistischer Volksverdummung erst verboten, dann verpönt, ist Werbung heute zu einem festen Bestandteil des Alltags geworden. Als wir im Mai 1988 einen Film mit dem Titel »Rock und Pop, Mode und Werbung« für die ARD produzierten, fühlten wir uns, der Kameramann und ich, wie die Pfadfinder auf der Suche nach Werbetafeln auf Moskauer Straßen. Leuchtreklame machte allenfalls Aeroflot, der Welt größtes Luftfahrtunternehmen, das Werbung nun wirklich nicht nötig hatte, denn alle Inlandsflüge waren (und sind) hoffnungslos überbucht. Dann gab es noch ein paar zaghafte Versuche einzelner Restaurants, und das war's.

Heute kann sich einem das Herz verkrampfen, wenn die Postkartenansichten der typischen Kirchlein vor lauter Reklametafeln von keinem Standort aus mehr einzufangen sind. Als wir Moskau im Frühjahr 1993 wieder besuchten, beherrschten McDonald's, Shell und HB die allgegenwärtigen Werbeflächen. Auf den nichtverkauften Plakatwänden warb die Moskauer Stadtverwaltung in dicken Lettern: »Ihre Reklame wird unsere Stadt schmücken.« Beinahe jedes Fitneßzentrum, jede Massagepraxis hat heute ihre Leuchtreklame über dem Eingang. Und gegen die überbordende Amerikanisierung in der Werbesprache wußte sich die Stadt Moskau nur noch per Erlaß zu wehren. Demnach sind Werbetafeln auf englisch neuerdings nur noch zulässig, wenn sie auch die entsprechende russische Übersetzung enthalten. Sonst droht Strafe.

Die zahllosen Buden und Kioske auf nahezu allen größeren Straßen und Plätzen machen den Eindruck eines immerwährenden Jahrmarktes. Von der Sonnencreme bis zum Aktenkoffer mit Zahlenschloß reicht das Angebot. Limonade oder Bier in Dosen verkauft fast jeder, und wenn dem Kunden die Marke nicht passen sollte – in einem der Nachbarkioske ist die gewünschte Sorte bestimmt zu bekommen. Auf handgeschriebenen Zetteln, ins Schaufenster geklebt, sind Autoersatzteile und Zubehör aufgelistet sowie größere Gegenstände, die zwar nicht in den Kiosk passen, aber zu besorgen sind. »Eine Kalaschnikow können Sie auch haben«, lacht einer, »irgend jemand kennt jemanden, der jemanden kennt.«

Auf dem Kalininprospekt, der Straße, die vom Kreml zum Weißen Haus, dem Sitz der russischen Regierung, führt, bildet die Vielzahl dieser Buden eine Art Freiluftkaufhaus. Zu finden ist alles, nur nicht so gut sortiert. Zur Standardeinrichtung der Buden gehören auf jeden Fall ein Taschenrechner und Tabellen mit den aktuellen Wechselkursen. In Moskau kommt man übrigens mit US-Dollar am besten zurecht, in St. Petersburg mit Deutscher Mark mindestens ebensogut. Darüber hinaus kann man an jeder Ecke offiziell Geld tauschen – aber wozu? *Die* aktuelle Moskauer Währung ist auf jeden Fall der amerikanische Dollar, und der Gegenwert in Rubel läßt sich auch viel umständlicher transportieren. Im Mai mußte man für einen Dollar etwa 900 Rubel hinblättern. Die russische Notenbank hatte gerade zu der Zeit mit einem 1000- Rubel-Schein reagiert. Zu meiner Zeit – das klingt, als hätte ich gesagt: im vorigen Jahrhundert, dabei ist das gerade mal zwei Jahre her –, zu meiner Zeit gab es allenfalls 100-Rubel-Scheine, und die waren selten.

Was sich nicht verändert hat, ist, daß man nach wie vor zu den – für uns Deutsche – unmöglichsten Zeiten einkaufen kann, zumindest Lebensmittel. Selbst am 1. Mai, immer noch ein Feiertag der oberen Kategorie, finden sich offene Geschäfte.

Wir sind zu Fuß unterwegs zum Gorkipark und kommen an einem dieser geöffneten Läden vorbei. In zwei miteinander verbundenen Räumen, hell und sauber, ist ein kleiner Supermarkt untergebracht. Man kann sich selbst bedienen. Das sichtbare Personal besteht aus zwei jungen, freundlichen Frauen, die eine sitzt an der Kasse, die andere wirft ab und zu einen Blick in den zweiten Raum, den man von der Kasse aus nicht einsehen kann. In den gut gefüllten Regalen sehe ich als erstes Schwartau-Marmelade, 2300 Rubel das Glas (umgerechnet etwa 3,80 DM), dann abgepackte Wurst verschiedener deutscher Hersteller, geschälte Kartoffeln im Glas, Pizza, Fertiggerichte, Joghurt, ebenfalls deutscher Herkunft, für 330 Rubel (macht knapp 60 Pfennig), Bier (für 0,33 Liter ca. 1,50 DM), alkoholfreie Getränke und Pampers.

Die Preise werden jede Woche neu festgesetzt, manchmal auch öfter, und die Kurse schwanken von Geschäft zu Geschäft. In einer Boutique der oberen Preisklasse mußte man Anfang Mai 1993 für einen US-Dollar 910 Rubel zahlen, in einem Kaufhaus beim Jungfrauenkloster reichten 880 Rubel.

Wir verlassen den kleinen Laden und gehen weiter Richtung Gorkipark. Die Brücke über die Moskwa, über die sich an Sonn- und Feiertagen immer Menschenmassen wälzen, auf dem Weg von der Metrostation zum Park oder umgekehrt, ist heute, am 1. Mai, mit Fußgängern nahezu verstopft. Familien mit Kindern, die für ein Picknick ausgerüstet sind, junge Pärchen, die irgendwo ein ungestörtes Plätzchen suchen. Die wenigsten sehen aus, als wollten sie zur Maidemonstration. Dabei ist die Fahrbahn der Brücke in einer Weise abgesperrt, als rechnete man mit einer bewaffneten Invasion. In Zweierreihen stehen da die Polizisten mit Helmen und Schilden bewehrt, berittene Polizei hat auch Aufstellung genommen, jede Menge Lkws sind auf der Brücke quer geparkt, um notfalls als Barrikade dienen zu können, wenn eine Gruppe altkommunistischer Demonstranten versuchen sollte, Richtung Innenstadt und Roter Platz gewaltsam vorzudringen.

Der 1. Mai war traditionsgemäß ein Tag der Demonstrationszüge auf dem Roten Platz. Partei und Gewerkschaft defilierten an der Kremlspitze vorbei, in den letzten Jahren auch andere gesellschaftliche Gruppen. Die Parade wurde immer mehr zu einer Art Volksfest mit bunten Luftballons und war immer weniger Ausdruck politischer Überzeugung mit roten Fahnen.

Vor dem Hintergrund einer aufgeheizten innenpolitischen Diskussion – gerade erst hatte Jelzin sein Referendum durchgesetzt, in dem die Russen aufgefordert waren, ihm oder dem Volksdeputiertenkongreß das Vertrauen auszusprechen –, vor dem Hintergrund dieser Diskussion sah sich Jelzin veranlaßt, den Roten Platz für seine politischen Gegner aus dem Lager der Altkommunisten und Nationalisten zu sperren. Die »Front der nationalen Rettung« und die »Werktätigen Rußlands«, die man als unversöhnliche Opposition bezeichnen kann, die allerdings alles andere als eine Massenbewegung sind, durften zum erstenmal an »ihrem« Feiertag, dem Tag der Arbeit, »ihren« Roten Platz nicht betreten. Eine gefährliche Machtdemonstration der herrschenden politischen Kräfte werteten die einen; eine absolute Notwendigkeit, um die potentiellen Kampfhähne auseinanderzuhalten, so sahen es die anderen.

Als Ausweichgelände für ihren Demonstrationszug hatte man den so Ausgeschlossenen den Oktoberplatz angeboten, der auf der anderen Seite der Brücke liegt, wo der überdimensionale Lenin steht. Die auf der Brückenfahrbahn postierten Polizisten nahmen ihren Auftrag so ernst, daß sie auch Passanten zurückwiesen, die, aus Richtung Innenstadt (Roter Platz) kommend, die überfüllten Gehwege rechts und links meiden und die für den Autoverkehr gesperrte Straße benutzen wollten.

Die auf den Oktoberplatz führende Brückenauffahrt war noch dichter abgesperrt. Hier standen die mit kugelsicheren

Westen geschützten Polizisten gar in Dreierreihen. Eine aberwitzige Kulisse: dieser martialische Aufmarsch, rundherum Menschen in Feiertagskleidung oder Freizeitlook, der markante Eingang zum Gorkipark, aus dessen Torlautsprecher – wie meist – Unterhaltungsmusik dröhnte, Sonne, Eisverkäufer, Ausflugsboote auf der Moskwa und der obere Teil des Riesenrads, der über das Tor hinausragt und auch von der Straße her zu sehen ist. Unter einem Transparent mit der Aufschrift »Sdrawstwujtje, dorogije rossijani!« – »Seid gegrüßt, liebe Russen!« – stand eine Abteilung der OMON, der berühmtberüchtigten Spezialeinheit der Polizei. Der Autor einer Filmgroteske hätte es nicht besser erfinden können.

Vor einer Bretterwand mit Reklametafeln hatten Maler der unterschiedlichsten Stilrichtungen ihre Werke aufgebaut. Was einmal im Ismailowapark als Freiluftgalerie begonnen hatte, sich auf dem Moskauer Arbat, der bekannten Fußgängerzone, fortsetzte, ist mittlerweile auch hier am Gorkipark zu finden. Wir stellen fest, daß die gleichen Bilder amerikanischen Interessenten etwa 50 Prozent teurer angeboten werden als anderen Ausländern, und plaudern gerade mit einem jungen Mann, wie denn die Geschäfte so gehen, als eine Gruppe von Milizbeamten anrückt und die Maler unmißverständlich auffordert, diesen Platz zu räumen. »Vorsorglich«, antwortet einer der Polizisten auf die Frage, warum.

Mit Blick auf die unmittelbare Umgebung ist es schwer einzusehen, aber die Maler schicken sich an, ihre Bilder wieder einzupacken. Wir gehen weiter Richtung Oktoberplatz, machen zwischendurch einen kleinen Abstecher in einen Innenhof, entdecken per Zufall das »Hauptquartier der liberalen Partei«, auf das ein kleines Schild aufmerksam macht, und beobachten ein paar Minuten zwei kleine Jungen, die mit einem Kantholz Baseball spielen. Als wir dann oben am Oktoberplatz ankommen, sehen wir ein kleines Häuflein von Demonstranten mit Fahnen, alten sowjetischen und russischen, die um die Ecke verschwinden und sich den Leninskijprospekt hinaufbewegen, also weg vom Gorkipark.

Die überdimensionale Leninstatue glänzt in der Sonne, ein alter Mann spielt Ziehharmonika, zwei Mädchen im Supermini flanieren vorbei und kichern über eines mit Zöpfen und Schleifen im Haar, und Lenin zu Füßen parkt ein offenes Mercedes-Cabrio der neuesten und teuersten Sorte in Metallicrot. Plötzlich sehen wir in der Richtung, in die die Demonstration gezogen war, Rauch. Es knallt. Als hätte es ein paar kleinere Explosionen gegeben – so sieht es aus, ein Auto steht in Flammen, der Rauchpilz wird größer und fast schwarz. Was war um Himmels willen passiert?

Die Mitglieder und Anhänger der »Front der nationalen Rettung« und der »Werktätigen Rußlands« hatten umdisponiert. Über die Brücke am Gorkipark war kein Durchkommen zum Roten Platz, also wollten sie Richtung Leninhügel ausweichen, um in den Anlagen dort ihre »Majowka«, ihre Maifeier, zu veranstalten. Was dann genau geschah, war in der brodelnden Gerüchteküche und dem allgemeinen Durcheinander schwer auszumachen. Die einen berichten, die Demonstranten hätten gar nicht wirklich zu den Leninhügeln ziehen, sondern auf Umwegen doch in die Innenstadt gelangen wollen. Deshalb sei es zu Zusammenstößen mit der Polizei gekommen, die das zu verhindern suchte. Andere erzählen, unvermittelt sei der Demonstrationszug von Polizei eingekesselt und mit Wasserwerfern und Schlagstöcken traktiert worden.

Einander fremde Menschen stehen in Gruppen zusammen und diskutieren. »Solchen Fanatikern muß man zeigen, wer hier der Herr ist!« sagt einer und fügt, an mich gewandt, hinzu: »›Die Werktätigen Rußlands‹ sind so fanatisch, daß sich sogar die neugegründete Kommunistische Partei von denen offiziell distanziert hat. Können Sie sich das vorstellen?«

»Aber wenn sie doch bloß zu den Hügeln wollten . . .«, meint ein anderer.

»So war es ja nicht«, unterbricht ihn einer und erzählt, wie einige Demonstranten aus heiterem Himmel mit Eisenstangen auf völlig verdutzte Polizisten losgegangen seien.

Die traurige Bilanz dieses Tages: 579 Verletzte, vierzig, die im Krankenhaus behandelt werden müssen, davon 27 Milizbeamte und ein OMON-Mann, der seinen lebensgefährlichen Verletzungen im Laufe der Woche erliegt.

Es mag Ihnen vielleicht merkwürdig vorkommen, aber ich machte mir fast mehr Sorgen über das, was diese Ereignisse im Ausland auslösen könnten, als um die Ereignisse selbst. Blutige Bilder am 1. Mai aus Moskau, wo wir die innenpolitischen Machtkämpfe immer auf den Gegensatz zwischen Reformern und Kommunisten reduzieren – das war doch Wasser auf die Mühlen all derer, die nicht müde werden, den kommenden Bürgerkrieg in Rußland zu prophezeien und im Grunde ihres Herzens nach wie vor von der naturgegebenen Barbarei der Russen überzeugt sind.

Am Abend dieses Tages sitzen wir mit russischen Freunden in einem Lokal zusammen, in dem wir die einzigen Ausländer sind; das heißt, die südländisch wirkenden Gäste am Nebentisch gelten in nachsowjetischen Zeiten ja auch als Ausländer, sofern es sich um Georgier, Armenier oder Aserbaidschaner handelt. Jedenfalls haben wir ein Einheimischenrestaurant besucht, in das sich offenbar nur selten westliche Ausländer verirren.

Die Russen an unserem Tisch beäugen die Südländer sehr genau. Die »Schwarzen«, wie die Kaukasier, ganz gleich, aus welcher Republik, mit unüberhörbar abfälligem Unterton in Moskau genannt werden, sind nicht sehr beliebt – um es dezent zu formulieren. Die Stimmung in der Bevölkerung schwankt zwischen Angst und Wut. Wütend sind die Moskauer nicht erst seit gestern darüber, daß Märkte und Buden, damals und heute, fest in kaukasischer Hand sind und daß die Südländer die Preise diktieren. Nationalistische Parolen sind nicht gerade die Regel, aber es gibt sie. Um dieser Stimmungslage Rechnung zu tragen, hatte der Moskauer Bürgermeister Luschkow verfügt, daß alle Nichtmoskauer registriert werden sollen. Aber der Stadtrat hat diesen Erlaß umgehend zurückgenommen mit dem Hinweis, das verstoße gegen die Menschenrechte.

Von Zeit zu Zeit veranstalten OMON-Truppen Razzien auf den Märkten und machen regelrecht Jagd auf Kaukasier, so räumt ein Russe ein, der sich selbst auch nicht gerade als Freund der »Schwarzen« bezeichnet. Man erzählt uns, erst letzte Woche seien wieder drei Taxifahrer ermordet worden, und zwar von Kaukasiern, und man habe einfach Angst vor diesen Clans. Obwohl alle an unserem Tisch die kaukasischen Aktivitäten in Moskau besser kontrolliert haben wollen, kritisieren sie das brutale Vorgehen der OMON-Leute.

»Die sind eben darauf trainiert, erst zu handeln und dann zum Untersuchungsrichter«, sagt einer, »und sie reden sich immer raus mit dem Druck der Situation, in der sie sich befinden.«

»Was sollen sie denn machen?« meinte seine Frau. »Die Frage ist doch: Der oder ich? Da überlegt doch keiner lange, ob er schießt oder zusticht. Also besser der außer Gefecht als ich.«

Wir diskutieren intensiv über die Verhältnismäßigkeit der Mittel im Kampf gegen Kriminalität und organisiertes Verbrechen, und einer erzählt von einer befreundeten Familie, die unterwegs zur Datscha außerhalb Moskaus mit ihrem Wagen in eine OMON-Kontrolle geraten war, die es offenbar auf Waffen abgesehen hatte. »Keiner sprach ein Wort, die haben sie einfach aus dem Auto gezerrt, Beine auseinander, brutal untersucht, haben das Auto durchwühlt. Eine falsche Bewegung und die hätten die zusammengeschlagen. Und das war eine normale russische Familie«, meint er fassungslos.

»Du kannst im Grunde nur versuchen«, unterstützt ihn sein Tischnachbar, »dich möglichst aus allem rauszuhalten. Durch diese Eskalation, diese Gewalt auf beiden Seiten – wenn du erst einmal dazwischengerätst, hast du keine Chance mehr.«

»Das Schlimme ist ja«, sagt wieder die Frau, »daß die Presse auch noch so aufheizt.« Sie erntet Widerspruch, fährt aber fort: »Die Zeitung *Moskowskij Komsomolez* zum Beispiel, eine der beliebtesten, ist eine Boulevardzeitung geworden. Früher hab' ich sie gerne gelesen, heute bringen die jeden Tag eine aktuelle Chronik über Morde, Schlägereien, Gewalttaten jeder Art. Muß denn das sein?«

»Wenn du selbst schlechte Erfahrungen gemacht hast«, sagt ihr Mann, »dann liest du das mit anderen Augen, dann paßt es.«

»Aber früher«, sie läßt sich nicht beirren, »früher gab es längere Artikel, erinnere dich doch! Und heute?«

»Etwas Gutes hat es doch bewirkt«, meint wieder der erste, »daß wir ein bißchen Druck gemacht haben. Wenn du heute auf den Markt gehst und einen Kaukasier darauf ansprichst, daß er zuwenig auf die Waage gelegt hat, dann packt er dir gleich ganz beflissen und mit vielen Worten der Entschuldigung mehr drauf. Früher hat er dich nur frech ausgelacht.«

Wir beenden dieses Thema, denn aus dem Vorraum des Lokals, wo neben der Garderobe ein Fernseher steht, hören wir die musikalische Kennung der Abendnachrichten. Die meisten Gäste stürmen raus. Als erste Meldung wird eine Erklärung des Sprechers von Jelzin verlesen. Statt einer friedlichen Demonstration habe es heute leider Provokationen gegeben, heißt es. Von nebenan ist laute Musik zu hören, eine geschlossene Gesellschaft feiert Geburtstag. Man bittet sie, für die Zeit der Nachrichten auf die Musik zu verzichten, und es wird sofort reagiert. Die offizielle Stellungnahme weist darauf hin, daß nun zum erstenmal in der politischen Auseinandersetzung Schlägertrupps eingesetzt worden seien, was vermutlich mit der Niederlage von Jelzins politischen Gegnern im vorausgegangenen Referendum zu tun habe. Unter den Organisatoren dieser Provokation befänden sich leider auch Volksdeputierte, so heißt es weiter, die ihr wahres Gesicht gezeigt hätten. Es werde eine Untersuchung eingeleitet und die Schuldigen zur Verantwortung gezogen. Nach dieser Erklärung laufen die Bilder der blutigen Zusammenstöße unkommentiert. Ab und zu ist ein »Koschmar!«, was soviel wie »furchtbar«, aber auch »Alptraum« heißt, von einem der Umstehenden zu hören.

Es ist in der Tat ein Alptraum, wenn man sieht, mit welch haßerfüllten Gesichtern Menschen mit Stangen und Knüppeln aufeinander losgehen, wie am Boden Liegende getreten werden, Demonstranten und Polizisten, wie führerlose Lkws auf Menschen zugerollt werden, wie alte Frauen keifen oder tränenüberströmt und kopfschüttelnd abseits stehen.

Ein Lokalgast hinter mir, bereits sichtlich alkoholisiert, meint: »Das ist eine neue Revolution. Wir brauchen einen neuen Präsidenten.«

Die anderen winken ab und sind sich einig, daß es wohl gegenseitige Provokationen gegeben haben muß.

»Ich bin Bürger dieser Stadt, und ich habe das Recht, überall in Moskau herumzuspazieren«, beginnt ein älterer Mann, »wenn die das nicht verboten hätten, dann wäre bestimmt nichts passiert.«

Ein anderer versucht, für das Demonstrationsverbot auf dem Roten Platz Argumente zu finden: »Was blieb Luschkow denn übrig?«

In dem Moment erscheint der Moskauer Bürgermeister Luschkow auf dem Fernsehschirm. Von einem Reporter um eine Stellungnahme gebeten, sagt er: »Alle wollten auf den Roten Platz, und damit niemand den Vorzug bekommt, durfte keiner auf den Roten Platz. Wir hatten am Gorkipark alles vorbereitet, Tribüne, Mikrofonanlage, alles. Aber die Stimmung des Volkes war offenbar anders, und sie haben versucht, in die Stadt zu gelangen.«

Auf dem Weg zu unserem Hotel kommen wir am Weißen Haus vorbei. Dort stehen ein paar hundert Menschen und fordern Jelzins Rücktritt und eine außerordentliche Sitzung des Parlaments. Es wird engagiert gestritten, aber es liegt nichts Gewalttätiges in der Luft.

Wir entschließen uns zu einem kurzen Abstecher ins ARD-Büro, um uns das Filmmaterial anzuschauen, aus dem die Berichte für die aktuellen Sendungen in Deutschland gefertigt werden. Die Stimmung ist gedrückt, wobei mir die deutschen Kollegen deprimierter erscheinen als die russischen.

Wir lassen die einzelnen Sequenzen der gewalttätigen Auseinandersetzungen vor- und zurücklaufen und versuchen, in Einzelbildschaltung den Hergang von Aktionsabläufen herauszufinden.

ARD-Korrespondent Hans-Josef Dreckmann hat im Umfeld dieser Zusammenstöße Menschen auf der Straße interviewt und dabei auch zwei Männer in Uniform angesprochen, zwei pensionierte Soldaten im Rang eines Obersten, die in vollem Ornat mitmarschierten.

»Am 9. Mai, am Tag des Sieges«, droht der eine, »dann gibt's Revolution, und dann bring' ich meine Waffe mit.«

»Und ich komme mit einer Axt«, drängt sich eine alte Frau dazwischen, »und dann wird es keinen Jelzin mehr geben, aufhängen werden wir ihn.«

Hier entsteht das Dilemma, in dem sich ein Journalist mit Chronistenpflicht befindet. Sende ich solche Aussagen oder nicht? Unterschlage ich Wirklichkeit, wenn ich sie nicht sende, oder verfälsche ich Wirklichkeit, wenn ich sie sende, weil sie als Beleg für ein allgemeines Stimmungsbild mißverstanden werden könnten? Was bleibt hängen in anderthalb Minuten Tagesschau? Im Zweifel, daß das russische Militär bereit ist, Jelzin zu liquidieren. Wer kriegt in der Kürze der Zeit schon mit, daß es sich um zwei pensionierte Alte handelt, die weder repräsentativ sind noch irgendwas zu sagen haben? – Es bleibt ein Dilemma, und die Entscheidung muß jeder für sich treffen.

Der Weg vom ARD-Studio zu unserem Hotel führt uns noch mal am Weißen Haus vorbei. Ein paar Dutzend Demonstranten sind übriggeblieben, die die ganze Nacht hier bleiben wollen. Kamerateams der internationalen Fernsehsender harren aus – man weiß ja nie – und werden sich am nächsten Morgen wie so oft mal wieder umsonst eine Nacht um die Ohren geschlagen haben. – Merken Sie, wie einen dieser Job auf Dauer schizophren machen kann? Bei Randale hätte es sich gelohnt.

Übrigens, am 9. Mai blieb es friedlich. Nachdem zunächst den Organisationen und Gruppierungen, die am 1. Mai in die

Auseinandersetzungen verwickelt waren, das Demonstrationsrecht grundsätzlich abgesprochen worden war, wurde es kurzfristig allen wieder eingeräumt. Jede Gruppe veranstaltete ihre Demonstration, Zwischenfälle gab es nicht.

Ursprünglich wollten wir aus einer gewissen Nostalgie heraus wieder im Hotel Ukraina wohnen, diesem markanten Haus im Zuckerbäckerstil, strategisch günstig gelegen zwischen Weißem Haus und ARD-Studio. Schließlich haben wir dort einmal 88 Tage und Nächte zugebracht, als zu Beginn meiner Moskauer Korrespondentenzeit unsere Wohnung noch nicht bezugsfertig war. Ein Erlebnis eigener Art. Aber inzwischen empfiehlt sich ein Aufenthalt im Ukraina ebensowenig wie in einer Absteige der 42. Straße in New York. Die geballte Ladung krimineller Energie eines großen Teils der heutigen Stammgäste schreckte uns mehr, als uns die Pflege der »Weißt-du-noch-Gefühle« reizte.

Für die Übernachtung in einem First-class-Hotel unter ausländischer Leitung mußte man im Sommer 1993 mit 400 bis 700 US-Dollar rechnen, für 300 war ein gutes Mittelklassehotel zu bekommen, inklusive Frühstück. Wir entschieden uns für letzteres. Die Damen der Rezeption bedienen uns auffallend freundlich. Das Zimmer hat deutschen Interconti- oder Hilton-Standard mit Fernseher und Minibar. Die Angestellte am Bankschalter des Hotels hat die Zeichen der Zeit offenbar nicht akzeptiert. Sie reagiert auf meine Bitte, Geld umzutauschen, erst gelangweilt, dann gequält. Wo ich denn tauschen könne, will ich wissen, und sie schämt sich nicht, mir zu sagen: »Na, in der Bank natürlich.« Wo die denn sei, wenn nicht hier, frage ich weiter. Darauf sie: »Na, auf der Straße, wo sonst.« Ich gebe auf. Das geht sonst endlos. Zurück im Zimmer, stelle ich fest: Die Minibar ist abgeschlossen, ohne daß ich einen passenden Schlüssel hätte, und die Temperatur der sehr kühl eingestellten Klimaanlage läßt sich nicht verändern. Innerlich auf altbekannte Kämpfe eingestellt, wende ich mich telefonisch an die dafür zuständigen Stellen und habe kaum den

Hörer aufgelegt, als bereits ein Zimmermädchen klopft, um die Bar aufzuschließen, unmittelbar gefolgt vom »Master«, der mit ein paar kurzen Griffen den Temperaturregler gängig macht.

Das Frühstücksbuffet – in ungewöhnlich geschickt verborgenen Räumlichkeiten – unterscheidet sich nicht sehr von dem, was wir damals im Sommer 1987 im Ukraina vorgefunden hatten: Weißbrot und das schmackhafte dunkle russische Brot, eine Sorte Käse, kalter Braten und die übliche fette Wurst, Eier, heiße Würstchen, Gurken, Tomaten, Krautsalat, Smetana – diese gelungene fettreiche Variation saurer Sahne –, Marmelade, Honig, Kaffee und Tee. Es hört sich besser an, als es aussieht, und ich versuche herauszubekommen, warum es insgesamt so unappetitlich auf mich wirkt. An den nassen Tellern allein kann es nicht liegen, an den abgestoßenen Tabletts auch nicht. Die mit Leichenbittermiene herumstehenden Bediensteten, die sich permanent belästigt zu fühlen scheinen, obwohl sie doch wirklich nur fürs Nachlegen am Buffet zuständig sind, haben möglicherweise auch einen gewissen Anteil daran, daß man schon beim Hereinkommen irgendwie die Nase voll hat.

Ich hätte mir wahrscheinlich weiter auch keine Gedanken darüber gemacht – es gibt wahrlich Wichtigeres –, wenn mir nicht eines Morgens folgendes widerfahren wäre: Auf etwa halber Strecke der verschlungenen Pfade zum Frühstücksraum überhole ich zwei arabische Geschäftsleute, die offenkundig gerade erst angekommen sind und den richtigen Weg dorthin noch nicht kennen. Sie schließen sich dankbar an und wenden sich auch vertrauensvoll an mich, als sie, bereits mit Tablett und Geschirr bewaffnet, bei ihrer Suche nach Kaffeesahne nicht weiterkommen. Ich zeige ihnen die Kanne mit Trinkmilch, die dafür vorgesehen ist. Die beiden drehen etwas ratlos ihre Runden und wissen nicht so recht, wofür sie sich entscheiden sollen, als plötzlich einer der beiden eher traurig als böse zu mir sagt: »You have to see it to believe it.« – »Man muß es sehen, um es zu glauben.«

Ich kann verstehen, daß sich manche Ausländer von solchen Erfahrungen beeindrucken lassen, daß manche für sich persönlich den Schluß daraus ziehen: So etwas muß ich mir nicht antun – noch dazu für den Preis. 300 Dollar pro Nacht ist ja wahrlich kein Billigangebot, bei dem es sich verbietet, irgendwelche Qualitätsansprüche ans Frühstück zu stellen. Und ich finde es bedauerlich, daß manche Russen in ihrer Preisgestaltung überhaupt kein Maß und Ziel mehr zu kennen scheinen. Aber erklären kann man das. Über Jahre und Jahrzehnte bekamen Ausländer überall in Rußland nur das Beste für lächerlich geringe Summen angeboten, ganz gleich, ob es sich um Verpflegung oder Wohnungen handelte. Jetzt scheint die Zeit gekommen, sich soviel wie möglich zurückzuholen. Und die Vorstellung, daß es allen westlichen Ausländern wirtschaftlich ausgezeichnet geht, wird von russischen Politikern und russischen Medien kultiviert. Während früher die vom Kapitalismus ausgebeuteten Arbeiter präsentiert wurden, die ausgemergelte Mehrheit, auf deren Kosten sich eine kleine Oberschicht bereichert, so wird heute eher der Eindruck vermittelt, als sei jeder Westler so wohlhabend, daß ihn dreistellige Dollarbeträge nur ein müdes Lächeln kosten.

Aber diese Rechnung geht immer weniger auf. Das läßt sich an kleinen Beispielen gut illustrieren. Während man vor zwei Jahren am internationalen Moskauer Flughafen Scheremetjewo einen Gepäckwagen für einen Dollar ausleihen konnte, muß man für die gleiche Karre heute 8 Dollar bezahlen. Dabei handelt es sich nicht um Pfandgeld, sondern um eine Gebühr. Damals waren alle Gepäckwagen im Einsatz, und zu bestimmten Zeiten mußte man sich anstellen, um einen zu ergattern. Heute versuchen sich immer mehr Ausländer ohne Wagen zu behelfen. Aus Prinzip. Ausnahmen sind Geschäftsleute, die Moskau zum erstenmal besuchen, und Kamerateams, die beim Umfang ihrer Ausrüstung keine andere Wahl haben.

Auf der anderen Seite sind nach wie vor Erfahrungen wie die folgende zu machen. Wir haben spät und ausgiebig zu Mittag gegessen und wollen abends auf unserem Hotelzimmer nur noch eine Kleinigkeit zu uns nehmen. Wir sind mit den notwendigen Zutaten ausgestattet. Nur Brot fehlt uns. Ich gehe in eines der Hotelrestaurants und frage, ob ich ein paar Scheiben Brot kaufen kann. Es dauert nicht lange, und ein Ober kommt mit einem ganzen Baguette zurück, dunkles Brot habe man leider nicht. Als ich bezahlen möchte, sagt er: »Das kostet nichts.« Ich bedanke mich und will ihm ein Trinkgeld zustecken, Dollar, keine Rubel, aber er meint: »Kommt nicht in Frage. Wofür?« und wendet sich wieder seinen Gästen im Lokal zu. Wer Brot braucht, braucht eben Brot und bekommt es auch.

Die bereits erwähnten First-class-Hotels stellen eine Welt für sich dar. Russische Freunde schwärmen von einem österreichischen Café in einem dieser Hotels an der Twerskaja, ehemals Gorkistraße. Marmor, Wasserspiele, dezente Kaffeehausmusik, eine sich drehende Kuchenvitrine, Apfelstrudel und original Sachertorte im Angebot und gemütliche Sitzgruppen, auf verschiedene Nischen verteilt. Man könnte auf die Idee kommen, in Wien zu sein. Die freundlichen Serviererinnen, die sich mit den frisch gestärkten Riesenschleifen ihrer kleinen Spitzenschürzen geschickt zwischen den Tischen bewegen, sprechen alle Gäste auf englisch an. Dabei muß es sich um eine besonders strikte Anweisung an das russische Personal handeln, denn es ist nicht möglich, im Laufe unseres gemütlichen Kaffeetrinkens auch nur ein einziges russisches Wort aus unserer Bedienung herauszuholen, obwohl die Hälfte unserer Gruppe aus Russen besteht.

Zunächst hat es mich nur etwas seltsam berührt; als mir dieses Verhalten dann in weiteren Hotels der Superklasse als Standardservice begegnete, machte es mich wütend. Es ist selbstverständlich, daß man Gästen in internationalen Hotels nicht zumuten kann, sich auf russisch zu verständigen, aber es würde ja reichen, wenn sich die dort angestellten Russen ihrer diversen Fremdsprachen bei Bedarf bedienten. Ich glaube nicht, daß die Mehrheit der Russen mit diesem Verhalten einverstanden ist. So etwas macht böses Blut und leistet nur der Angst vor einem Ausverkauf an den Westen Vorschub.

Die Preise sind, wie sich denken läßt, astronomisch hoch. Daraus aber zu schließen, daß in den Restaurants, Bistros und Cafés solcher Hotels keine russischen Gäste zu finden sind, es sei denn in Begleitung von betuchten Ausländern, ist falsch. Man fällt buchstäblich über die vielen jungen russischen »Bisnessmeni«, die in Designerklamotten beim Aperitif ihr Funktelefon traktieren. Ein deutscher Kollege erzählt mir, er habe in einem sehr exquisiten Restaurant mit seiner Frau besonders stilvoll Geburtstag gefeiert. In dem bis auf den letzten Platz besetzten Speiselokal seien sie beide die einzigen Ausländer gewesen. An allen anderen Tischen dinierten Russen, die, ohne mit der Wimper zu zucken, Rechnungen von umgerechnet 2000 Mark bar bezahlt hätten.

Wir müssen dringend zur Kenntnis nehmen, daß die russische Gesellschaft nicht nur politisch, sondern auch wirtschaftlich mehr zu bieten hat als zwei Extreme: einerseits die anständigen Armen, die heute nicht wissen, wovon sie morgen leben sollen, und andererseits die mafiotischen Neureichen, die sich amüsieren und zweifelhafte Geschäfte betreiben. Dazwischen gibt es eine ganze Menge. Nichts Spektakuläres, aber – wie ich finde – Berichtenswertes.

»Der Staat hat uns betrogen, jetzt machen wir das umgekehrt«

Die neuen Bisnessmeni

Sie kennen das, wenn in Zeitungsartikeln über wahre Begebenheiten die Namen von der Redaktion geändert werden, wie man in der Anmerkung erfährt. Wenn ich Ihnen jetzt von Alexander erzähle, dann ist das auch nicht sein richtiger Name. Es gibt viele Gründe, warum ein russischer Geschäftsmann keinen Wert darauf legt, in irgendeiner Publikation, und sei es im Ausland, namentlich erwähnt zu werden.

Ich kannte Alexander schon, als er noch kein selbständiger Unternehmer, sondern bei einem großen – damals noch sowjetischen – Buchverlag angestellt war. Aus diesem Bereich haben sich ganze Heerscharen selbständig gemacht und betreiben heute in erster Linie Dienstleistungsunternehmen der verschiedensten Art für Ausländer.

Alexander ist ein typisches Kind der Sowjetunion: Als Sohn einer Ukrainerin und eines Russen wird er Anfang der sechziger Jahre in Kischinew, der Hauptstadt Moldawiens, geboren. Alexanders Vater dient beim Militär und wird regelmäßig versetzt. Von Kischinew geht es nach Leningrad, dann in die DDR, zurück nach Moskau, schließlich nach Mittelasien und noch einmal in die DDR. Der kleine Alexander besucht zunächst einen deutschen Kindergarten und die erste Klasse einer deutschen Schule, später beim zweiten DDR-Aufenthalt drei Klassen einer russischen Lehranstalt. Zum Studium zieht er nach Moskau um und absolviert die renommierte Hochschule für Fremdsprachen mit den Fächern Englisch und Deutsch. Er studiert Zeitgeschichte und Journalismus, arbeitet als Übersetzer, unter anderem in einem wissenschaftlichen

Forschungsinstitut, bereitet sich auf ein Ingenieurstudium vor, hat die Aufnahmeprüfung zur »Hochschule für Maschinenbau, Raffinerie und Schweißgeräte« in der Tasche, bevor er sich doch für das Verlagswesen entscheidet und dort in führender Position das Lizenzgeschäft für Belletristik und Sachbücher mit Deutschland betreut.

Besonders stolz ist Alexander heute noch auf den günstigen Verkauf eines politischen Bestsellers an einen deutschen Verlag. Man wollte ganz bestimmte Geschäftsbeziehungen eingehen, um für andere Projekte die Türen zu öffnen, und das habe auch funktioniert. Alexander erzählt von seiner ersten Reise in den Westen, die wegen dieser Sache nötig war. Der deutsche Verlag hatte ihn und seinen Kollegen in einem sehr guten Hotel untergebracht. »Wenn ich heute daran denke«, beginnt er, »wir haben damals jeden Abend die Minibar ausgeräumt, weil wir gedacht haben, das sei bei den Preisen inklusive!«

Immer noch als Angestellter des mittlerweile nicht mehr sowjetischen, sondern russischen Verlages versucht er, deutsche Partner zu finden, die an einer engeren Zusammenarbeit interessiert sind. »Die haben sich immer gewundert«, erzählt Alexander, »wie optimal wir ausgerüstet waren. Die konnten nie glauben, daß wir eine eigene Lithoanstalt, eine moderne Druckerei, Computer etc. hatten. Aber genutzt hat es trotzdem nichts.« Eine Kooperation kommt nicht zustande.

Nach einem Jahr intensiver, aber vergeblicher Versuche mündet schließlich eine zufällige Begegnung auf der Frankfurter Buchmesse in ein Austauschprogramm. Alexander arbeitet einige Monate in einem deutschen Verlag, der seinerseits einen Mitarbeiter für ein paar Monate nach Moskau schickt. Nach den auffälligsten Unterschieden in der Arbeitsweise befragt, meint Alexander auf Anhieb: »In einem deutschen Verlag muß man viel mehr Formulare ausfüllen.« Nach einer Weile fährt er fort: »Und jeder hat was zu sagen. Das ist bei uns anders, da bestimmt der Direktor und allenfalls der Cheflektor.«

»Man könnte den Eindruck bekommen, die Deutschen seien auch auf diesem Gebiet produktiver als wir«, erzählt er weiter, »wenn man sieht, daß ein Lektor in einem deutschen Verlag bis zu zwanzig Autoren betreut. Aber im Zweifel delegiert er viel an freie Mitarbeiter und macht nicht alles selbst. Russische Lektoren arbeiten in der Regel viel länger und intensiver an einem Werk, versuchen viel mehr, stilistisch etwas anzuspitzen.«

Auf die Frage, wovon er am meisten profitiert habe während seines Austauschaufenthaltes, antwortet Alexander, ohne zu zögern: »Ich habe gelernt, wie man einen Plan macht. In Deutschland wird viel mehr geplant als bei uns in Rußland – obwohl wir doch die Planwirtschaft erfunden haben. Zu lernen, wie man ein Ziel definiert und wie man das erreichen kann – das war für mich das Wesentliche.«

Zurück in Moskau, schwirren Alexander tausend Ideen im Kopf, was man alles anfangen könnte. Er berichtet seinen Kollegen im Verlag, hält auf Anregung der Verlagsleitung Vorträge. »Alle fanden das spannend«, sagt Alexander, »aber umsetzen wollte es niemand. Die Verwaltung war überhaupt nicht interessiert, irgend etwas zu ändern.« Er quält sich ein halbes Jahr mit der Entscheidung herum, sich selbständig zu machen, immerhin hat er eine Frau und zwei Kinder, dazu einen sicheren, nicht schlecht bezahlten Job. Schließlich wagt er den Sprung ins Ungewisse, kündigt und gründet mit einem deutschen Verlag ein Mini-Gemeinschaftsunternehmen. Diese Firma besteht nun etwa ein Jahr.

Genaue Zahlen darf ich nicht nennen, aber der finanzielle Einsatz des deutschen Verlages ist eher gering. Die moralische Unterstützung auch. Alexander hat einen langfristigen Vertrag abgeschlossen, der ihn als Geschäftsführer ausweist und eine dreiköpfige Gesellschafterversammlung vorsieht, in der zwei Deutsche und er sitzen. Ziel dieses Gemeinschaftsunternehmens ist es, deutsche Bücher ins Russische zu übersetzen und in Rußland zu verlegen, aber auch eigene russische Bücher zu produzieren. Alexander arbeitet mit sechs festangestellten und zehn freien Mitarbeitern. Alle sind Russen. Deutsche Beschäftigte gibt es nicht. Die Deutschen sitzen nur, wie gesagt, mehrheitlich in der Gesellschafterversammlung.

Alle Tücken dieser unübersichtlichen Umbruchszeiten hat Alexander im Detail erlebt. So muß er beispielsweise auf die deutsche Kapitaleinlage, die den größten Teil ausmacht, über ein halbes Jahr warten, weil die russische Bank den Betrag nicht rausrückt. »Die haben mit dem Geld gearbeitet«, meint Alexander, »die dachten gar nicht daran, es mir auszuzahlen.« Erst nach einer förmlichen Beschwerde der Deutschen Bank kann Alexander über die Summe verfügen.

Dann hat er mit viel List und Tücke einen großen Papiereinkauf getätigt – ein bemerkenswerter Erfolg bei dieser defizitären Ware, um die sich renommierte Verlage reißen – und verliert einen Teil des kostbaren Gutes wegen falscher Lagerung. Die angemieteten Lagerräume waren von einer westlichen Getränkefirma für die zehnfache Miete übernommen worden – ohne daß Alexander informiert wurde. Das lagernde Papier wurde einfach auf den Hof verfrachtet. Von einer Entschädigung war nie die Rede.

Die Durststrecke übersteht Alexander mit Hilfe seines Improvisationstalents, seiner Fähigkeiten, nicht zuletzt sprachlicher Art, und seiner alten Kontakte. Er begleitet ausländische Delegationen, übernimmt Ortsbesichtigungen für ausländische Filmteams und handelt – privat – mit allem möglichen. In regelmäßigen Abständen fährt er nach Deutschland. Das heißt, er fliegt hin und fährt mit einem günstig erstandenen Gebrauchtwagen zurück.

Bereut hat er seine Entscheidung noch nicht. Trotz all dieser Schwierigkeiten muß er sich keine Sorgen darüber machen, wie er seine Familie ernähren oder die Miete bezahlen soll. Es geht ihnen gut, und er ist fest davon überzeugt, daß es noch besser werden wird. Mit frischen Krediten von seinen deutschen Partnern will Alexander versuchen, eine kleine Druckerei in Moskau einzurichten, und sein Unternehmen damit auf eine stabilere Basis stellen.

Alexanders Geschäftsräume liegen einerseits sehr günstig, nämlich in der Innenstadt, in einer kleinen Nebenstraße der bereits erwähnten Twerskaja, also dem Prachtboulevard, der von Westen her direkt auf den Kreml zuläuft. Andererseits ist sein Büro kaum zu finden in dem Riesengebäude mit zwölf Etagen und zahllosen, an entgegengesetzten Ecken befindlichen Aufzügen, die auf unterschiedlichen Ebenen halten, was alles noch unübersichtlicher macht. Ohne genaue Wegbeschreibung, welchen Eingang, welchen Aufzug und welche Treppe man letztendlich benutzen soll, hat man in dem düsteren Labyrinth keine Chance. Hinweisschilder auch am »richtigen« Lift fehlen. Auch in weniger bombastischen Häusern wird ohne Angabe der Etage und der Wohnungsnummer ein Besuch zum beinahe aussichtslosen Unterfangen, weil Namensschilder an systematisierten Klingelbrettern nun einmal nicht üblich sind, aber hier handelt es sich wirklich und wahrhaftig um die berühmte Nadel im Heuhaufen.

Alexanders Büro – das ist auch so ein Ding. Für Deutsche kaum vorstellbar. Er hat keinen Mietvertrag. Seine Räume liegen in dem Teil einer oberen Etage im beschriebenen Gebäude, dessen Mieter eine Literaturzeitung ist. Früher, noch vom sowjetischen Schriftstellerverband unterstützt, konnte sich die Zeitung das problemlos leisten. Heute muß sie untervermieten, und einer dieser Untermieter ist Alexander. Offiziell geht das natürlich nicht, deshalb gibt es auch keinen Vertrag. Es ähnelt ein wenig einem Schleudersitz. Solange nichts passiert, läßt sich gut sitzen.

Mit diesem potentiellen Risiko erklärt Alexander den schlechten Zustand seines Büros. »Ich kann nicht renovieren wie verrückt, wenn ich immer damit rechnen muß, von heute auf morgen rauszufliegen.« Leuchtet ein. Und schon habe ich wieder Parallelen im Kopf, was die neuen Bundesländer betrifft, aber das soll uns an dieser Stelle nicht weiter beschäftigen.

Alexander erzählt vom früheren Moskauer Bürgermeister Gawril Popow, der im Westen immer unter dem Etikett »Radikalreformer« gehandelt und zur politischen Avantgarde gezählt wurde, die es zu unterstützen galt. »Der hat doch Schmiergelder genommen, was das Zeug hält«, sagt Alexander, »hat Immobilien an Ausländer verhökert, die Bewohner, die in den betreffenden Häusern lebten, wußten von nichts und bekamen plötzlich die Kündigung.« Alexander zählt Beispiele auf, wo dieses Verfahren funktioniert hat, wo tatsächlich Hotels oder Bürohäuser durch solche Art »Umwandlung« entstanden sind. Aber zum Teil gelang es den Bewohnern auch, diese Projekte zu verhindern. »Niemand hat sich getraut, die Schmiergelder zurückzufordern«, grinst Alexander, »das wäre ja auch zu peinlich geworden. Aber Popow hat ganze Viertel in Moskau verscherbelt. Dem tut heute nichts mehr weh.«

Alexander nennt noch einen Grund, warum Büros nicht renoviert werden, warum auch finanzstarke Firmen ihre Geschäftsräume in unansehnlichen Kellern oder abgerissenen Wohnungen verstecken. »Die wollen keinen Besuch von der Mafia«, sagt Alexander. »Mit top ausgestatteten Büros zieht man dieses Gesindel doch nur an. Solange du klein und ein bißchen armselig daherkommst, hast du nichts zu fürchten. Wenn es nach Geld aussieht – dann wird es gefährlich. Das ist auch ein Grund, warum sich der Mittelstand bei uns so langsam entwickelt. Entweder groß mit eigenem Wachdienst oder klein. Dazwischen wird es schwierig.«

Alexander kommt noch einmal auf Popow und die neuen Demokraten zurück. »Die sind zum Teil mit Vorsicht zu genießen«, warnt er und erzählt von den Wendehälsen, die jeder politischen Richtung nachlaufen, solange sie sich nur selbst bereichern können. »Leute, die gegen die Regierung sind, haben oft nur etwas gegen deren Selbstbedienungsmentalität und nichts gegen Reformen.« Alexanders Kollege Pjotr geht noch weiter und kommt auf das Referendum zu sprechen, in dem Jelzin die Vertrauensfrage gestellt hat und mit der Mehrheit der abgegebenen Stimmen vom Volk unterstützt wurde. »Was glauben Sie, warum die meisten sich für Jelzin ausgesprochen haben? Nicht weil sie alle so total begeistert von ihm sind, sondern weil es eine ganz simple Rechnung ist: Diejenigen, die jetzt dran sind, die haben schon abgesahnt und sind satt. Neue fangen damit wieder von vorne an und machen politisch auch nicht viel anders.«

Pjotr steht mit dieser Überzeugung nicht alleine da, wie ich in vielen Gesprächen in Moskau und auf dem Land feststellen konnte. Mehr Menschen, als ich erwartet hatte, nehmen die Brutalität und Stillosigkeit des Wahlkampfes vor dem Referendum übel. Regelrecht angewidert zitiert einer, den man als Jelzinanhänger bezeichnen kann, einen Werbetext der Jelzinmannschaft: »Entweder Ordnung ohne Parlament oder Parlament ohne Ordnung.« Die Menschen empfinden eben doch differenzierter, als Wahlkampfparolen glauben machen.

Insgesamt – so ist mein Eindruck – haben allerdings gerade junge Menschen mit Politik oder gar Parteien nicht viel im Sinn. Studenten sind oftmals mehr mit Handel beschäftigt als mit ihrem Studium. Die junge Generation ist sehr phantasievoll und erfindungsreich, wenn es ums Geldmachen geht, legal und illegal, wobei man manchmal gar nicht so genau weiß, wo denn die Grenze liegt. »Busineß« heißt das neue Glaubensbekenntnis.

Um eine Vorstellung von der Vielfalt zu geben, brauche ich Ihnen nur wahllos ein paar von Alexanders Freunden vorzustellen. Da ist zunächst einmal sein Namensvetter Alexander, den ich, um Verwechslungen zu vermeiden, im folgenden kurz Sascha nennen werde, das ist die liebevolle Kurzform von Alexander. Sascha wurde 1961 in einem kleinen Dorf bei Odessa in der Ukraine geboren. Sein Vater war Pilot beim Militär, seine Mutter Lehrerin. Mit vierzehn Jahren kommt Sascha in die DDR, weil sein Vater dorthin versetzt wurde. Sascha beendet die Schulausbildung in Deutschland und kehrt dann mit siebzehn Jahren ohne seine Eltern in die Sowjetunion zurück, und zwar nach Moskau, um dort zu studieren. Er besteht die Aufnahmeprüfung für ein Chemiestudium, das er von 1978 bis 1983 absolviert, also in der Breschnewzeit. In der Kommunistischen Jugend ist Sascha sehr aktiv, betreut Seminare für Kunst- und Musikgeschichte, betätigt sich als Diskjockey und organisiert Sportfeste. Er promoviert in Chemie, wobei ein »Doktor« in der Sowjetunion eher einem »Professor« in Deutschland entspricht, anders ausgedrückt: Die russische Promotion ist der deutschen Habilitation vergleichbar. Schon während des Studiums, im Alter von zwanzig Jahren, heiratet Sascha zum erstenmal. Mittlerweile hat er die zweite Frau und zwei Kinder. Es ist auffällig, wie viele junge Menschen bereits zum zweitenmal verheiratet sind, aber das nur nebenbei.

Während seiner Zeit im Studentenheim knüpft Sascha zahlreiche Kontakte zu ausländischen Kommilitonen, vor allem aus Afrika und Asien, und beginnt schon lange vor der Perestroika mit Radios, Kassettenrecordern und Kameras zu handeln, später dann überwiegend mit Computern, Kopierern, Fax- und Videogeräten. Die neuen Zeiten machen es möglich, daß Sascha zusammen mit drei Freunden im Jahre 1989 eine GmbH gründet. Jeder der vier hatte auf die eine oder andere Weise etwas Kapital angespart, und so entsteht ein mittelständisches Unternehmen mit einer recht breiten Palette vom Computer- bis zum Lebensmittelhandel. Das Geschäft läuft prächtig, der Verkauf von elektrischen und elektronischen Geräten sorgt für kräftige Zuwachsraten. Ein enormer Kapitalzufluß, den Sascha aber nicht beziffern möchte, kommt 1992 dazu, als die vier sich darauf verlegen, Metalle in den Westen zu verkaufen wie zum Beispiel Kupfer, Nickel und Kobalt. Man muß auch ganz klar sehen, daß auf diese Weise Volksvermögen gestohlen und verhökert wird. Aber Saschas Gewissensbisse halten sich in Grenzen nach dem Motto: »Der Staat hat uns bis jetzt betrogen, jetzt machen wir das mal umgekehrt.« Ihre Gewinne investieren sie in Konsumgüter aus den USA und aus Deutschland.

Sascha versucht mit einer Firma aus der Ex-DDR ein Jointventure zu gründen. Geplant ist, gemeinsam Swimmingpools zu bauen und in Deutschland zu verkaufen. Die Verhandlungen ziehen sich ein halbes Jahr hin, bevor sie endgültig an abenteuerlichen Materialpreisvorstellungen der deutschen und ebensolchen Exportgebühren der russischen Seite scheitern.

1992 beläuft sich der Jahresumsatz auf etwa 2 Millionen US-Dollar. Wegen der hohen Gewinn- und Umsatzsteuern in Rußland wird ein Großteil der Geschäfte in »Cash« abgewikkelt und die Gewinne ins Ausland transferiert. Dieses Verfahren – so schädlich das für die russische Volkswirtschaft sein mag – ist die Regel.

In den ersten Jahren bis 1993 blieben die Gewinne im Unternehmen, und alle vier haben sehr bescheiden gelebt, in Ein- oder Zweizimmerwohnungen mit ihren vier- oder fünfköpfigen Familien. Jetzt haben sie die Gewinne aufgeteilt, und es sind zwei selbständige Firmen entstanden. Die eine verkauft weiter Konsumgüter, die andere handelt mit Immobilien. Beide sind nach wie vor auf der Suche nach deutschen Geschäftspartnern.

Sascha verfügt mittlerweile über Eigenkapital in Höhe von etwa einer Million US-Dollar, er besitzt mehrere Verkaufsflächen in guter Lage in Moskau und ist Chef von zwanzig festangestellten Mitarbeitern.

Dann ist da Sergej, ein Arbeiterkind. Während seines Studiums in Moskau auf der Fremdsprachenhochschule von 1976 bis 1981 handelt er – unterstützt von seinen ausländischen Kommilitonen – mit Textilien aus Vietnam und Korea. 1980, also fünf Jahre bevor Michail Gorbatschow Generalsekretär wurde, gründet er ein »Bekleidungsatelier«, was damals gegen das Gesetz verstieß, denn jede unternehmerische Aktivität war streng verboten. Unternehmer galten nach damaliger Sprachregelung als Spekulanten und Verbrecher.

Nach Ende seines Studiums führt Sergej sein Doppelleben weiter: Offiziell ist er Angestellter einer Denkmalschutzbehörde, inoffiziell betreibt er seinen Textilhandel. Zunächst sind es hauptsächlich Jeans, dann kommen Pelzmäntel hinzu, und schließlich erweitert er sein Sortiment um elegante Seidenartikel und exklusive Sportkleidung. Es gelingt ihm – ohne daß er genau erklären mag, wie –, in der Nähe von Moskau eine kleine Textilfabrik zu kaufen, alles noch vor Perestroikazeiten. Nach dem Umbruch läßt er sich offiziell als Besitzer registrieren.

Auch Sergejs Geschäfte laufen gut, so daß er sich über zusätzliche Aktivitäten Gedanken macht. Ein Studienfreund, der noch als Student nach Schweden ausgewandert war, stellt den Kontakt zu einer skandinavischen Autofirma her, und Sergej eröffnet 1990 in der Nähe seiner Textilfabrik ein Autohaus.

Dann rückt dem erfolgreichen Jungunternehmer die Mafia auf die Pelle, und er verkauft sowohl das Autohaus als auch die Textilfabrik. Aber Sergej resigniert nicht, sondern versucht, etwas Neues anzufangen, und entdeckt die Börse für sich. Es würde zu weit führen, all die Kleinunternehmen aufzuzählen, die er gegründet und wieder aufgelöst hat, auf jeden Fall ermöglichen ihm erfolgreiche Geldspekulationen, eine Handelsfirma zu gründen – mit Sitz in Österreich. Warum dort? »Ganz einfach«, sagt Sergej, »die Steuern in Rußland sind zu hoch.« Sergejs Wohn- und Geschäftsräume befinden sich in einem Wiener Nobelhotel. Er pendelt zwischen Wien, Moskau und San Francisco, wo er zwischenzeitlich auch ein Handelshaus angesiedelt hat.

Michail, der nächste in der Reihe, ist in Rußland geblieben. Jahrgang 1962, von Hause aus Berufsoffizier beim KGB, beste Verbindungen durch die Familie und seinen Job – dennoch kündigt er 1988 im Range eines Majors. Ehefrau und Eltern wollen nichts mehr von ihm wissen. Michail ist ein Jahr arbeitslos. Er besucht seinen älteren Bruder in Lettland, der sich dort als Kleinunternehmer betätigt und so gerade über die Runden kommt. Schritt für Schritt gelingt den beiden der Weg zum beruflichen und finanziellen Erfolg. Michail gründet 1991 eine eigene Firma, die – womit wohl? – mit Konsumgütern handelt. Sein Bruder eröffnet eine Privatbank. Vielleicht hätte Michail so oder so Kredite für sein Geschäft bekommen, vielleicht aber auch nicht. Jedenfalls gibt ihm die Bank seines Bruders ein Darlehen.

Erfolgreiche Geldspekulation ermöglicht den Einstieg in den Computerhandel. Als Lettland selbständig wird, beginnt für Michael das ganz große Geschäft. Er hängt sich in den Erdölverkauf von Rußland nach Lettland und findet legale Nischen, so daß die russische Steuergesetzgebung für ihn keine Bedeutung hat. Er verdient Unmengen an Devisen, die er nicht zu versteuern braucht. Dieses Geld will er in den Autohandel investieren.

Er kauft zunächst gebrauchte Autos aus ganz Europa, spezialisiert sich dann auf westliche Nobelmarken und überrascht einen westeuropäischen Automobilhersteller eines Tages mit einem enormen Auftrag *und* Barzahlung derart, daß man ihm einen Händlervertrag in Aussicht stellt. Nach zusätzlichen Investitionen in den Servicebereich hat Michail den Vertrag in der Tasche und ist heute offizieller Händler dieser Marke in Lettland.

Und noch ein Beispiel. Wjatscheslaw, mit 41 Jahren der Älteste in dieser Reihe. Wie Sergej auch Absolvent der Fremdsprachenhochschule in Moskau. Lange Zeit arbeitet er als Dolmetscher und Reisebegleiter, wechselt dann in die Protokollabteilung einer der sowjetischen Presseagenturen. Durch die zahlreichen Kontakte zu Ausländern kommt es in der klassischen Aufbruchszeit, Ende der achtziger Jahre, zu einem Joint-venture mit einer italienischen Firma unter dem bezeichnenden Namen »modus vivendi« (»Lebensart«). Sinn und Zweck des Unternehmens soll sein, eine Modezeitschrift zu verlegen und gleichzeitig Bekleidung zu verkaufen. *Moda viva,* das Produkt der italienisch-russischen Kooperation, erscheint monatlich in russischer Sprache, gedruckt in Italien, und kombiniert italienische und russische Entwürfe. Die Zeitschrift finanziert sich durch Anzeigen, die damals lawinenartig zunehmen und schnell für schwarze Zahlen sorgen. Zusätzlich eröffnet das Unternehmen eine Verkaufsstelle für italienische Mode im damals noch renommierten, später eher verkommenen und heute im Umbau befindlichen Hotel National, unmittelbar gegenüber vom Kreml. Das war noch zu der Zeit, als solche Waren in privaten Geschäften nur gegen Devisen verkauft wurden. Die Firma hat einen Riesenerfolg. Die zahlreichen in Moskau lebenden Ausländer gehören bald zur Stammkundschaft und auch viele Russen, die auf die eine oder andere Weise in den Besitz von Devisen gekommen sind – obwohl das damals eigentlich nicht erlaubt war.

1988 gibt Wjatscheslaw Gorbatschows Reden in Italien heraus. Zwei Jahre später kann das zweite Ladenlokal des Jointventure eröffnet werden, wieder in einem zentral gelegenen Hotel, nämlich im Metropol. Für Wjatscheslaw ist das Jointventure heute nur eine von vielen Aktivitäten. Er handelt mit Immobilien, mit Autos und bietet die unterschiedlichsten Dienstleistungen an, ein boomendes Gewerbe in Moskau. »Er weiß nicht, wohin mit seinem Geld«, meint Alexander mit neidloser Anerkennung.

Zur Zeit – und ich schreibe das hier im Juni 1993 – herrscht in Rußland zwar nicht die zügellose Aufbruchstimmung vom Ende der achtziger Jahre, aber auch nicht mehr die lähmende Depression der Jahre 1990/91. Es bewegt sich was, es passiert viel, in Moskau und auch in der Provinz ist es an allen Ecken zu spüren. Genauso in den nun unabhängigen Staaten, die aus der Sowjetunion hervorgingen. Doch dort stößt man auf ganz eigene Probleme.

»Für Vaterland und Freiheit«

Lettischer Aufbruch im Schatten des großen Nachbarn

»Deutsch, english oder po-russkij?« frage ich die junge Frau im Rigaer Kaufhaus, denn Lettisch kann ich nicht. Sie überlegt nur kurz, wirft entschlossen ihren blonden Pferdeschwanz zurück und antwortet: »Deutsch.« Na prima. Doch das folgende Gespräch gestaltet sich eher pantomimisch als verbal. Daß man bei Letten mit Russisch nicht so gut ankommt, ist eine Binsenweisheit, und zwar nicht erst seit der 1991 wiedererrungenen Selbständigkeit dieses ohnehin jungen Staates.* Aber daß eine Russin gegenüber einem Ausländer ihre Sprache verleugnet, das ist eine neue Erfahrung für mich. Tanja, die freundliche Verkäuferin, ist Russin. Als sie mit einer hinzukommenden Kollegin auf russisch lossprudelt und ich mich auf russisch einmische, ist der Bann gebrochen, und es geht unbefangen russisch weiter.

Das Rigaer Kaufhaus in der Valnustraße, unweit der beiden großen Hotels »Riga« und »de Rome«, erstreckt sich über vier Etagen. Es ist gut besucht, aber Schlangen gibt es kaum, allenfalls am Eisstand. Darin unterscheidet sich Riga nicht von Moskau oder Kiew. Seit die Preise in astronomische Höhen klettern, gibt es fast alles zu kaufen, aber bei weitem nicht jeder kann es sich leisten. Und da man nicht mehr in dem Maße wie früher auf zufällig entdeckte, seltene Lieferungen

* Lettland fand erst 1918, nach dem Verzicht Rußlands auf die Ostseeprovinzen, zur Eigenstaatlichkeit – die sie 1940 mit der Eingliederung in die Sowjetunion wieder verlor. Am 21. August 1991 wurde die Unabhängigkeit vom Obersten Rat Lettlands erneuert.

begehrter Waren angewiesen ist, gerät man nur noch hin und wieder in eine Schlange – was einem ja auch in Konsumparadiesen der westlichen Welt passieren kann.

Was noch vor vier, fünf Jahren versteckt in irgendwelchen Seitenstraßen oder doch zumindest hinter verhangenen Fensterscheiben angeboten wurde – Importware gegen Devisen –, das ist heutzutage zugänglich für jedermann, der harte Währung besitzt, und an jeder Ecke zu finden. Selbst innerhalb des Kaufhauses gibt es einige Abteilungen, die ihre Waren nur in US-Dollar auszeichnen, und in der Rigaer Altstadt stolpert man förmlich über die vielen Geschäfte, die unübersehbar darauf hinweisen, daß einheimisches Geld hier unerwünscht ist. Seit Ende Juli 1992 verpflichtet ein Erlaß die Devisenläden, auch lettische Rubel anzunehmen. Das führt allerdings zu aberwitzigen Relationen, etwa wenn ein Lette für eine Flasche russischen Wodka einen halben Monatslohn hinblättern muß statt fünf, sechs US-Dollar.*

Das Selbstwertgefühl bekommt arge Kratzer, und so tauschen auch die meisten Letten lieber erst an einer der 430 Wechselstuben in Riga, bevor sie ein Devisengeschäft aufsuchen, denn sonst müßten sie die Verkäufer erst mühevoll überreden, ein Bündel einheimischer Scheine anzunehmen.

Es lebt sich nicht leicht in diesem Durcheinander, und das Öffnen des Marktes führt zu beinahe unglaublichen Verrücktheiten. Was soll man dazu sagen, wenn eine einfache Mischbatterie für ein Waschbecken – weil importiert – doppelt soviel kostet wie ein 50-ccm-Moped aus heimischer Produktion, ein ausländisches Fahrrad gar zwanzigmal soviel? Ich habe gefragt, wie diese extreme Schieflage zu erklären ist, und

* Die Relationen im Sommer 1992 waren so: Für einen US-Dollar mußte man 300 lettische Rubel bezahlen; der russische Rubel war weniger wert als der lettische, nämlich schon für 90 lettische Kopeken zu haben. Nach einer kurzen Übergangszeit, in der lettischer und russischer Rubel gleichermaßen als inländische Währung galten, wurde Ende Juli 1992 russisches Geld zum ausländischen Zahlungsmittel deklariert.

zur Antwort bekommen: Eigene Produkte haben keine Chancen; wer auf sich hält, kauft Importware. – Was wäre, wenn der Rigaer Motorradhersteller seinerseits exportieren könnte? Vielleicht wären seine Produkte im Westen »in«. Wer hat schon ein Mofa aus Lettland!

Das Land, das erst nach dem Ersten Weltkrieg ein eigenständiger Staat wurde, ist größer als Belgien oder Dänemark, es besitzt etwa die Ausdehnung der Schweiz oder, weltweit betrachtet, von Togo oder Sri Lanka. Mit 2,7 Millionen hat Lettland etwa ebenso viele Einwohner wie Irland oder Norwegen, wie Costa Rica oder Jamaika. In Riga, der nach St. Petersburg zweitwichtigsten Hafenstadt der ehemaligen Sowjetunion an der Ostsee, leben alleine eine Million Menschen, davon nur gut ein Drittel Letten. Die übrigen Einwohner sind in der Mehrheit Russen und Ukrainer. Da liegen zwischennationale Spannungen auf der Hand, wenn jetzt die fast fünfzig Jahre lang von den Russen majorisierten Letten das Sagen haben. Es ist zu spüren, was sich da in sowjetischen Zeiten alles aufgestaut hat. Auch wenn einem als westlicher Besucher von lettischer Seite immer wieder versichert wird, es gäbe keine nennenswerten Probleme auf diesem Gebiet.

Es ist Juli 1992, als wir, mein Mann und ich, Riga mal wieder besuchen, und es sind auch die vielen kleinen Dinge, die etwas über die Atmosphäre zwischen Letten und Russen aussagen. Das beginnt schon bei den Straßenschildern. Entweder sie sind brandneu und nur noch in Lettisch, oder aber der russische Name auf den alten zweisprachigen Tafeln ist fast bis zur Unkenntlichkeit durchgestrichen. Noch ein halbes Jahr zuvor bekam ein Lette, der sich in einem Taxi oder einem öffentlichen Verkehrsmittel auf lettisch verständigen wollte und an einen Russen geriet, nahezu aus Prinzip die Antwort »Ne ponimaju.« – »Versteh' ich nicht.« Heute ist es für Russen beinahe Ehrensache, in der Landessprache zu antworten, wenn sie können.

Die Episode mit der jungen russischen Verkäuferin, die zunächst ihre eigene Sprache verleugnete, war zwar das Extremste, was ich in dieser Richtung erlebt habe, aber etwas Ähnliches ist mir auch im Hotel begegnet, einem skandinavisch-lettischen Gemeinschaftsunternehmen, das sich auf einer streng bewachten Etage eines alten lettischen Hotels etabliert hatte.

Zwei Frauen mittleren Alters hantieren auf dem Hotelflur etwas ungeschickt mit ihrem überdimensionalen Staubsauger und reagieren beinahe verängstigt, als sie feststellen, daß sie mir auf diese Weise total den Weg versperren. Ein leises bemühtes »Sorry« kommt der einen von den Lippen. Ich habe aber vorher von den beiden Frauen russische Brocken vernommen und reagiere ganz spontan mit »Nitschewo«, also »Macht nichts«. Die Mienen hellen sich auf, die Augen strahlen, sie sind ganz erleichtert. Wieso ich denn russisch spreche. Ich erzähle ihnen, daß ich vier Jahre in Moskau gearbeitet habe, und wir reden ein bißchen. Zum Abschied überschlagen sie sich mit guten Wünschen.

Abgesehen von diesen alltäglichen Folgen hat die lettische Selbständigkeit für die Russen ganz existentielle Konsequenzen. Bei meinen Besuchen in verschiedenen Ministerien stelle ich fest, daß in den mittleren und oberen Positionen so gut wie keine Russen mehr sitzen. Die Letten erzählen auch ohne Scheu, daß man in der Verwaltung selbstverständlich sämtliche Russen durch Letten ersetzt habe. Staatssprache sei ohnehin Lettisch, und damit tun sich die meisten Russen noch sehr schwer. »Auch was ihre Sprache angeht, sind die Russen noch Großmachtdenken gewohnt«, meint ein lettischer Ministerialbeamter süffisant.

Die auf die Art »freigesetzten« Russen – wie das mittlerweile nahezu überall heißt, wenn jemand seine Arbeit verliert – suchen und finden neue Betätigungsfelder. 70 bis 80 Prozent der neuen Geschäfte werden von Russen betrieben, die in erster Linie in die Privatwirtschaft abgewandert sind. Ehemalige KGB-Mitarbeiter verdienen heute ihr Geld als Wachleute bei internationalen Gemeinschaftsunternehmen. Und die Wechselstuben sind alle in russischer Hand, versichert mir eine lettische Journalistenkollegin, obwohl doch die Staatsbank Lettlands dafür die Lizenzen erteilen muß.

Vom Grundsatz her ist die Sache mit der Staatsbürgerschaft in Lettland gar nicht so schlecht geregelt gewesen. Noch aus alten, vorsowjetischen Zeiten stammt die Bestimmung, daß jeder einen lettischen Paß bekommt, der seit fünf Jahren hier wohnt, sich assimiliert hat (was immer das konkret heißen mag) und der die Sprache beherrscht. Leider fehlen für diese schönen und recht humanen Vorschriften die entsprechenden Ausführungsbestimmungen, und das Thema Staatsbürgerschaft ist zum Zankapfel geworden. Seit Anfang 1992 sind nun ganz andere Fristen in der Diskussion, die heftig geführt wird. Da ist von sechzehn Jahren die Rede, die man in Lettland gelebt haben muß, möglicherweise auch nur von zehn oder vielleicht gar von 25.

Daneben existieren ganz pragmatische Vorschläge nach dem Motto: »Es leben hier nun einmal im wesentlichen zwei Nationen unter einem Dach, laßt uns das so, wie es ist, einfach akzeptieren.« Der damalige lettische Außenminister Jänis Jurkäns, ein vernünftiger Realpolitiker, hat sich Anfang Juni 1992 eine Menge Ärger eingehandelt, als er folgende Ideen in die Debatte warf: Lettland solle einen Trennungsstrich ziehen – alle, die bis zum 3. Mai 1990 in Lettland gelebt haben, können einen Antrag auf Staatsbürgerschaft stellen. Diese Äußerungen haben ihn politisch gesehen fast den Kopf gekostet und beinahe zu einer innenpolitischen Krise geführt.

Besonders angespannt ist die Lage in bezug auf die ehemals sowjetischen Streitkräfte bzw. die russischen Soldaten, die in Lettland stationiert sind und über deren Abzug intensiv und hart verhandelt wird. Der Truppenabzug war im Sommer 1992 das beherrschende Thema in den lettischen Medien und stellte sich als Hauptfrage für die bevorstehenden Gipfeltreffen in München (Weltwirtschaftsgipfel) und Helsinki (KSZE) dar.

Eine besondere Brisanz bekam diese Thematik, als auf einem russischen Truppengelände in Lettland ein Feuer ausbrach und zunächst niemand wußte, ob dort nun Nuklearwaffen lagerten oder nicht. Auch in Deutschland ist es im Katastrophenfall nicht ganz unkompliziert, rasch Auskunft über die Art der Bewaffnung auf manchen amerikanischen Stützpunkten zu bekommen. Erst eine offizielle Versicherung der lettischen Regierung, daß auf dem besagten Gelände keine Atomwaffen stationiert seien, konnte die allgemeine Aufregung dämpfen. Die lettischen Behörden leiteten in diesem Zusammenhang eine Untersuchung wegen Brandstiftung ein.

Was die Stärke der russischen Truppen in Lettland betrifft, so geisterten die unterschiedlichsten Zahlen herum. Das Problem ist auch deshalb etwas unübersichtlich, weil es sich nicht nur um militärische Einheiten im klassischen Sinne handelt, sondern auch um Grenzschutztruppen, die organisatorisch anders zugeordnet werden. Die Nato ging im Sommer 1992 von 25 000 Mann aus, die Russen selbst gaben 35 000 an, und die Letten sprachen von etwa 60 000 russischen Soldaten auf ihrem Territorium. Bei allen Angaben spielte möglicherweise die eigene Interessenlage keine so untergeordnete Rolle. Die Zahl der Letten spiegelt wohl auch ihr Beklemmungsgefühl wider, das ihnen die inzwischen ausländische Truppenpräsenz bereitet hat. Die Nato hat kein Interesse daran, sich vor irgendeinen gegen die Russen gerichteten Karren spannen zu lassen, und ist mit ihren Schätzungen eher vorsichtig. Von den Russen kann man in dem Fall die realistischste Zahlenangabe erwarten. Nicht nur weil sie selbst es am besten wissen müßten, sondern weil ihre Zahlenangabe auch dazu dient, die sozialen Schwierigkeiten beim Rückzug der russischen Soldaten zu veranschaulichen, die in der Regel in ihrer Heimat nicht einmal Wohnraum finden.

»Die Russen drohen, und die Letten fordern«, so beschreibt die schon erwähnte Journalistin den Austausch von Maximalpositionen auf beiden Seiten. Ilse heißt sie übrigens, denn ich denke, daß ich sie noch hin und wieder erwähnen werde. Einen richtigen Plan für den Abzug gibt es nicht; die

Letten fordern ihn bis Ende 1993, die Russen sprechen derzeit von Ende 1994.

Es sind im wesentlichen drei Argumente, die aus russischer Sicht gegen einen sofortigen Abzug ihrer Truppen sprechen: der fehlende Wohnraum zu Hause in Rußland, also soziale Gründe, dann der Schutz der russischen Minderheit in Lettland und nicht zu vergessen die strategisch wichtige Lage, für die – militärisch gesehen – kein gleichwertiger Ersatz in Sicht ist. Nicht uninteressant ist die Reaktion einer Reihe von in Lettland lebenden Russen, die ich dazu befragt habe und die meinten, es sei besser, die russischen Soldaten zögen ab. »Wenn die erst mal weg sind, dann braucht die russische Minderheit hier in Lettland auch keinen Schutz mehr.« Die Anwesenheit des Militärs vergifte die Atmosphäre und schaffe die Probleme erst, die als Begründung dafür herhalten sollen, warum russische Truppen nicht abziehen können. Es gibt sicher auch andere Stimmen, aber ich habe sie nicht gehört.

Unabhängig von dem tatsächlich vorhandenen Wohnungsproblem ist das strategische Argument sicher das schwerwiegendste. Bis Ausweichstützpunkte an eisfreien Häfen einsatzbereit sein könnten, braucht es auf jeden Fall Zeit. Der westliche Vorschlag, man solle, wie das durchaus international üblich ist, ein Stützpunktabkommen schließen, stößt bei den Letten vorläufig noch auf absolut taube Ohren.

Verhandelt wird – wie bei den Nahost-Friedensgesprächen auch – nicht regelmäßig. Man verabredet sich von Mal zu Mal, und man sorgt – das aber regelmäßig – abwechselnd für einen Eklat. Die letzte Provokation der Russen war aus lettischer Sicht deren Forderung, allen Militärangehörigen diplomatischen Status zu verleihen. Ein Lette, mit dem ich über dieses Gezerre sprach, meinte: »Die Letten leben seit Jahrhunderten neben den Russen und haben sie nie verstanden. Das kann man auch nicht, es sind Barbaren.«

Trotz aller Spannungen und Ängste hat Lettland nach meinem Eindruck von allen baltischen Staaten am besten begriffen, daß man auf Rußland als Handelspartner angewiesen ist.

Lettland produziert nur etwa die Hälfte seines Strombedarfs selbst und davon auch noch 20 Prozent mit importiertem Erdöl. Die andere Hälfte bezieht man aus Estland. Das war auch zu sowjetischen Zeiten so, aber damals kostete das einen eher symbolischen Rubelbetrag. Heute will auch Estland Devisen sehen. Da hört die baltische Freundschaft auf. In Riga beneidet man die Esten sowieso: »Die haben die Finnen im Rücken, die können sowohl auf die Russen als auch auf die Deutschen pfeifen.« Ganz so einfach ist es für Estland sicher nicht, auch wenn die Letten das so sehen wollen.

Die Regierung in Riga hat die Beziehungen zu Rußland jedenfalls nicht so rigoros gekappt wie die estnischen Nachbarn. Die Letten sind im wesentlichen auf russische Rohstoffe angewiesen und liefern dafür im Gegenzug elektro- und radiotechnische Geräte, auch Telefonapparate, die sie schon damals für die ganze Sowjetunion produziert haben, dazu Fleisch und Getreide. Aus Mangel an Devisen wird beiderseits der Tauschhandel bevorzugt.

Wegen der trockenen Witterung konnte man in Lettland 1992 allerdings nur etwa 50 Prozent der normalen Getreideernte einfahren. Eines der wesentlichen Zahlungsmittel für Energielieferungen aus Rußland fiel also zum großen Teil aus. Um die Menschen auf die dadurch entstehenden Engpässe vorzubereiten, hat man schon im Sommer verkündet, daß Wohnungen und Betriebe im Winter voraussichtlich mit einer Temperatur von 12 bis 14 Grad beheizt werden. Allerdings – so lautete die Einschränkung – könne man diese Minimalversorgung leider nicht flächendeckend garantieren. Brutaler formuliert: In einigen Wohnungen wird nicht einmal eine Temperatur von 12 Grad herrschen.

Da Lettland keine Rohstoffe besitzt und ein fast reines Agrarland ist, tut es sich besonders schwer mit der Devisenbeschaffung. Es bleibt eigentlich nur der Tourismus – wenn man von der zusätzlichen Einnahmequelle durch die ständig steigenden Visagebühren absieht. Die Lage an der Ostsee – strategisch wichtig für das russische Militär und von daher für die

Letten eher von Nachteil – erweist sich unter touristischen Gesichtspunkten als großes Plus. Die langgezogenen, mehlweichen Strände in Jurmala sind eine gute Basis für internationalen Fremdenverkehr, der harte Währung ins Land bringt. Freilich, ein paar Modernisierungen der heruntergekommenen Ferienheime und Hotels sind noch nötig. Aber das sind keine unüberwindlichen Hindernisse.

Bislang zieht die lettische Hauptstadt die meisten ausländischen Besucher an. Das Spielkasino, das 1991 in den Räumlichkeiten des Filmtheaters »Komsomolez« seinen Betrieb aufgenommen hat, arbeitet übrigens auch auf Devisenbasis. Noch wälzen sich durch die Straßen der Rigaer Altstadt keine Touristenströme, aber Reisegruppen trifft man schon. US-Amerikaner, Japaner, Europäer, darunter viele Deutsche. Im Gespräch mit amerikanischen und deutschen Besuchern stellt sich vielfach heraus, daß sie selbst oder ihre Vorfahren aus Lettland stammen.

Nebenbei bemerkt – Partnerschaften unterhält die Stadt mit Rostock und Bremen. Die Universitäten Münster und Riga sind Partner, und die Industrie- und Handelskammer in Hagen arbeitet mit Riga zusammen. – Die vielfältigen Aktivitäten in der Zusammenarbeit mit dem Westen könnten ein eigenes Buch füllen, vom vorbildlichen wirtschaftlichen Engagement betuchter Emigranten bis zu zweifelhaften Heimatvereinen unverbesserlicher Revanchisten.

Ilse hat mir von einem jungen lettischen Geschäftsmann erzählt, den sie mir gerne vorstellen möchte. Sie holt uns gut zwei Stunden vor dem vereinbarten Treffen mit ihm vom Hotel ab. Wir wollen gemeinsam durch Riga schlendern. Es lohnt sich, in die vielen idyllischen Hinterhöfe der Altstadt zu schauen, wo unter schattigen Bäumen Bänke oder Stühle stehen. Ein fast südländischer Eindruck. In einem dieser Hinterhöfe entdecken wir eine Außentreppe aus Stein, die von oben kommend auf halber Höhe einfach aufhört. »Ich nenn' das Ding immer sozialistische Treppe«, lacht Ilse, »das hat ja auch zu nichts geführt.«

Auf den alten Stadthäusern sind immer mal wieder deutsche Inschriften zu lesen. Noch im 19. Jahrhundert machten Deutsche fast die Hälfte der Einwohnerzahl aus. Seit der Gründung Rigas im Jahre 1201 hat die Stadt eine wechselvolle Geschichte erlebt. Sie war deutsch, polnisch, schwedisch, russisch, lettisch, sowjetisch. Doch ganz gleich, unter welcher Herrschaft – als Handels- und Wirtschaftszentrum spielte Riga immer eine wichtige Rolle, nicht nur in der Blütezeit der Hanse, die man sich mit ein wenig Phantasie noch vorstellen kann. Unter großem finanziellen Einsatz und mit Hilfe der für ihr Können berühmten polnischen Restauratoren sorgen die Letten dafür, daß in der denkmalgeschützten Altstadt der Reichtum früherer Jahrhunderte wieder erkennbar wird.

Auf einem der Altstadthäuser prangt das älteste Stadtwappen in Riga, das man heute bewundern kann. Es stammt aus dem Jahre 1554 und schmückte ursprünglich ein Stadttor. Das einzige bis heute erhaltene Stadttor ist das sogenannte Schwedentor, das immerhin 1698 gebaut wurde. Im Torbogen sitzt ein junger Mann mit einer Gitarre, der klassische Musik spielt. Eine unbeschreibliche Akustik, von der Atmosphäre nicht zu reden, und niemand da außer ihm und uns. Er spielt nur für sich und hat auch keine Sammelbüchse aufgestellt.

Wir kommen an einem höchstens drei Meter breiten Gäßchen vorbei, das ausgerechnet »troksun iela« heißt, was soviel wie »Lärmstraße« bedeutet – nur weit und breit kein Lärm. Ganz in der Nähe hat eine frühere Kollegin von Ilse eine Kunstgalerie eröffnet. Klassische Landschaften, Kunsthandwerkliches und grelle Moderne ist auf engstem Raum überraschend harmonisch arrangiert. »Du kannst ja keinen fragen, wie's geht«, meint die frischgebackene Galeristin, »ob es sich lohnt. Du mußt ins Wasser springen und ausprobieren, ob du schwimmen kannst.«

Ilse führt uns zu einem Park bei der 1935 gebauten Freiheitssäule mit der Aufschrift »Für Vaterland und Freiheit« und fragt, ob wir die Gedenksteine für die 1991 ums Leben gekommenen Letten anschauen wollen. Es ist klar, was sie meint.

Nach den blutigen Zusammenstößen in der litauischen Hauptstadt Vilnius (Wilna) im Januar 1991, bei denen fünfzehn Menschen den Tod fanden, war es im Zuge der Auseinandersetzung um die Selbständigkeit der baltischen Republiken auch in Lettland zu Schießereien zwischen Russen und Letten gekommen, deren Verlauf immer noch offiziell untersucht wird. Verstreut in der Parkanlage liegen die Gedenksteine an den Stellen, wo die insgesamt fünf Letten von Kugeln getroffen wurden und zusammengebrochen waren. Name, Beruf und Todesdatum sind darauf zu lesen.

Auf dem ersten Stein, ganz oben im Park, steht der Name Gvido Zvaigzne. Er wurde bei seiner Arbeit als Kameramann hier am 20. Januar 1991 angeschossen und ist an seinen Verletzungen am 5. November desselben Jahres gestorben. Unterhalb dieser Gedenkstätte liegt ein Café am Wasser, leichtes Gemurmel dringt herauf. Auf dem Stein – frische Blumen.

Ein Stückchen weiter wurde Andris Slapins am 20. Januar tödlich getroffen. Auch er war Kameramann, und zwar arbeitete er für den bekannten lettischen Dokumentarfilmer Juris Podnieks, von dem der berühmte Film »Es ist nicht leicht, jung zu sein« stammt.

Der dritte Stein ist Vladimirs Gomanovics gewidmet, einem Leutnant der Miliz, erschossen hier am 20. Januar.

Ein weiterer Angehöriger der Miliz namens Sergejs Kanonenko wurde gleichfalls erschossen und schließlich noch Edijs Riekstins, ein Schüler, der zufällig in die Auseinandersetzungen geraten war.

»Das entscheidende Jahr war 1991«, meint Ilse, »durch den Januar und den August (versuchter Putsch in Moskau, d. Verf.) sind wir andere Menschen geworden.«

Wir haben noch etwas Zeit, und Ilse schlägt vor, die im Schloßcafé am Fluß zu verbringen. Bilderbuch-Sommerwetter, der Begriff »Schloßcafé«, meine Vorliebe für Kuchen und die Erfahrung von damals, daß es sich in den baltischen Republiken besser, »westlicher« lebte als in Rußland, lösen bei mir Erwartungen aus, die dieses Schloßcafé leider nicht erfüllen kann. Im Grunde ist es nichts anderes als eine Imbißbude mit ein paar Tischen und Stühlen im Freien, die alle von Jugendlichen besetzt sind, mal lettisch, mal russisch sprechend, eingenebelt von Wolken aus Zigarettenqualm mit dem typisch russischen Geruch.

Ilse, weit entfernt davon, eine Kommunistin oder Anhängerin des alten Systems zu sein, macht eine Bemerkung über die arme Jugend, um die sich überhaupt niemand mehr kümmert und für die so gut wie gar nichts getan wird. Die jungen Menschen seien ziemlich orientierungslos. All die Aktivitäten der früheren kommunistischen Jugendorganisation zu Sport, Kultur und Unterhaltung fallen weg. Die alten Strukturen sind zerstört, etwas verläßliches Neues ist noch nicht in Sicht. »Staat« – das sei etwas Schlechtes geworden. »Es gibt bei uns Begriffe, die kann man einfach nicht mehr benutzen, weil sie so negativ besetzt sind«, erklärt Ilse. »›Staat‹ gehört dazu, aber auch solche Worte wie ›sozial‹. ›Marktwirtschaft‹ ist okay, aber ›soziale Marktwirtschaft‹ – um Himmels willen. Eigentlich kann man auch ›international‹ und ›Frieden‹ nicht mehr in den Mund nehmen. Das stand einfach zu oft auf Transparenten.«

Wir holen uns Limonade, setzen uns auf eine Mauer unter den großen schattigen Bäumen und machen uns dann auf den Weg zu Eriks Grinbergs, so heißt der lettische Jungunternehmer, mit dem mich Ilse bekannt machen will.

Eriks Grinbergs hat trotz seines jugendlichen Alters, er ist 33, ein kleines Firmenimperium aufgebaut. Die Verwaltung seines Unternehmens logierte zum Zeitpunkt unseres Besuches noch in fünf Zimmern eines Hotels in der Nähe des Rigaer Bahnhofs. Aber der Umzug in eine 160 Quadratmeter große Büroetage stand unmittelbar bevor. Der Grund für die kostspielige Unterbringung der Firmenverwaltung in einem Hotel war neben der allgemeinen Raumnot die bessere technische Ausstattung dort. Nur auf diese Weise kam Grinbergs sofort in den Genuß eines Telefonanschlusses, natürlich eine unabdingbare Voraussetzung, um eine Firma zu betreiben.

Dafür zahlte er monatlich 40 000 Rubel Miete, während für die wesentlich geräumigere Büroetage mit der Stadt als Vermieter 10 000 Rubel vereinbart wurden.

Von den Hotelzimmern aus organisierte Grinbergs sein florierendes Unternehmen mit neunzig Beschäftigten, davon dreißig fest angestellt und unter denen alleine fünf Juristen. Das Durchschnittsalter seiner Mitarbeiter liegt bei etwa dreißig Jahren, der einzige Ältere ist Ende Fünfzig, hat vorher in einem großen Kaufhaus gearbeitet und wird von Grinbergs als »Revisor«, wir würden Controller sagen, beschäftigt. »Der hat Erfahrung und Autorität«, begründet Eriks seine Personalentscheidung.

Und angefangen hat das Ganze so – im Grunde keine untypische Geschichte: Geboren und aufgewachsen ist Eriks Grinbergs in der lettischen Bezirkshauptstadt Saldus. Er bezeichnet sich selbst als schlechten Schüler, aber guten Motorsportler, der erfolgreich Motocrossrennen fährt. 1980 fliegt er aus der kommunistischen Jugendorganisation Komsomol raus (»Da war man einfach drin«), weil er sich unerlaubt politisch betätigt. Und zwar hißt er zusammen mit ein paar Freunden in der Kleinstadt Saldus die damals verbotene lettische Fahne. Dieser Hinauswurf taucht später in sämtlichen Papieren auf. »Das ist wie bei Ihnen der Säuferbalken im Führerschein, für jeden zu erkennen.« Wegen »nationalistischer Aktivitäten« und diverser Verstöße gegen gesellschaftliche Regeln gilt er fortan als »unsicherer Kandidat«. Die Behörden unterstellen ihm, er habe eine nationalistisch gesinnte Gruppierung bilden wollen. »Ich habe diese Formulierung sehr gut im Kopf«, meint Eriks, »das war der Standardsatz. Vielleicht hat mir dieser Satz die Kraft gegeben, in meinem weiteren Leben den Kampf um ein Plätzchen an der Sonne zu führen.«

Dieser Jugendstreich, der mehr mit Unfug als mit politischer Überzeugung zu tun hatte, bedeutet für Grinbergs eine wichtige Weichenstellung in seinem Leben, denn nun hat er – schlechter Schüler hin oder her – keine Chance mehr zu studieren.

Als die Militärzeit heranrückt, stellt er einen Antrag, beim Komsomol wieder aufgenommen zu werden, was ihm auch gelingt, und er versucht als Komsomolmitglied in der Armee einen neuen Anfang. Seinen Militärdienst leistet er in Estland ab. »Da hab' ich verdammtes Glück gehabt«, kommentiert Eriks. Als herausragender aktiver Sportler hätte er normalerweise in Lettland dienen und die Lettische Sozialistische Sowjetrepublik verteidigen können, aber wegen seiner politischen Unzuverlässigkeit gehört er zu dem Kontingent, das über die Sowjetunion verteilt zum Einsatz kommt, und da ist Estland in Anbetracht ostsibirischer oder mittelasiatischer Alternativen in der Tat ein Glücksfall.

Mit irgendwelchen Tricks schafft er es auch, an der juristischen Fakultät ein Fernstudium zu absolvieren. Aber eine berufliche Perspektive findet er nicht. Er jobbt mal hier, mal da, fährt weiter Motocross und wird schließlich von estnischen Freunden aus seiner Militärzeit nach Tallinn, in die estnische Hauptstadt, eingeladen, weil die mit ihm zusammen eine lettisch-estnische Kooperative gründen wollen. Das ist 1987/88, also in der Zeit, als die ersten Kooperativen in der Sowjetunion entstehen, diese halb staatlichen, halb privaten Unternehmen.

Eriks fährt also nach Tallinn zum Polytechnischen Institut, das die Basis für die Kooperative bilden soll. Die Leiter des Instituts sind einverstanden, ihrer staatlichen Einrichtung ein unabhängiges Unternehmen anzugliedern. »Wir wußten überhaupt noch nicht, was wir machen wollten«, sagt Eriks mit einem Unterton, als würde ihn das heute mehr wundern als damals, »wir waren nur entschlossen, *daß* wir etwas machen wollten, irgendwas Privates, mit dem sich Geld verdienen läßt. Und unsere Spekulation, daß die Institutsleiter nicht abgeneigt sein werden, mit staatlichen Mitteln ein bißchen privates Busineß zu machen, ist aufgegangen.«

Im Verlauf seiner recht breit angelegten Recherchen entdeckt Eriks in Taschkent, der Hauptstadt Usbekistans, eine dort entwickelte spezielle Technologie, die es ermöglicht, in

Vakuumanlagen beliebige Materialien mit einer Metallschicht zu überziehen. Sozusagen eine Legierungsmaschine, die Gold oder Silber auf Glas oder Kunststoff aufbringen kann. Nach Eriks' Angaben war das damals eine ganz neue Methode.

Seine Idee ist, nun mit dieser speziellen Technik Fenster oder Geschirr zu gestalten, Innenausstattungen für Ladenlokale zu entwerfen und zu fertigen. Praktisch geht das folgendermaßen vonstatten: Das technische Know-how kommt aus Taschkent, in Kazan macht Eriks einen Armeebetrieb ausfindig, der diese Anlage herstellen kann. Er organisiert den Transport und die Montage in Tallinn und beginnt, damit zu produzieren.

Mittlerweile ist er Angestellter des Instituts, und eigentlich kann man die Organisationsform dieser merkwürdigen Kooperative gar nicht genau beschreiben. Die Mittel für den Kauf der Legierungsmaschine stammen aus dem staatlichen Institut, die Angehörigen der Kooperative stehen auf der Gehaltsliste des Instituts, aber die Gewinne werden nicht dem Institut gutgeschrieben, sondern den Mitarbeitern der Kooperative und in erster Linie den Institutsleitern.

Das läuft etwa ein Jahr so, bevor es zu einem Riesenkrach kommt, weil eine Gruppe in der Kooperative – dazu gehört auch Eriks – versucht, das Unternehmen auf eine seriöse Basis zu stellen, während andere an der illegalen Arbeitsweise festhalten wollen. Danach fallen die Institutsleiter die Karriereleiter rauf und werden allesamt Angestellte des Ministerrates; die jungen Leute der Kooperative, die alles aufgebaut haben, verlieren hingegen ihren Job.

Eriks hatte damals sein Auto verkauft, um seine Beteiligung in die Kooperative einbringen zu können. Nun ist alles weg, das Auto, das Geld und die Arbeit. Er hat verloren.

»Ich hatte noch 100 Rubel in der Tasche, als ich nach Riga zurückkam«, erzählt Eriks, »ich lief durch die Straßen, hab' überlegt, daß es so nicht weitergehen kann, daß ich mir unbedingt etwas anderes einfallen lassen muß.«

Im Märchen würde man sagen: »Und es begab sich«, daß Eriks einen alten Freund wiedertraf, der sein Geld mit Rosenzucht verdiente. Dieser Freund arbeitet im übrigen heute bei Eriks als Kommerzdirektor. Das Geschäft mit den Blumen läuft nicht schlecht, und Eriks nimmt bei ihm Rosen in Kommission, organisiert ein Auto, bringt sie zum Verkauf nach – damals noch – Leningrad und kommt finanziell wieder einigermaßen auf die Beine.

»Das lief wirklich gut mit den Blumen«, sagt Eriks, »aber auf die Dauer war das zu langweilig und nichts fürs Leben. Ich wurde einfach unzufrieden.« Noch in Tallinn hatte Eriks immer wieder Industrieausstellungen besichtigt, auf der Suche nach technischen Anregungen. »Ich habe mich bemüht«, fügt Eriks hinzu, »Entwicklungen zu begreifen, die bei uns unrealisierbar schienen und damals tatsächlich nicht zu realisieren waren.« Als aufgeschlossener junger Mann hat er keinerlei Probleme, sich mit der Konstruktion einer Maschine zu befassen, die Tampons herstellt. Die Maschine funktioniert, aber die hygienisch erforderliche Qualität ist nicht zu erreichen.

Eriks gibt nicht auf. Er schreibt nach Deutschland, bittet um technische Informationen, bekommt sie auch. Er fragt nach einer alten Produktionseinrichtung, die in Deutschland demnächst ausrangiert wird, aber die bekommt er nicht. Es scheitert an den Transportkosten. Eriks fährt nach Leningrad und schaut sich dort eine Wattefabrik an. Dann reist er nach Usbekistan und besucht die Baumwollieferanten für das Leningrader Werk, um an Ort und Stelle zu klären, ob sie eventuell ihre Liefermenge erhöhen könnten. Sie können. Mit folgendem Konzept wird er im lettischen Gesundheitsministerium vorstellig: Die Usbeken liefern etwas mehr Baumwolle nach Leningrad, die Leningrader schicken die speziell behandelte Watte nach Lettland und lassen sich teils bar und teils mit fertigen Tampons bezahlen. Das Ministerium soll lediglich eine Art Haftungsgarantie in Höhe der Kosten für die benötigte Maschine übernehmen. Alles andere schaffe er alleine.

Das Gesundheitsministerium hat kein Interesse. Es geht ja auch bloß um Frauen, könnte man sagen, wenn man bösartig werden wollte. »Es war die zweite große Enttäuschung in meinem Leben«, wertet Eriks diese Erfahrung, »kein Interesse, keinerlei Unterstützung, überall nur Lethargie. Dabei wußte ich, daß dieses Projekt ein Renner geworden wäre, daß es gekauft werden würde. Das gibt es einfach nicht bei uns. Dafür braucht man keine Studien und kein Marketing. Das weiß man.«

Ein weiteres halbes Jahr geht auf diese Weise verloren. Der Blumenverkauf hält ihn und seine Frau über Wasser. Bei einem seiner Spaziergänge durch Riga – »Das brauch' ich zum Nachdenken«, sagt Eriks – entdeckt er ein Schild mit der Aufschrift »Kooperatives Handelshaus«. Er geht hinein, baut sich vor dem Boß auf und sagt: »Ich heiße Eriks Grinbergs, ich suche Arbeit, und ich habe ein paar Ideen.« Der Chef ist offenbar so perplex, daß er Eriks weiter zuhört, als dieser von seinen bisherigen Aktivitäten erzählt. Als Eriks das Handelshaus wieder verläßt, nimmt er die Aufforderung mit, sich im kommenden Monat dort zu melden.

Erst sind es nur Gelegenheitsjobs, dann wird Eriks als Arbeiter bei der Verpackung der unterschiedlichsten Waren angestellt mit einem monatlichen Garantiefixum von 200 Rubel, was damals gar nicht so schlecht war. Eriks hat wieder Glück, denn er hat eine Kooperative erwischt, die mit Erfolg arbeitet. Es haben ja auch viele dieser neuen Unternehmen Pleite gemacht. Aber das »Kooperative Handelshaus« wächst und wächst. In großem Stil wird unionsweit eingekauft, wo man günstig etwas bekommt, und dort verkauft, wo gerade diese Ware kaum zu finden ist. Wäsche, Elektrogeräte, Schuhe, Geschirr – es gibt kaum einen Artikel des täglichen Bedarfs, der nicht im Angebot ist.

Eriks arbeitet sich zum Generalagenten hoch, reist durch die Sowjetunion und schließt Lieferverträge ab. Er darf innerhalb des Unternehmens seine eigene Handelsabteilung aufbauen, mobilisiert Freunde und Bekannte, um an möglichst vielen Stellen innerhalb des ganzen Sowjetreiches vertreten zu sein. Sein Fixum als Angestellter beläuft sich zwischenzeitlich auf 700 Rubel monatlich, was etwa dem dreifachen Durchschnittslohn entspricht. Sein persönlicher Gewinn, den er innerhalb eines Jahres macht, beträgt 2 Millionen Rubel.

Die ersten Gemeinschaftsunternehmen tauchen auf, die Joint-ventures, und Eriks' Chef ist ganz wild darauf, mit einem ausländischen Partner eines zu gründen. Eriks ist dagegen und trennt sich von der Firma.

Die Kontakte, die *er* aufgebaut hat, kann er mitnehmen oder nimmt sie mit. Es folgen zwei sehr harte Monate, in denen er aus alten Lieferkombinationen neue stricken muß. Er hat ja nun keine Geschäftsräume mehr und lebt in einem einzigen Zimmer einer sogenannten Kommunalwohnung, in der sich die in der Regel nicht miteinander verwandten Bewohner Küche, Bad und Toilette (falls vorhanden) teilen. Als ein Zimmernachbar mit seiner Kooperative pleite geht, zahlt Eriks dessen Schulden und kauft ihm einen 10 Quadratmeter großen Kellerraum im selben Haus ab, um ihn als Lager zu nutzen.

»Hatten Sie das Geld unter der Matratze oder auf der Bank?« will ich wissen. »Soviel Geld war das ja nun auch nicht«, meint Eriks, »aber das Geld war zu Hause. Damals gab es sehr wenige Leute, die überhaupt verstanden haben, was eine Bank ist und was Geld in der Bank machen kann.«

Die Erfahrungen, die Eriks in der Handelskooperative sammeln konnte, kommen ihm nun zugute. Jetzt geht es Schlag auf Schlag. Eriks erwirbt bei Freunden und Bekannten Waren auf Kredit, packt alles zusammen, fährt damit nach Rußland, verkauft die Sachen, bezahlt seine Freunde und nimmt neue Ware auf. Umsatz und Gewinn steigen schnell, und Eriks beginnt mit der professionellen Strukturierung seiner geschäftlichen Aktivitäten.

Unter dem Datum vom 24. April 1991 ist Eriks Grinbergs

mit seiner Firma im Unternehmensregister der Republik Lettland eingetragen. »Rigas Centra Tirdzniecibas Komplekss Grinbergs SIA« heißt seine Firma etwas kompliziert, was etwa soviel bedeutet wie »Handelskomplex des Rigaer Stadtzentrums«. Um es etwas griffiger zu machen, versucht Grinbergs die Anfangsbuchstaben als Firmenbezeichnung zu etablieren: »RCTK«. – Das lettische SIA steht im übrigen für eine Geschäftskonstruktion, die in etwa einer deutschen GmbH entspricht.

Grinbergs' ansehnliches Firmenimperium besteht zu der Zeit aus fünf Kiosken und einem Mini-Kaufhaus in Riga, einer Bar am Strand von Jurmala und einem Geschäft in seiner Heimatstadt Saldus, wo er im Laufe des Sommers 1992 noch drei weitere Ladenlokale in Betrieb nehmen will. Im Sortiment sind Lebensmittel, Haushaltsgeräte und alles, was man irgendwo günstig ergattern kann, vom Schuh bis zum Möbelstück.

Darüber hinaus betreibt Eriks in Saldus ein Architekturbüro, das zunächst nur mit der Gestaltung seiner eigenen Kioske und Läden beschäftigt war, zwischenzeitlich aber auch Fremdaufträge betreut. Zum Beispiel die Planung eines Ausbildungszentrums für die lutheranische Gemeinde in Saldus. Bauherr und Geldgeber sind Lutheraner aus Saldus und Norwegen.

»Dann haben wir noch Wald«, schiebt Eriks nach. Er ist Pächter von 10 000 Hektar staatlichen Waldes mit allen holzwirtschaftlichen Nutzungsrechten. »Irgendwann wird die Zeit vorbei sein, wo man Rohstoffe aus Rußland ausführt«, lautet Eriks' weitsichtiger Kommentar. Er träumt von einer eigenen Möbelfabrik, aber soviel Kapital besitzt er nicht, und ein Kredit kommt nicht in Frage. Die monatliche Inflationsrate im Sommer 1992 betrug 10 Prozent, das heißt, die Bank verlangte für ein Darlehen zwischen 125 und 150 Prozent Zinsen im Jahr. Dabei werden Darlehensverträge – eben wegen der galoppierenden Inflation – höchstens auf drei Monate abgeschlossen. »Ich kann nicht eine Million Rubel aufnehmen«, sagt Eriks, »und 1,5 Millionen Rubel alleine an Zinsen zahlen. Das kann ich nicht.« – Ein ausländischer Partner wäre recht, der die Maschinen stellte.

Eriks Grinbergs ist der absolute Boß in seiner Firma. »In einer privaten Firma hat Demokratie nichts zu suchen«, sagt er, »ich werde das nicht unterstützen. Wenn ich Fehler mache, dann gebe ich das zu, aber das sind dann meine Fehler und meine Linie und meine Verantwortung.« Anregungen seiner Mitarbeiter nimmt er dankbar auf, in Erinnerung an frühere Zeiten, als er selbst mit Ideen und Vorschlägen zu seinem Chef kam und sich über Resonanz freute.

Seine Verwaltungsangestellten – darunter auch die fünf Juristen – beziehen ein festes Gehalt, die Bezahlung der übrigen Belegschaft ist vom Umsatz abhängig. Eriks' Frau betreibt einen Kiosk in Eigenregie. Nebenbei erfahre ich, daß er zum zweitenmal mit derselben Frau verheiratet ist und zwei Töchter hat, die eine drei Jahre, die andere zwei Monate alt.

Unvermittelt poltert Eriks los: »Im Grunde geht alles drunter und drüber mit dem Busineß in Lettland. Das liegt nicht an den Geschäftsleuten, sondern an den Politikern. Die Wechselbäder der Steuerpolitik können einen schon das Fürchten lehren!« Ein privater Betrieb muß zwischen 70 und 90 Prozent des Gewinns in Form verschiedenster Steuern abführen: Da ist natürlich zuerst die Gewinnsteuer, dann die Umsatzsteuer, eine Art Vermögensteuer, eine Zollsteuer usw.

»Bis heute war ich aufrichtig«, meint Grinbergs, »ich habe moralisch saubere, ehrliche Geschäfte gemacht. Es war meine Linie, das alles ehrlich aufzubauen, aber wenn ich jetzt nicht anfange, meinen Gewinn gegen Null herunterzurechnen, dann kann ich bald dichtmachen.« Grinbergs ereifert sich: »Ich will meine Mitarbeiter gut bezahlen, aber ich kann und will nicht den Haushalt der Republik sanieren.« Sein Hauptkritikpunkt lautet: Der lettische Staat hält unrentable Betriebe künstlich am Leben, und zwar auf Kosten der neuen privaten, die rentabel arbeiten – aber das ist in Riga nicht anders als in den übrigen Staaten der ehemaligen Sowjetunion und strenggenommen nicht nur dort.

Eriks sieht die Notwendigkeit von Steuern durchaus ein, aber er argumentiert so: »Wenn ich in diesen Zeiten investiere, etwas aufbaue, Arbeitsplätze schaffe, dann erwarte ich vom Staat ›grüne Welle‹ auf dieser Straße und keine Barrikaden, die von Tag zu Tag unübersichtlicher werden.« Es gehören besondere Fähigkeiten und ein besonderes Temperament dazu, sich unter solchen Umständen selbständig zu machen und diese Umbruchzeiten heil zu überstehen.

Eriks verkauft im übrigen aus Prinzip von Anfang an in allen seinen Geschäften nur gegen einheimische Währung. »Immer nur Valuta, immer nur Valuta«, Eriks unterstreicht seine Worte mit einer ausholenden Armbewegung, »das kann man uns doch auf Dauer nicht zumuten.«

Er erzählt, daß die meisten Devisengeschäfte in Riga sogenannte privatisierte staatliche Geschäfte seien mit konvertiertem staatlichen Kapital. Dahinter stecken die Finanzhaie, denen es auch früher immer schon gutgegangen sei. »Das ist kein Geheimnis«, lacht Eriks, »ich bin mir meiner Rolle auf der Erde bewußt, ich habe keinen Onkel, keine Verwandten auf Ministerebene, die mir zinslose Kredite verschaffen. Ich kann mich zwar an der Verteilung dieser Welt beteiligen, aber nur mit meinen Kräften und mit meinen Mitteln.« Doch statt wilde Beschimpfungen auf die ehemaligen Funktionäre auszustoßen, die von den neuen Zeiten profitieren, obwohl sie mit Macht versucht haben, deren Anbruch zu verhindern, bringt Eriks einen Vergleich: »Das ist wie in einem Sportstadion, in dem die alten – meist russischen – Funktionäre alle schon an der Startlinie stehen und die neuen lettischen Unternehmer noch in der Garderobe sitzen, während der Startschuß fällt.« Hintergründig lächelnd fährt er fort: »Aber ich denke mir, vielleicht überstehen die an der Linie nicht die ganze Strecke, weil sie älter sind. Ich bin jünger, ich habe mehr Kraft. Auch wenn ich aus der Garderobe starte, kann ich das Ziel vor denen erreichen.«

Da Eriks selbst den lettisch-russischen Gegensatz gebracht hat, frage ich ihn nach Schwierigkeiten zwischen beiden Völkern gerade im wirtschaftlichen Bereich. Daraufhin zeichnet er folgendes Bild: »Es gibt drei Ebenen im Geschäftsleben: die jüdische, die russische und die lettische. Die lettische ist die unterste. Die russische stützt sich auf die Möglichkeiten von Partnern in Rußland. Die haben ihre kommunistische Linie, dieser rote Faden existiert noch. Zum jüdischen Business – kein Kommentar.« Auch auf Nachfrage ist Eriks nicht bereit, das zu konkretisieren. Er wolle nicht falsch verstanden werden, deshalb werde er dieses Thema nicht weiter ausführen, meint er und kommt wieder auf die lettischen Unternehmer zurück. Die seien nicht so zahlreich und von der Größe ihrer Firmen her eher als klein bis mittel zu bezeichnen. »Ungefähr fünfzig solcher kleiner und mittlerer lettischer Betriebe sind von Anfang 1992 bis jetzt (also im ersten Halbjahr; d. Verf.) registriert worden.«

Vor der vielzitierten Mafia hat Eriks keine Angst. »Man darf sich nicht einschüchtern lassen«, sagt der kräftige, durchtrainierte junge Mann, »man muß denen sagen, was Sache ist, und auch drohen, wenn's drauf ankommt.« Und er fügt hinzu: »Meine Freunde sind alle kräftige sportliche Burschen.« Davon abgesehen hat Eriks den Vorteil, daß in seinen Geschäften weder Devisen noch Alkohol eine Rolle spielen – auch in seiner Bar in Jurmala gibt's keine harten Drinks. Also fallen diese klassischen Anreize für Schutzgelderpresser von vornherein weg.

Eriks Grinbergs konnte das Jahr 1992 mit einer positiven Geschäftsbilanz abschließen. Im Sommer 1993, also ein Jahr nach unserem ersten Gespräch, hat Eriks immer noch neunzig Mitarbeiter, davon dreißig fest angestellt. Das ist ein Erfolg, wenn man weiß, wie viele lettische Jungunternehmer auf der Strecke geblieben sind oder ihren Betrieb nur durch Entlassungen und Einsparungen retten konnten. Seitdem Lettland und Rußland gegenseitig Einreisevisen vorschreiben (seit 12. Mai 1993), haben die Geschäftsbeziehungen weiteren

Schaden genommen. Eriks rechnet für seinen Bereich mit einer Einbuße von etwa 50 Prozent, die er anderweitig ausgleichen muß.

Innerhalb seiner Firma hat es ein paar Verschiebungen gegeben. In Riga konnte Eriks mitten in der Stadt auf der Barona Iela (Baronastraße) ein neues Geschäft und ein Restaurant eröffnen. Das Restaurant liegt besonders günstig. Im gleichen Haus ist ein großes Automobilzentrum untergebracht, das eine VW-Audi-Vertretung, ein kleines Automuseum und eine Reparaturwerkstatt speziell für Oldtimer beherbergt. Dafür mußte Eriks sein erstes Mini-Kaufhaus im Souterrain einer Nebenstraße schließen, nachdem er dort manchmal im ganzen Monat nur soviel Umsatz machte wie früher an einem Tag. Zur Zeit baut er die Kellerräume zu einer Bierbar um. Aber seine Pläne reichen noch weiter. Eriks bewirbt sich um die Generalvertretung für das dänische Tuborg-Bier. Er hat noch drei Mitbewerber. Wer bis zum Herbst am meisten verkauft hat, bekommt die Lizenz für Lettland.

Eine Möbelfabrik hat er zwar noch nicht auf die Beine stellen können, aber der Holzverkauf läuft recht gut. In den ersten drei Monaten 1993 konnte er schon soviel Holz nach Deutschland verkaufen wie im ganzen Jahr zuvor. Für die Fabrik hat er einen Kostenplan und eine Wirtschaftlichkeitsberechnung aufgestellt, und er bewirbt sich bei der Europäischen Gemeinschaft um einen Kredit.

Ich hatte gleich nach unserer Reise im Sommer 1992 in einem Artikel in der Zeitschrift der Lufthansa über Eriks Grinbergs geschrieben, darin auch seinen Wald erwähnt und von einem möglichen westlichen Partner gesprochen, der die Maschinen für eine Möbelfabrik stellen könnte. Drei Interessenten haben sich daraufhin bei Eriks gemeldet, zwei davon aus den USA, einer hat ihn in Riga besucht. Geworden ist nichts daraus. Eriks will nur eine Kooperation, eine Beteiligung, kein Gemeinschaftsunternehmen, und begründet das so: »Dann sind wir ja zwei Kapitäne auf einem Schiff, und er wird mir sagen, mit welcher Geschwindigkeit ich fahren muß. Wir haben hier andere Schiffe, anderes Fahrwasser und auch Felsen, die nur ich kenne.«

Privat hat Eriks im letzten Jahr einige Schicksalsschläge hinnehmen müssen. Seine Frau hat ihn und die Firma zusammen mit einem seiner Geschäftspartner verlassen. Und Eriks' Vater ist gestorben. Vor diesem Hintergrund gerät der Brand in einem von Eriks' Geschäften in Saldus zur Lappalie.

Sein Engagement und sein Unternehmungsgeist scheinen ungebrochen. Er setzt weiter auf die Vielfalt seiner Firmen. Und im übrigen schwebt ihm eine Lebensmittelkette nach dem Muster von Aldi vor: »Gute Qualität, preiswert, ohne Schnickschnack präsentiert – so kann man auch Geld machen.«

Eriks Grinbergs ist keine exotische Ausnahmeerscheinung. Er steht für einen Typ junger Unternehmer, wie sie überall in den Ländern der ehemaligen Sowjetunion zu finden sind. Man muß nur hingucken.

Die wirtschaftlichen Rahmenbedingungen machen es diesen Leuten wahrlich nicht leicht. Alleine in den letzten zwei Jahren wurden die für Wirtschaft zuständigen Ministerien dreimal von Grund auf umstrukturiert. Das – relativ kleine – Lettland leistet sich ein Ministerium für Industrie und Energie, eines für Wirtschaftsreformen, eines für Außenwirtschaft, um nur die wichtigsten zu nennen. Auf meine Frage an einen leitenden Mitarbeiter im Industrieministerium – nennen wir ihn Valdis –, ob diese Konstruktion nicht doch ein wenig ineffektiv sei, erklärt er mir, welche Überlegungen dahinterstehen. »Unser größtes Problem besteht doch darin«, so Valdis, »daß alle theoretischen Modelle einer marktwirtschaftlichen Ordnung für uns nicht zu verwenden sind, weil sie für die konkreten Bedingungen unserer Wirtschaft nicht passen.«

Vor diesem Hintergrund sieht die Arbeitsteilung in der Regierung so aus, daß sich das Ministerium für Wirtschaftsreformen den sogenannten makroökonomischen Problemen widmet, also allgemeine Strategien für die neue Wirtschaftsordnung entwickelt. »Alle anderen Ministerien machen die praktische Arbeit, sozusagen die Ausführung dieser allgemeinen Richtlinie«, erklärt Valdis weiter. Diese Struktur ist völlig neu. Zu sowjetischen Zeiten hatte jeder Industriekomplex sein eigenes Ministerium. Da gab es das Holzverarbeitungsministerium, das Leichtindustrieministerium usw.

Ganz glücklich scheint mein Gesprächspartner über die neuverteilten Zuständigkeiten allerdings nicht zu sein. Dieser Eindruck vermittelt sich zumindest, als er mir die fünf Hauptbereiche aufzählt, mit denen sich das Industrieministerium beschäftigt: Metall- und Holzverarbeitung, Chemie, Papier- und Elektroindustrie. »Alles, was mit Nahrungsmitteln zu tun hat, ist im Landwirtschaftsministerium angesiedelt. Baumaterialien gehören ausschließlich zum Architektur- und Bauministerium. Für alle Betriebe im Bereich Transport und Kommunikation ist das Kommunikationsministerium zuständig. Aber der größte Teil der Unternehmen ist bei uns.«

Natürlich interessieren mich seine Erfahrungen mit dem »Theorieministerium«, also dem für Wirtschaftsreformen, und zunächst antwortet er sehr diplomatisch. Er weist auf die historische Aufgabe hin, die dort bewältigt werden muß, auch darauf, daß es sich um eine höchst komplizierte Arbeit handelt. Er stellt die gute Zusammenarbeit mit internationalen Einrichtungen wie der Weltbank heraus, bevor er sich zu der Aussage durchringt: »Meine persönliche Meinung ist – die sammeln hauptsächlich Informationen. Aber was die ganz praktische Unterstützung unserer Arbeit angeht, da kommt nicht viel.«

Ich bitte ihn um ein konkretes Beispiel, um diesen Vorwurf zu erläutern, und er reagiert sofort mit dem Begriff »Privatisierung«. Es habe zwei lange Jahre gedauert, bis ein Privatisierungsgesetz verabschiedet werden konnte. Natürlich müsse die öffentliche Meinung mitziehen, und die Bürger sollten auf völlig neue Gesetze behutsam vorbereitet werden, »aber das Ministerium, das sich erklärtermaßen mit makroökonomischen Problemen beschäftigt, muß eine klare ökonomische

Position beziehen und auch öffentlich verfechten«. Damit meint er auch ganz konkret eine gezielte Beeinflussung der öffentlichen Meinung durch Aufklärungskampagnen und Werbemaßnahmen. »Die öffentliche Meinung bei uns ist sehr konservativ«, erklärt Valdis, »wir haben schließlich eine lange sozialistische Periode hinter uns.«

Valdis taut langsam auf und fährt fort: »Wenn Sie sich zur Zeit mal umhören, dann ist für alle die wichtigste Frage: Wieviel verdiene ich, was habe ich davon? Und nicht: Wie effektiv wird produziert, wie effektiv könnte dieses oder jenes Unternehmen nach einer Privatisierung arbeiten? Ich meine einfach, daß sich diejenigen, die sich hauptamtlich mit den Grundlagen der wirtschaftlichen Umgestaltung beschäftigen, unbedingt deutlicher äußern und dazu beitragen müssen, daß so ein wichtiges Gesetz nicht endlos diskutiert wird.« In Litauen und auch in Estland habe man diesen Prozeß schneller bewältigt, meint Valdis. – Inwiefern? – Einmal hätten Regierung und Parlament dort konstruktiver zusammengearbeitet, und zum anderen sei das Zusammenspiel zwischen Regierung und Massenmedien besser gewesen. – Ein gefährlicher Gedanke, es sei denn, man stellt sich auf den Standpunkt, der Zweck heilige die Mittel – womit ich persönlich meine Schwierigkeiten hätte.

Wie sieht ein führender Beamter in der lettischen Ministerialbürokratie die Veränderungen im Lebensstandard der baltischen Republiken? Mit seiner Antwort läßt er sich ungewöhnlich viel Zeit und faßt all das, was ihm dazu wohl durch den Kopf gegangen ist, in einem Satz zusammen: »Unabhängig von den tatsächlichen Gegebenheiten geht es uns emotional jetzt besser.«

Ohne daß ich das Thema direkt anspreche, kommt Valdis auf das Energieproblem und erzählt, daß Lettland zwei Kraftwerke plane, bis zu deren Inbetriebnahme aber sicherlich fünf bis sechs Jahre vergehen werden. Eine entsprechende Delegation mit dem zuständigen Minister an der Spitze halte sich zur Zeit in den USA auf, um sich dort über Konzepte neuer

Kraftwerkstypen, einschließlich Nukleartechnologie, zu informieren.

Was die Zusammenarbeit mit Rußland angeht, so zieht Valdis beinahe fröhlich eine lettische Trumpfkarte: »Wir sind für die doch das Tor für den Ex- und Import, weil alle Pipelines, die für die Russen von Belang sind, über unser Territorium laufen. Das hilft.«

Es hatte im vergangenen Winter (1991/92) insofern ganz praktisch geholfen, als Lettland für die russische Benutzung der Pipeline auf lettischem Gebiet keine Abgaben in Form von Rubeln oder harter Währung einforderte, sondern eine Gebühr in Naturalien: 6 Prozent des russischen Schweröls, das die Pipeline passierte, halfen die schlimmsten Energieengpässe zu überstehen.

Wie sehr das Mißtrauen gegenüber den »Moskauer« Russen das Denken beherrscht, zeigt sich, als Valdis von den Plänen zur Hafenerweiterung spricht. Er erzählt von den modernen Geräten zur Be- und Entladung und vergißt nicht, die zusätzlichen Lagerkapazitäten zu erwähnen, »für den Fall einer Wirtschaftsblockade durch die Russen«, mit der man immer rechnen müsse.

Bevor wir aus Riga wieder nach Deutschland zurückkehren, sitzen wir noch mit Ilse und russischen Freunden von uns zusammen, die gerade aus Moskau zu Besuch sind. Thema Nummer eins: die Preise. Solche Begriffe wie »Hyperinflation« bleiben bei uns in Deutschland seltsam abstrakt, wenn man sie nicht auf den eigenen Alltag anwenden muß. Um eine plastischere Vorstellung zu gewinnen, helfen sicher Ilses Informationen über ihre Miete und die Stromrechnung.

Ilse bewohnt mit ihrer Familie eine Vierzimmerwohnung, für die sie noch im Mai 1990 monatlich 24 Rubel bezahlt hat. Im Laufe des Jahres 1991 stieg die Miete zunächst auf 30, dann auf 66 Rubel und sprang schließlich im Juni 1992 auf 400 Rubel monatlich. Erst dann wurde ihr Gehalt angepaßt.

Die Stromkosten explodierten 1992 förmlich von Monat zu

Monat. Im Januar: 3 Rubel, Februar: 36, März: 99, und im April: 172 Rubel! So sehen Ilses Abrechnungen aus, wobei der Verbrauch in etwa gleichblieb.

Im Gespräch stellt sich heraus, daß man im Sommer 1992 für eine Kilowattstunde in Lettland 1,50 Rubel bezahlen mußte, wohingegen in Rußland dieselbe Menge für 8 Kopeken zu haben war. Das verblüffte selbst die russischen Freunde. Sie wunderten sich auch über das lettische Fernsehprogramm, das sie nicht wiedererkannten, und wollten von Ilse Genaueres wissen.

Das erste Programm sendet nur noch in lettischer Sprache. Spielfilme sind zumindest untertitelt, wenn nicht synchronisiert. Der zweite Kanal ist zum Programm für nationale Minderheiten geworden, so auch für die Russen. Dort sind die wichtigsten Sendungen des ersten in russischer Bearbeitung zu sehen, gemischt mit Produktionen des ersten und zweiten Kanals des russischen, ehemals sowjetischen Fernsehens. Es ist selbstverständlich auch eine Kostenfrage. Da sich die Letten nicht mehr wie früher an der Finanzierung eines unionsweiten Fernsehens beteiligen, können sie heute Programme aus Moskau nur noch gegen harte Währung kaufen.

Ein Staat wie Lettland – in bezug auf seine Größe und Einwohnerzahl, auf seine wirtschaftliche Struktur und insbesondere seine Geschichte – hat, von allen Schwierigkeiten abgesehen, die mit der Umstrukturierung des gesamten gesellschaftlichen Lebens ohnehin verbunden sind, ein zusätzliches Problem der heiklen Art zu bewältigen. Das emotional belastete Verhältnis zu den Russen als den Sowjetherrschern von damals stört Handels- und andere Beziehungen von heute. Es dauert seine Zeit, bis sowohl Angst und Mißtrauen als auch Stolz und Rachsucht von realistischen Einschätzungen verdrängt werden und von der Einsicht – mit der sich zugegebenermaßen weltweit Völker und Staaten schwertun –, daß wir auf dieser Erde alle existentiell aufeinander angewiesen sind.

Verbindliche Regeln für diesen Prozeß gibt es nicht. Die Erfahrung, in einer Gesellschaft zu leben, deren alte Gesetze nicht mehr passen und in der neue noch fehlen, zwingt zum Improvisieren und ist eine Chance, Wege zu finden, auf die Menschen in durchgestylten Staaten aus Bequemlichkeit nicht mehr kommen.

»Rußland – das ist eine ernste Angelegenheit«
Begegnungen mit Michail Gorbatschow

Manche nennen es »Tingeln«, wenn man durch die Lande reist und Vorträge hält, wenn man nicht nur in Bonn oder Berlin, in München oder Hamburg, in Stuttgart oder Düsseldorf auftritt, sondern auch in Rottach-Egern – wobei das ja noch einen gewissen Appeal hat – und Osnabrück oder vielleicht gar in Georgsmarienhütte und Betzdorf. Ich habe durch dieses »Tingeln«, wenn man es denn so nennen will, sehr viel gelernt.

Es ist schon ein gewaltiger Unterschied, ob man es mit lebendigen Menschen zu tun hat oder mit toten Kameras im Studio, wobei heutzutage in der Regel sogar der Kameramann oder die Kamerafrau aus Fleisch und Blut fehlen und man als Moderator von ferngesteuerten Apparaten eingefangen wird. Es ist ein Erlebnis, Reaktion zu spüren, in Gesichtern zu lesen, sich Herausforderungen zu stellen, auch selbst sofort reagieren zu können und nicht erst sehr viel später in Form eines Briefwechsels mit dem Zuschauer.

Nach einer dieser Vortragsveranstaltungen im Frühjahr 1992 fragte mich ein Geschäftsmann, ob ich nicht an einer Konferenz teilnehmen wolle, die – voraussichtlich im Herbst 1992 – Chancen und Risiken des wirtschaftlichen Engagements in den Ländern der GUS (Gemeinschaft Unabhängiger Staaten) beleuchten werde. Geplant sei, dazu auch Michail Gorbatschow einzuladen.

Ich sagte gerne zu, da mich dieses Thema seit meiner Rückkehr aus Moskau ohnehin in besonderem Maße beschäftigte und ich mich auch freute, den ehemaligen sowjetischen Präsidenten wiederzutreffen. Ob es denn wirklich gelingen werde, Gorbatschow zur Teilnahme zu bewegen – da war ich allerdings skeptisch.

Es gelang tatsächlich. Montag, der 21. September 1992, wurde als Termin festgelegt. Und schon hatte ich mein erstes Problem, denn nach Plan stand am Sonntag, dem 20. September, eine Sendung des Kulturweltspiegels auf dem Programm, des Fernsehmagazins, das ich seit Anfang 1992 moderierte. Für diesen besagten Sonntag waren aber schon Vorbereitungstreffen mit Gorbatschow und anderen Teilnehmern des GUS-Forums angesetzt. Doch sosehr man im allgemeinen über die mangelnde Flexibilität der öffentlich-rechtlichen Rundfunk- und Fernsehanstalten schimpfen kann – hier war der Westdeutsche Rundfunk flexibel genug, sich auf eine Aufzeichnung der ansonsten live produzierten Sendung einzulassen.

Ich gebe zu, daß ich das Treffen mit Michail Gorbatschow mit Spannung erwartete. Ob er sich wohl an mich erinnerte? Immerhin war es ziemlich genau anderthalb Jahre her, daß ich ihn unter aufregenden Umständen im Kreml interviewt hatte, zusammen mit meinem Moskauer Kollegen vom damaligen DDR-Fernsehen, Stefan Kühnrich.

Als Gorbatschow in den schlichten Besprechungsraum eines Bonner Hotels eintrat, in dem wir bereits versammelt waren – der Veranstalter, ein paar Gäste der für den nächsten Tag geplanten Podiumsdiskussion und ich (mit meinem Mann, wie üblich!) –, stellte sich heraus, daß sich Gorbatschow tatsächlich an mich erinnerte. Daß ich mich darüber gefreut habe, gebe ich unumwunden zu.

Gorbatschows Begleitmannschaft schien mir ähnlich umfangreich wie zu Zeiten seiner Präsidentschaft. Da waren seine beiden Berater Prof. Wadim Sagladin und Prof. Nikolai Petrakow, der Wirtschaftswissenschaftler, der auch zum Stiftungsrat des Gorbatschow-Fonds gehört, über den ich später erzählen werde. Frau Petrakowa war mitgekommen, Raissa Maximowna natürlich sowieso. Zwei weitere Experten aus der Gorbatschow-Stiftung, der Leiter der Presseabteilung,

Karen Karagesian, zwei Referentinnen und zwei oder drei Sicherheitsoffiziere.

Wie kann man die Lage in Rußland am besten charakterisieren, und welche Rolle könnte der Westen bei der Stabilisierung spielen? Darüber entspann sich eine Diskussion zwischen Gorbatschow, Sagladin, Petrakow, Andreas Meyer-Landrut, Staatssekretär im Bundespräsidialamt und in früheren Jahren zweimal deutscher Botschafter in Moskau, dem Chef eines internationalen Pharmakonzerns, dem Veranstalter des Forums und mir. Zunächst ging es reichlich steif zu, und ich stellte fest, daß alle Anwesenden Michail Gorbatschow mit einer Mischung aus Respekt und Scheu begegneten. Es dauerte eine ganze Weile, bis sich die Atmosphäre entkrampfte und wir miteinander redeten, statt »bilaterale Erklärungen« abzugeben.

Wenn man die an diesem Nachmittag geäußerten Gedanken Revue passieren läßt, dann liest sich das etwa so: Es hat keinen Sinn, die komplizierte Lage in Rußland schönzureden, man muß auch Risiken und Gefahren aufrichtig ansprechen, die aus den unübersichtlichen gesellschaftlichen Bedingungen resultieren, aber dringend erforderlich wäre es, die praktischen Erfahrungen derjenigen einzubringen, deren wirtschaftliches Engagement in Rußland bewiesen hat, daß es funktionieren kann.

Auf jeden Fall darf die russische Realität mit all ihren Unwägbarkeiten – die möglicherweise gerade für die ordnungsliebenden Deutschen besonders schwer zu ertragen sind – kein Grund sein, mit wirtschaftlichem Engagement zu zögern. Es ist an der Zeit, die Partnerschaft zu betonen, statt den Schwerpunkt auf humanitäre Hilfe zu legen.

Gerade Petrakow wurde nicht müde zu wiederholen, daß nicht einseitige Hilfe die Grundlage für wirtschaftliche Partnerschaft ist, sondern Gegenseitigkeit und das Bewußtsein von Abhängigkeiten zwischen Ost und West. Er warnte davor, besonders auf diesem Gebiet falsche Akzente zu setzen und alles immer nur auf die »Hilfe«- Schiene zu schieben.

Petrakow hat recht, wie ich finde. Denn abgesehen davon, daß man es den russischen Menschen nicht auch noch zumuten sollte, sich immer und überall als Bittsteller und Almosenempfänger zu empfinden, muß der »Hilfe«-Gedanke auch grundsätzlich überdacht werden, wenn man sich weltwirtschaftliche Zusammenhänge klarmacht. Konkurrenz, Exporthemmnisse, Protektionismus – das sind die Stichworte, die hier eine Rolle spielen. So haben die Russen es zwar nicht ausgedrückt, das verbietet ihnen ihre Höflichkeit, aber es handelt sich um einen wesentlichen Gesichtspunkt.

Vielleicht hatte Michail Gorbatschow die Tatsache im Auge, daß das Ministerium für Wirtschaftliche Zusammenarbeit – besser bekannt als Entwicklungshilfeministerium – bei uns zum Teil für Rußland zuständig ist, als er zwischendurch folgende Bemerkung fallenließ: *Die* Chance in den Ländern der ehemaligen Sowjetunion bestehe im großen Potential gutausgebildeter Menschen – im Unterschied zur Dritten Welt. Man kann wirklich darüber streiten, ob es klug ist, Wirtschaftsprogramme für Rußland ausgerechnet in einem Ministerium anzusiedeln, das sich in der Regel mit unterentwickelten Ländern beschäftigt. Von politischem Fingerspitzengefühl zeugt es jedenfalls nicht.

Apropos, die Länder der Dritten Welt werden ja oft mit Rußland in einen Topf geworfen, wenn es um die Schuldenlast geht. Selten wird darauf hingewiesen, daß den russischen Schulden ein unvorstellbarer Reichtum an Bodenschätzen gegenübersteht – auch ein gravierender Unterschied zu den meisten überschuldeten »Entwicklungsländern«. Nach einer Analyse der Weltbank könnte man auf das gesamte Erdöl aus dem Nahen Osten verzichten, wenn Rußland über vergleichbare Fördertechniken verfügte. Nicht zu vergessen die enormen Außenstände, die Rußland selbst bei Ländern der Dritten Welt hat, die ihrerseits nicht zahlen können. Entwicklungsländer haben solche Außenstände normalerweise nicht. Es empfiehlt sich also, keine voreiligen Schlüsse zu ziehen und in jedem Falle auf verletzende Vergleiche zu verzichten.

Bei diesem Vorgespräch am Nachmittag des 20. September waren sich alle Beteiligten einig, die deutschen wie die russischen, daß die Länder der ehemaligen DDR eine größere Rolle spielen müßten, daß alte Kontakte gepflegt statt abgebrochen werden sollten. Und beide Seiten waren sich erstaunlicherweise auch darin einig, daß in diesem Punkt Deutsche wie Russen gleichermaßen Fehler begangen, ja angesichts dieser historischen Herausforderung sogar versagt haben. Die Russen, weil sie keine DDR-Waren mehr abnahmen, und die Deutschen, weil sie es durch die Währungsumstellung den Russen nahezu unmöglich machten, ihre Wirtschaftsbeziehungen mit den neuen Bundesländern aufrechtzuerhalten. Bis heute liegt hier ein riesiges Potential brach.

Die deutliche amerikanische Präsenz im Beraterkreis der russischen Regierung bewerteten Gorbatschow und seine Delegation eher mit Zurückhaltung, ja Skepsis. Unter dem damaligen Ministerpräsidenten Gaidar hatte sich – ein Novum in der russischen Geschichte – ein starker amerikanischer Einfluß durchgesetzt, Professoren von der Harvard-Universität bevölkerten den Kreml und gaben die Marschrichtung an. Vor diesem Hintergrund interessierte hier in Bonn die Frage nach der aktuellen und zukünftigen Bedeutung Deutschlands für den Entwicklungsprozeß in Rußland.

Und die deutsche Seite war erfreut, von Gorbatschow zu hören, daß man an den speziellen deutsch-russischen Beziehungen nicht vorbeikäme. Solche Treffen wie dieses Forum in Bonn seien für ihn ein gutes Signal in dem Sinne, Zusammenarbeit in den Vordergrund zu stellen und nicht »Sozialhilfe«, wie er es nannte.

Wir waren uns einig, am kommenden Tag eine Art Erfahrungsaustausch über unkonventionelle Lösungen zu versuchen, die funktionieren und die sich in der Praxis bewährt haben. Es sollten Wege gewiesen werden, die auch ohne die vielzitierten Rahmenbedingungen erfolgversprechend sind, und zwar für beide Partner. Dazu fällt mir ein Wort des ausgeschiedenen Siemens-Chefs Karl-Heinz Kaske ein, der sagte: »Ein gutes Geschäft zeichnet sich dadurch aus, daß beide Seiten etwas davon haben.« Wie wahr!

Immer wieder kreiste unser Vorgespräch um den Begriff »Risiko«. Von Chance war da weniger die Rede. Es stellte sich heraus, daß es auf deutscher Seite nicht so sehr die Angst vor dem wirtschaftlichen als vielmehr vor dem politischen Risiko war. Man fürchtete – überspitzt formuliert – eine Neuauflage der Oktoberrevolution. Die Angst davor, daß politische Kräfte der sowjetischen Reformpolitik eine Wendung um 180 Grad geben könnten, saß tief.

Michail Gorbatschow bezeichnete diese Ängste kurzerhand als bedauerliches Resultat künstlicher Panikmache ohne realen Hintergrund. Abwarten – das sei das eigentliche Risiko, und zwar um ein Vielfaches höher, als sich auf Bedingungen einer anders strukturierten Gesellschaft einzulassen.

Für alle, die immer noch das Gespenst eines drohenden Umsturzes im Kopf haben, erinnerte er an den versuchten Staatsstreich im August 1991, der deshalb habe scheitern müssen, weil sich das Bewußtsein des russischen Volkes geändert habe, weil es sich nach diesen wenigen Jahren der Perestroikapolitik eben nicht mehr um die furchtsame, manipulierbare Masse handelte, sondern um Menschen, die bei allen wirtschaftlichen Schwierigkeiten die Ansätze demokratischer Rechtsstaatlichkeit zu schätzen wüßten.

Das Wort »Vertrauen« wurde ebenfalls zum Schlüsselbegriff dieser nachmittäglichen Diskussion. Die Russen erzählten von politischen Kräften bei ihnen zu Hause, die behaupteten, die Führung sei dabei, das eigene Land an den Westen zu verkaufen. Der Westen spiele diesen politischen Kreisen in die Hände, wenn er den Eindruck entstehen ließe, man wolle Rußland tatsächlich am liebsten als billigen Rohstofflieferanten erhalten. Dieser Eindruck verfestige sich, wenn in diesen schwierigen Zeiten in der Tat Bodenschätze zu Niedrigstpreisen ans westliche Ausland verschleudert werden.

Was auf den ersten Blick für den Westen wie ein gutes Geschäft aussieht, wird sich als Fehlkalkulation erweisen, wenn solche Beispiele dafür herhalten müssen, die west-östlichen Wirtschaftsbeziehungen in Bausch und Bogen zu diskreditieren. Auch diese Überlegung muß zwangsläufig zur Konsequenz führen, von »Hilfe« auf »Partnerschaft« umzuschwenken – so Petrakow mit einem beinahe pfiffigen Blick über den oberen Rand seiner Brille.

Gewundert und gefreut gleichermaßen hat mich ein Gedanke, den Andreas Meyer-Landrut einbrachte. Um Vertrauen zu schaffen und eine möglichst breite Basis für Zusammenarbeit zu bauen, halte er Städtepartnerschaften für sehr sinnvoll. Gewundert hat es mich, weil ich in der Regel folgende Erfahrung gemacht habe: Je höher die Position, desto gigantischer müssen die Projekte sein, mit denen man sich überhaupt zu beschäftigen geruht. Etwas derart Simples wie Städtepartnerschaften entlockt den sogenannt wichtigen Leuten meist nur ein beinahe peinlich berührtes Lächeln. Das Wort kommt ihnen kaum über die Lippen. Es hat manchmal fast den Anschein, als fürchteten einige, Bedeutung und Wichtigkeit einzubüßen, wenn sie sich in solch pragmatische Niederungen begeben, anstatt über die Programme internationaler Gremien und die Weltlage an sich zu philosophieren.

Gefreut hat es mich, weil ich mittlerweile gesehen habe, daß auf der Grundlage einer Städtepartnerschaft, die diesen Namen verdient und nicht als Tourismusunternehmen für Funktionäre jedweder Art mißbraucht wird, soviel Sinnvolles und Hilfreiches aufgebaut werden kann. Eine Städtepartnerschaft vermag all die schönen zwischenstaatlichen Verträge, die immer mal wieder feierlich unterschrieben werden, tatsächlich mit Leben zu erfüllen. Es gibt eine Reihe von Beispielen, die das belegen, und von einigen werde ich auch erzählen.

Städtepartnerschaften und die daraus entstehenden persönlichen Kontakte haben darüber hinaus noch einen ganz entscheidenden Vorteil: Wissenslücken und Defizite im gegenseitigen Verstehen lassen sich so nachhaltig abbauen. Die bloße Information über die Lebensumstände des anderen reicht einfach nicht aus; Respekt und gegenseitige Akzeptanz wächst erst, wenn man sich wirklich kennengelernt hat.

Ursprünglich war für diesen Tag ein gemeinsames Abendessen vorgesehen, das aber aus unbekannten Gründen abgesagt wurde. Das Gerücht machte die Runde, Raissa Gorbatschowa habe den Wunsch geäußert, nur in kleinster russischer Runde zu speisen. Ob das wirklich der Grund war, weiß ich nicht.

Michail Gorbatschow hatte einen ganz anderen Wunsch geäußert, und das weiß ich definitiv. Er wollte Willy Brandt, der schon schwer krank war, einen Besuch zu Hause in Unkel abstatten, nur er ganz alleine, ohne großen Bahnhof. Aber Frau Seebacher-Brandt hat Michail Gorbatschow vor der Tür stehenlassen. Wahrscheinlich muß man das akzeptieren, obwohl es mir schwerfällt. Später hieß es, sie habe nicht glauben können, daß es tatsächlich Gorbatschow war, der sich einfach so durch die Sprechanlage gemeldet hatte und dann noch eine Viertelstunde vergeblich draußen wartete.

Am nächsten Tag begann das Forum, das die Veranstalter unter das Motto »Lohnen sich Investitionen in der GUS? Grundlagen und Beispiele« gestellt hatten. Meine Aufgabe war es, die Podiumsdiskussion zu leiten, an der außer Michail Gorbatschow und seinem Wirtschaftsberater Petrakow der sächsische Ministerpräsident Professor Kurt Biedenkopf, der ehemalige baden-württembergische Ministerpräsident Lothar Späth, der jetzt – im übrigen recht erfolgreich – die Zeiss-Werke in Jena leitet, die heute Jenoptik GmbH heißen, und Horst Teltschik, langjähriger Berater im Bundeskanzleramt, zum Zeitpunkt des Forums noch Geschäftsführer der Bertelsmann-Stiftung, heute im Vorstand von BMW, teilnahmen. Dazu kamen Professor Otto Schlecht, lange Jahre Staatssekretär im Wirtschaftsministerium unter den verschiedensten Wirtschaftsministern, heute Vorsitzender der Ludwig-Erhard-Stiftung, Jens Waldhof, Vorsitzender der Geschäftsführung beim Pharmakonzern Rhone-Poulenc Rorer, sowie Andreas Meyer-Landrut und Helmut Ricke, Vorstandsvorsitzender der Telekom. Eingeladen war ebenso der Fiat-Aufsichtsratsvorsitzende Umberto Agnelli, der auch zugesagt hatte, aber dann wegen dramatischer Währungsprobleme der italienischen Lira kurzfristig absagen mußte.

Jürgen Möllemann, damals noch Wirtschaftsminister, war als Eröffnungsredner vorgesehen, kam aber zu spät, so daß gleich nach der Begrüßung durch den Veranstalter das Grundsatzreferat von Michail Gorbatschow folgte. Im Publikum saßen etwa 400 Wirtschaftsvertreter, die absolut erste Garnitur von Industrieunternehmen und Banken.

Nun kann man sich natürlich fragen: Wieso lädt man ausgerechnet Michail Gorbatschow zu so einer Veranstaltung ein, wenn im eigenen Land kaum noch jemand auf ihn hört und der russische Präsident Jelzin nicht einmal mehr mit ihm spricht? Schadet es nicht möglicherweise sogar, was die Kontakte zu den offiziellen russischen Stellen betrifft? Auf eine solche Idee kann man schon kommen, wenn man weiß, wie schwer sich zum Beispiel die russische Botschaft in Bonn tut, Gorbatschow bei seinen Deutschlandbesuchen angemessen zu behandeln, ohne Jelzin zu provozieren. Außerordentliches diplomatisches Geschick ist da von allen gefordert.

Auf eine solche Idee kann man auch kommen, wenn man weiß, daß eine Einladung Gorbatschows zur Premiere der »Zauberflöte« in St. Petersburg beinahe zu einem Eklat geführt hätte, weil viele Russen das für einen Affront gegen Jelzin hielten, und nur das entschlossene Handeln des St. Petersburger Bürgermeisters Sobtschak die Situation rettete, der demonstrativ seine Teilnahme zusagte und sogar verkündete, er freue sich auf das Zusammentreffen mit Michail Sergejewitsch.

Auch der russische Präsident Jelzin müßte einsehen, daß Michail Gorbatschow im westlichen Ausland nach wie vor als

Gesprächspartner hochgeschätzt und willkommen ist. Boris Jelzin würde staatsmännisches Format beweisen, wenn er diese Tatsache zur Kenntnis nehmen und sie in den Dienst seines Landes stellen würde, statt all die mißtrauisch zu beäugen, die Gorbatschows Gedanken und Einschätzungen hören wollen.

In seiner Bonner Rede sparte Michail Gorbatschow die russischen Fehler nicht aus, benannte auch die vielfältigen Schwierigkeiten, die ein solcher Umbruch mit sich bringt, warnte aber eindringlich davor abzuwarten. Er beschwor die Weltgemeinschaft geradezu, sich vor dieser Herausforderung nicht zu drücken, sich nicht aus der Verantwortung für das Ganze zu stehlen, und flocht zwischendurch immer wieder ein, daß die Russen und auch die übrigen Völker der ehemaligen Sowjetunion keine Geschenke erwarten. Er formulierte es noch drastischer: Im Endeffekt können sich die Russen nur selber helfen. Aber die Welt muß sie als Partner und eben auch als Wirtschaftspartner akzeptieren und nicht außen vor lassen.

Der ehemalige sowjetische Präsident sprach weiter über das spezielle deutsch-russische Verhältnis und über die enormen deutschen Leistungen im Vergleich zum Rest der Welt. Aber er wies auch auf eine Entwicklung hin, die ihm Sorgen bereitete. Immer mehr deutsche Unternehmer engagierten sich über die Maßen in den anderen Republiken der ehemaligen Sowjetunion und vernachlässigten Rußland. Sicher – Rußland sei der größte Klotz, möglicherweise auch das unübersichtlichste Gebilde, die baltischen Staaten und andere kleinere Länder erschienen im Gegensatz zu Rußland möglicherweise sicherer und berechenbarer und von daher für die Wirtschaft attraktiver; aber der Westen dürfe nie vergessen, daß die Öffnung des Ostens ohne Moskau, ohne die Russen, nie stattgefunden hätte. Die Fairneß gebiete, den »unbequemen« Koloß nicht einfach abzuschreiben.

Nach Gorbatschows Rede hätte Nikolai Petrakow das Wort ergreifen sollen, um ganz konkret die Hemmnisse für die westliche Wirtschaft aufzuzeigen, aber auch Wege, wie man diese überwinden könne. Mittlerweile war jedoch Minister Möllemann eingetroffen, und der ohnehin enge Zeitplan geriet restlos aus den Fugen – im übrigen eine Crux bei all diesen Veranstaltungen, ganz gleich, ob sie im Fernsehen oder wie hier vor einer geladenen Gesellschaft stattfinden. Zum richtigen Timing gehört eine Menge Mut und – zugegeben – das pünktliche Erscheinen aller Akteure. Petrakow erklärte sich bereit, seinen Vortrag thesenartig verkürzt später vom Podium aus zu halten. Das half – auch wenn die Zeit dafür noch freigeschlagen werden mußte.

Die Leitung dieses Podiums war jedenfalls ein Kraftakt. Aus verschiedenen Gründen: Einmal mußten sich zu viele Gäste zuwenig Zeit teilen, und zum anderen waren alle eher für Monologe als für streitbare Dialoge gut. Die Materie ist natürlich auch zu kompliziert, um sie in Talk-Show-Manier anzugehen, nach dem Motto: »Hauptsache, das Tempo stimmt.« Eine Abfolge von Mini-Vorträgen ist sicher auch nicht die Lösung. Das Sprachproblem kam hinzu – es wirkt immer wie eine Bremse, wenn Diskutanten simultan übersetzt werden müssen.

Um die Pragmatiker zu ermuntern und von Anfang an zu sehr theoretisierende Diskussionsbeiträge nach Möglichkeit zu verhindern, hatte ich mich für folgende Anmoderation entschieden:

> Die simplen Dinge sind oft die entscheidenden, und wenn man sich trauen würde, das zuzugeben, statt ständig so zu tun, als verfüge man über hochkomplizierte Hintergrundinformationen, die ohnehin nur ganz wenige Leute verstehen, dann kämen wir in vielen Dingen ein erhebliches Stück weiter.
>
> Konkret zu dieser Veranstaltung: Eine simple Tatsache ist, daß wir hier über Rußland immer noch viel zuwenig wissen und selbst Entscheidungsträger in Politik und Wirtschaft mit überkommenen Vorstellungen belastet sind. Wenn man das einmal akzeptiert, dann kann man gezielt

was dagegen tun – zum Beispiel heute. Wenn wir uns aber weiterhin mit nebulösen Bildern einlullen, treffen wir die falschen Entscheidungen, die sich todsicher rächen werden.

Eine simple Tatsache ist, daß in der Diskussion über Rußland ständig – auch in den Medien – Wirtschaftshilfe und Wirtschaftsbeziehungen in einen Topf geworfen werden. Das führt zu fatalen Konsequenzen in der Bewertung.

Und eine simple Tatsache ist, daß im wesentlichen nur der Erfahrungsaustausch über Geschäftspleiten stattfindet, nicht aber darüber, wenn es im Geschäft mit den Russen funktioniert. Das hat was mit Konkurrenz zu tun und nicht damit, daß in Rußland das Risiko über Gebühr hoch ist.

Es wäre schön, wenn dieses Forum als Initialzündung für einen Prozeß dienen könnte, der da – ganz simpel – lautet: Es sitzt ein neuer Partner in Rußland, behandeln wir ihn auch so.

Ich kann und will hier nicht die komplette Diskussion protokollieren, aber ein paar Bemerkungen möchte ich zu diesem Forum doch noch machen. Ich könnte mir nämlich vorstellen, daß Sie das eine oder andere überrascht.

Übereinstimmend forderten alle Teilnehmer, eine zentrale Anlaufstelle für potentiell interessierte Investoren zu schaffen, aber über »müßte« und »sollte« kam es leider nicht hinaus. Jürgen Möllemann, der dazu etwas Wegweisendes hätte sagen können, war unterwegs zum nächsten Termin. Hans-Dietrich Genscher, der damals bereits nicht mehr Außenminister war und das Schlußwort halten sollte, war noch nicht eingetroffen, und außer einem amtierenden Ministerpräsidenten saß niemand auf dem Podium, den man hätte politisch festnageln können.

Nach meiner Rückkehr aus Moskau im August 1991 hatte ich immer wieder nach einer solchen zentralen Anlaufstelle gefragt, die vor allen Dingen als Partnervermittlung fungiert, die intelligent koordiniert, was einerseits gebraucht und andererseits angeboten wird, doch die Gesprächspartner aus der

Politik schienen nicht so recht zu wissen, in welchem Zuständigkeitsbereich so etwas angesiedelt werden sollte, abgesehen von dem Problem, dafür Planstellen und Mittel zu bekommen. Die Wirtschaft hingegen wollte einerseits der Politik nicht vorgreifen und andererseits bestehende Organisationen nicht brüskieren. Über die Formulierung der Erkenntnis, daß eine zentrale Stelle dringend geschaffen werden müßte, ging es auch diesmal nicht hinaus.

Professor Schlecht, sicher kein Feind von Marktwirtschaft und Privateigentum, überraschte viele mit seiner Bewertung, daß Privatisierung eben nicht *das* Zauberwort zur Lösung aller russischen Probleme sei. Ein größerer staatlicher Anteil in der russischen Wirtschaft sei im Gegenteil für das Land zur Zeit hilfreicher, und zwar noch für einen längeren Zeitraum, als wir im Westen glaubten.

Und auch Lothar Späth bevorzugte – wie nicht anders zu erwarten – den pragmatischen Blick, nicht den ideologischen. Gerade bei diesen beiden zeigte sich, daß intensive Erfahrungen vor Ort die Sichtweise beeinflussen und sogar dazu beitragen, manches zu revidieren, was als Glaubenssatz unabdingbar schien.

Die beiden Konzernvertreter – von Rhone-Poulenc Rorer und von Telekom – berichteten von ihren guten Erfahrungen und versuchten ihre Kollegen aus der Wirtschaft im Publikum zu ermutigen.

Am skeptischsten blieb bis zum Schluß Horst Teltschik, der immer wieder fehlende Gesetze anmahnte, das Recht, Grund und Boden kaufen zu können (bislang kann man Grundstücke »nur« für 99 Jahre pachten und vererben), und eine verläßliche Steuergesetzgebung. Was diesen letzten Punkt betrifft, so stimmten ihm alle vorbehaltlos zu, die deutsche wie die russische Seite. Nur – was nützte das? Hier wurde das Defizit dieser Veranstaltung ganz klar: Es saß kein deutscher Bundespolitiker auf dem Podium, dem man zumindest Absichtserklärungen hätte abringen können, und es saß auch kein russischer Regierungspolitiker dort, der zur unbefriedigenden

Gesetzeslage halbwegs verbindlich hätte Stellung beziehen müssen. So lief diese Diskussion etwas ins Leere.

Das unbestreitbare Verdienst des Forums war es, so viele hochkarätige Wirtschaftsleute mit dem Magnet Gorbatschow angezogen und mit den russischen Gästen Informationen aus erster Hand angeboten zu haben. Der Schwerpunkt lag erfreulicherweise mal nicht auf Larmoyanz und Resignation, sondern auf Hoffnung und Ermutigung – nicht zu verwechseln mit Schönfärberei.

An die Podiumsdiskussion schloß sich eine Fragerunde aus dem Publikum an, die auch rege genutzt wurde und die vor allen Dingen zeigte, wie viele Wirtschaftsunternehmen offenbar mit ihrem Engagement in Rußland recht zufrieden sind. Den humorvollen Schlußpunkt setzte Hans-Dietrich Genscher mit der ihm eigenen Mischung aus Ernsthaftigkeit und Witz.

Auch an diesem Abend wurde es nichts mit einem gemeinsamen Essen mit Michail Gorbatschow und seiner Gattin. Bundeskanzler Kohl hatte seinen Duzfreund Michail kurzfristig zu einem Abend unter vier Augen geladen, ohne Raissa. Sie tauchte dann auch in unserem Kreis nicht mehr auf. Aber Petrakow, Sagladin und der Rest der russischen Delegation standen den Gästen weiterhin Rede und Antwort.

Bei einer solchen Gelegenheit wie diesem Forum bleibt keine Lücke, um ein intensives Gespräch mit Michail Gorbatschow zu führen. Dafür ist der Zeitplan viel zu eng und wird von Stunde zu Stunde enger, weil immer mehr politische Termine dazwischengeschoben werden (müssen). Also flog ich im Mai 1993 mal wieder nach Moskau und verabredete mich mit Gorbatschow in den Räumen seiner Stiftung, dem Gorbatschow-Fonds.

Er war gerade von einer Reise nach Kanada und Japan zurückgekehrt, und es hatten sich eine Menge Termine für ihn aufgestaut, aber es blieb bei unserer Verabredung. Sie war sozusagen italienisch eingerahmt: Vorher ein Interview mit dem Korrespondenten der Zeitschrift *La Stampa,* und hinterher machte der italienische Botschafter seine Aufwartung. Dazwischen unser anderthalbstündiges Gespräch, angenehm und sehr aufschlußreich.

Ich sollte vielleicht zunächst etwas über die Gorbatschow-Stiftung erzählen, bevor ich von unserem Gespräch berichte. Etwa 150 Mitarbeiter forschen im wesentlichen auf drei Gebieten: Rußland und die russische Staatlichkeit, gegenwärtiger Zustand und Zukunftsperspektive der Gemeinschaft Unabhängiger Staaten und schließlich – Gorbatschows Lieblingsthema – die neue Weltordnung.

Schon zu Beginn seiner Amtszeit trat Gorbatschow dafür ein, die Zukunft der Weltzivilisation, das Zusammenleben auf unserem Planeten, von Grund auf zu überdenken. Ich kann mich noch gut erinnern, wie Kommentatoren in Ost und West das als Luftschloß werteten, als Ablenkungsmanöver im Streit über die Führungskraft und Entschlossenheit des sowjetischen Präsidenten.

Im nachhinein betrachtet, wäre es sicher hilfreich gewesen, wenn wir alle früher begriffen hätten, daß Ideologien in unserer Zeit ausgedient haben. Was heißt schon »Kapitalismus«, »Kommunismus«? Alle Ismen führen unweigerlich in eine Sackgasse, erheben Regeln zu Dogmen, produzieren Ideologien statt praktische Gebrauchsanweisungen, wie gewachsenen gesellschaftlichen Gegebenheiten Rechnung zu tragen wäre. Menschen und gesellschaftliche Strukturen den Dogmen anzupassen, das funktioniert nie. Wir hätten diese Erkenntnis früher – und billiger – haben können.

Kurz und gut, eine »neue Zivilisation«, die sich auf ein paar Grundregeln verständigt, wie den Schutz der Menschenrechte, eine rechtsstaatliche Grundordnung, die das Individuum *und* das Gemeinwohl schützt – das wäre ein lohnendes Ziel. Konkret muß das durchaus nicht überall gleich umgesetzt werden. Zu einer neuen Weltordnung gehörte ebenso, daß jedes Land jedem anderen seine eigenen Ausprägungen zugesteht und der Missionsgedanke ein für allemal geächtet wird.

Hier liegt nach meinem Eindruck die wichtigste Aufgabe des Gorbatschow-Fonds. Es handelt sich bei den Ereignissen im Osten, ausgehend von der ehemaligen Sowjetunion, um eine ganz einzigartige Entwicklung. Die Geschichte hält dafür kein Vorbild bereit, und auch Prognosen über den Fortgang dieses gigantischen sowjetischen Experiments stehen auf unsicheren Füßen. Wissenschaftliche Lehrmeinungen versagen vor den neuen Realitäten. Anders ausgedrückt: Es reicht nicht, amerikanische, englische, deutsche Lehrbücher ins Russische zu übersetzen, es müssen neue, unorthodoxe Methoden gefunden werden. Und daran arbeiten international anerkannte Wissenschaftler und Männer aus der politischen Praxis (bislang leider keine Frau) in der Gorbatschow-Stiftung. Eine große und verdienstvolle Aufgabe, deren Bedeutung nicht hoch genug eingeschätzt werden kann, eben weil Theoretiker und Praktiker gleichermaßen beteiligt sind. Weder Verharren im Elfenbeinturm noch populistische Parolen nach Wahlkampfmanier: das ist die Stärke dieser Kombination.

Forschungsergebnisse liegen in Form von etwa zwanzig Broschüren schon vor; mit der Verbreitung hapert es noch, aber es ist immerhin ein Anfang. Mitarbeiter der Stiftung machen eher beiläufig, aber dennoch spürbar genüßlich darauf aufmerksam, daß Boris Jelzin mit zweimonatiger Verspätung oftmals das veranlasse, was Gorbatschow vorgeschlagen habe. Mitglieder der russischen Regierung besprechen sich von Fall zu Fall mit dem ehemaligen sowjetischen Präsidenten, besuchen ihn auch in seinem Büro und haben keinerlei Berührungsängste.

Ursprünglich hatte der russische Präsident Michail Gorbatschow mit großer Geste für seine Stiftung 3500 Quadratmeter im Prunkbau der Finanzakademie der russischen Regierung zur Verfügung gestellt, ein repräsentatives, in warmem Gelb gestrichenes Gebäude, an einem kleinen Park an der Ausfallstraße zum internationalen Flughafen Scheremetjewo gelegen. Später dann durfte der Fonds nur noch knapp tausend

Quadratmeter Bürofläche nutzen, was die Arbeit der Stiftung nicht gerade erleichtert. Nun sucht man als Übergangslösung für ein Jahr ein Haus zur Miete, bevor ein eigenes Domizil bezogen wird.

Erschwert wird die Arbeit auch durch ein paar Personalien. Die beiden Vizepräsidenten sind Alexander Jakowlew, der große alte Mann, der wohl als Vater von Glasnost und Demokratisierung in die Geschichte eingehen wird, von Anfang an ein mutiger Weggenosse Gorbatschows, und Grigorij Rewenko, der für die Organisation verantwortlich ist. Beide sehr ambitionierte und kluge Männer, aber Alexander Jakowlew, immerhin 69 Jahre alt, möchte sich allmählich zurückziehen, und Grigorij Rewenko fällt nach einem Herzinfarkt weitgehend aus.

»Wir haben viel geleistet, aber wenig umgesetzt« – so faßt ein Mitarbeiter all diese Schwierigkeiten zusammen. Zur Zeit versucht man durch Umstrukturierungen neue Schwerpunkte zu setzen und möglicherweise auch das Spektrum der Tätigkeiten etwas einzuengen. Denn es ist schon eine Menge, was die Stiftung zusätzlich zu den beschriebenen Hauptrichtungen ihrer Arbeit noch alles betreibt.

Eine zukunftsweisende und vielversprechende Abteilung sitzt im Bereich Gesellschaftswissenschaften. Dort werden nämlich junge Politiker geschult. In den Kursen sitzen Mitglieder der verschiedensten Parteien oder, besser gesagt, parteiähnlichen Gruppierungen, mit Ausnahme der Extremisten auf dem rechten und linken Flügel. Der Leiter dieser Abteilung, Wjatscheslaw Schostakowskij, ist gleichzeitig Kovorsitzender der Republikanischen Partei. Er ist im übrigen durchaus kein Gesinnungsgenosse Gorbatschows, aber genau das ist das Prinzip der Stiftung: Menschen mit unterschiedlichen Standpunkten politische Wege erarbeiten zu lassen. Für Rußland ist das etwas vollkommen Neues. So lange ist das ja noch gar nicht her, daß »Abweichler« von der offiziellen Linie geächtet und bestraft wurden.

Die Herausbildung einer Elite, die – im Sinne einer neuen

Zivilisation – keinem Parteistatut verpflichtet ist: auch das gehört zur neuen politischen Kultur in Rußland.

Apropos Kultur: Eine Abteilung kümmert sich um den gegenwärtigen Zustand der russischen Kultur und arbeitet an einer entsprechenden Expertise. »Wir versuchen zu helfen«, so drückte das ein Mitarbeiter aus. Auf meine Rückfrage erklärte er mir am Beispiel »meines Mediums«, dem Fernsehen, was er damit meint.

Im ehemals sowjetischen Fernsehen lief seit Jahren eine Sendung mit dem Titel »Die grüne Lampe«. So hieß auch ein literarischer Zirkel, dem einst Alexander Puschkin angehörte. In der gleichnamigen Fernsehsendung war Raum für Diskussionen und Gespräche über alte und neue Bücher, klassische und moderne literarische Strömungen. Dann sollte die Reihe eingestellt werden. Der Gorbatschow-Fonds bot an, die Finanzierung dieser Produktion zu übernehmen, so daß die Sendereihe nach wie vor Gelegenheit bietet, eine liberale Streitkultur zu pflegen. In einer Folge mit viel Publikumsresonanz diskutierte beispielsweise der eher patriotisch gesinnte Kritiker und Schriftsteller Koschinow mit Leuten aus der Kulturabteilung des Fonds über schädliche Einflüsse aus dem Westen.

Da wir Deutsche aus den bekannten Gründen in der Regel ein gebrochenes Verhältnis zu unserer eigenen deutschen Identität haben, sollten wir die Probleme der Russen auf diesem Gebiet eigentlich gut verstehen können. Genau wie bei uns werden auch in Rußland zuweilen patriotische Gefühle mit nationalistischen Begehrlichkeiten verwechselt. Russische Kultur zu pflegen, ohne großrussischem Imperialismus das Wort zu reden – auch das ist eine der Aufgaben der Gorbatschow-Stiftung. Und da fliegen bei manchen Diskussionen, die im Fernsehen übertragen werden, auch schon mal die Fetzen, wenn sich weltoffene selbstbewußte Russen, die vor allzu brutaler Verwestlichung ihrer Gesellschaft warnen, gegen Vorwürfe ihrer Landsleute zur Wehr setzen müssen, die dahinter eine Abkehr vom Westen und plumpen Antiamerikanismus wittern.

Der Gorbatschow-Fonds ist auch mutig genug, gegen den allgemeinen Trend für die Wiederbelebung von Volkskunst und Folklore einzutreten. Eine heikle Angelegenheit, denn damit hat man russische Menschen und die anderen Völker der Sowjetunion jahrzehntelang berieselt. Kein Grund – wie die Leute der Stiftung sagen –, von einem Extrem ins andere zu fallen.

Die Stiftung nutzt »Die grüne Lampe« beispielsweise auch dazu, von Zeit zu Zeit klassische Konzerte russischer Künstler zu übertragen; und sogar ein kleines Kammerorchester wird gefördert. »Wir haben doch mittlerweile 400 Prozent Rock«, begründet ein Fonds-Mitarbeiter dieses Engagement, und er fügt hinzu: »Ich sehne mich nach der bescheidenen deutschen Werbung.« Werbespots haben im russischen Fernsehen früher und brutaler Platz gefunden als im deutschen.

Man würde gerne weitere Einzelprogramme im Fernsehen sponsern, doch da ist der Name Michail Gorbatschow zuweilen hinderlich. Es macht also schon mal Ärger, wenn – wie das ja auch bei uns üblich ist – auf dem Bildschirm der Sponsor der Sendung eingeblendet wird und dort dann »Gorbatschow-Fonds« zu lesen ist. »Es gibt bei uns immer noch gewisse Reserven ihm gegenüber«, untertreibt einer aus der Stiftung. Die größten Widerstände sind in dieser Hinsicht übrigens im zweiten Programm, also im russischen Kanal festzustellen, von manchen auch Jelzin-Fernsehen genannt. Das Moskauer Programm, das man im weitesten Sinne als eine Art Regionalfernsehen bezeichnen könnte, weiß die Sponsorenangebote der Gorbatschow-Stiftung hingegen zu schätzen und nutzt sie auch.

Zu den Prinzipien der Stiftung gehört die absolute Unabhängigkeit. Die Vereinnahmung durch Regierungsstellen oder staatliche Forschungseinrichtungen würde dem Sinn und Selbstverständnis des Fonds zuwiderlaufen. Deshalb versucht man auch, die Auftragslage aus dieser Ecke relativ offen zu gestalten, um nicht in finanzielle Engpässe zu geraten, wenn eventuelle staatliche »Daueraufträge« plötzlich ausbleiben sollten. So arbeitet die Stiftung notwendigerweise mit einem begrenzten Stab Festangestellter und einer Reihe auf Zeit Beschäftigter. – Grundsätzlich finanziert sich die Stiftung durch Mitgliedsbeiträge und Spenden. Und Michail Gorbatschow steckt einen nicht unbeträchtlichen Anteil seiner Honorare für Auslandsvorträge in das Unternehmen.

Auf dem Gebiet der humanitären Hilfe ist die Stiftung ebenfalls tätig, wenn auch in beschränktem Umfang; doch in Einzelfällen konnte verzweifelten und kranken Menschen geholfen werden. So zum Beispiel einer Studentin aus Dagestan, die nach einem Autounfall gelähmt war. Die Mutter hatte sich mit der Bitte um eine ganz bestimmte Behandlungsmethode im Westen an die Stiftung gewandt. Dabei kommen Gorbatschow seine vielfältigen internationalen Kontakte zugute, und im beschriebenen Fall hat die verunglückte Studentin nach einer Behandlung im Ausland ihre Beine wieder benutzen können. Um ähnliche Aktionen zu finanzieren, helfen dann zuweilen Aufrufe einer großen deutschen Boulevardzeitung oder Spenden deutscher Geldinstitute.

Raissa Gorbatschowa, die in Rußland noch weniger gelitten ist als ihr Mann, ist im übrigen, gerade was die medizinische Betreuung von Kindern angeht, nach wie vor recht aktiv. Zusammen mit dem Moskauer Leukämiespezialisten Prof. Rumjanzew hat sie eine internationale Vereinigung für Kinderhämatologie, also Blutkrankheiten, gegründet und kümmert sich mit um die Finanzierung dieser Einrichtung.

Durch die Unterstützung eines sehr engagierten achtzigjährigen deutschen Unternehmers, Hubertus Wald, und mit Hilfe eines Schecks über eine halbe Million DM konnte eine medizinische Station für die Verpflanzung von Rückenmark ausgebaut werden, und zwar mit sterilen Krankenzimmern, die man nach diesen heiklen Operationen braucht. Ende Mai ist dieser Teil der Klinik in Betrieb genommen worden, und nach Auskunft der Mediziner hat sich nicht zuletzt dadurch die Überlebensquote unter den Patienten von 10 auf 60 bis 70 Prozent erhöht.

Kurz und gut – es ist schon ein breites Spektrum, mit dem sich die Stiftung mehr oder weniger unbemerkt von der Öffentlichkeit befaßt. Die interne Diskussion kreist ebendeshalb auch um die Frage, ob man sich nicht auf weniger Bereiche beschränken sollte, um die begrenzten Kräfte und Mittel zu konzentrieren.

Soviel zur Stiftung – nun zu Michail Gorbatschow selbst. Es waren im wesentlichen zwei Dinge, die ich von ihm wissen wollte. Zum einen, welche Fehler er seiner Meinung nach während seiner Zeit als Generalsekretär der KPdSU bzw. Präsident der Sowjetunion gemacht habe, und zum anderen, was er heute – an Jelzins Stelle – wohl anders machen würde. Oder bestimmten möglicherweise gewisse Zwänge das politische Handeln mehr als die Willensentscheidungen von Einzelpersonen?

Einer seiner größten Fehler war, so meint Gorbatschow heute, seine Idee, die Kommunistische Partei in eine sozialdemokratische umzuwandeln, nicht entschlossen genug verfolgt zu haben. Im nachhinein betrachtet hätte das sicher zur Spaltung der Kommunisten geführt – eine durchaus nicht ungefährliche Vorstellung –, aber es wäre mit großer Wahrscheinlichkeit ein stabiles Zentrum entstanden, mit dem man die Reformpolitik kraftvoller hätte betreiben können. Auf diese Weise hätten sich zu den reformwilligen Kommunisten all die anderen politischen Kräfte gesellt, die den Umbau der Sowjetunion gewollt haben, die so aber auf Oppositions- oder gar Konfrontationskurs zu ihnen gingen. Ein breites stabiles Zentrum – das wär's gewesen.

Den zweiten entscheidenden Fehler sieht er auf dem Gebiet der Landwirtschaft und der Lebensmittelversorgung: »Ich hätte die funktionierenden Kolchosen unterstützen und die anderen absterben lassen sollen.« Falsch war also, sich ideologisch statt pragmatisch verhalten zu haben. Kolchose – das stand für Sowjetsystem, für Kommunismus, für Zwangskollektivierung. Die Auflösung der Kolchosen stand für

Marktwirtschaft, privates Bauerntum und neue Freiheit. Die Praxis gestaltete sich etwas anders.

Es gab zunächst einfach kaum Bauern, die selbständig wirtschaften wollten. Einerseits hatten sie schlicht Angst – schließlich wurden vor sechzig Jahren die Bauern, denen es wirtschaftlich besserging, die sogenannten Kulaken, für ihren Wohlstand bestraft, deportiert und umgebracht. Andererseits waren viele Kolchosbauern von ihrer Ausbildung her überhaupt nicht darauf vorbereitet, sich selbständig zu machen. Wozu auch hätten sie sich bäuerliches Wissen aneignen sollen, wenn üblicherweise die Parteisekretäre sogar das Datum von Aussaat und Ernte bestimmten?

Aber es gab eine Reihe von Kolchosen, die – je nach dem Grad der Pfiffigkeit und Flexibilität ihrer Vorsitzenden – sich wie ein genossenschaftliches Unternehmen organisierten und sogar Gewinne machten, die sie in neue Geräte und vor allem in die so sträflich vernachlässigte Lagerhaltung investierten. Die Ernten waren in der Regel ja gar nicht so schlecht. Die Verluste entstanden, wenn das Erntegut mit unzureichenden Mitteln eingebracht wurde und anschließend – unsachgemäß gelagert – schlicht vergammelte.

Von westlicher Seite wurde ja auch die Privatisierung gerne als einziger Ausweis für Reformbereitschaft genommen und – ganz dogmatisch – auf die Zerschlagung aller Kolchosen gedrungen. Ist Zwangsprivatisierung denn etwas anderes als Zwangskollektivierung mit umgekehrtem Vorzeichen?

Eine gute Politik zeichnet sich auch dadurch aus, daß sie mehrheitsfähig ist. Was nützt es, daß politische Führer die sogenannten Zeichen der Zeit früher als andere erkennen, wenn sich diese Erkenntnisse den Bürgern nicht vermitteln lassen und die entsprechenden politischen Entscheidungen Angst erzeugen. Michail Gorbatschow weiß natürlich sehr wohl, daß ein wesentlicher Vorwurf, den man ihm in seinem Land, aber auch im Ausland macht, unter der Überschrift »Unentschlossenheit« abgehandelt wird. Um die Befindlichkeit russischer Bürger in den Anfängen der Perestroika zu beschreiben, erzählte mir ein enger Mitarbeiter Gorbatschows eine bezeichnende Geschichte.

Als der damalige Generalsekretär 1987 in dem Wahllokal erschien, wo er zusammen mit seiner Frau seine Stimme für die Delegierten der 19. Parteikonferenz abgab, wurde er von Leuten umringt und gefragt, was er denn von den Ideen des Wirtschaftswissenschaftlers Nikolai Schmeljow hielte, der sich so vehement dafür einsetzte, Privateigentum zuzulassen. »Privateigentum – das kann ich nicht unterstützen«, so reagierte Gorbatschow damals. »Wenn er gesagt hätte, ja, ich bin auch für Privateigentum, dann wäre er nach zwei Wochen nicht mehr Generalsekretär gewesen. Es war einfach historisch bedingt, historisch notwendig, so zu reagieren.«

Ich teile diese Auffassung und empfehle all denen, die das Unentschlossenheit nennen, sich die Konsequenzen vor Augen zu führen, wenn radikale politische Kurswechsel in einem Land vorgenommen werden, wo Machtverhältnisse und Bewußtseinsstand dem objektiv entgegenstehen, in einem Land, wo Führungskämpfe bis dahin auch noch nie demokratisch, sondern gewaltsam ausgefochten wurden. Es ist einfach realitätsfremd, nach siebzig Jahren Herrschaft der Kommunistischen Partei ernsthaft zu erwarten, daß ein 300-Millionen-Volk über Nacht alle sorgsam gehüteten Tabus bricht und das dann auch noch zivilisiert, das heißt ohne Blutvergießen, über die Bühne bringt.

In der Bewertung der Politik Jelzins nach dem Zerfall der Sowjetunion hat sich Gorbatschow immer bemerkenswert zurückgehalten, obwohl ich wetten möchte, daß ihm anders zumute war und es ihn viel Selbstbeherrschung gekostet hat, den russischen Präsidenten zuweilen sogar zu verteidigen – wohl im Sinne einer Politik der Konsolidierung aller Reformkräfte. In der zweiten Hälfte des Jahres 1992 setzte sich dann zunehmend die Einschätzung durch, Jelzin schöpfe seine Kompetenzen nicht aus, die er sich zum Teil auch über die diversen Vollmachten vom Parlament besorgt hatte. Im Frühjahr 1993 war Gorbatschow fest davon überzeugt, daß die damalige Konstellation der politischen Kräfte nicht mehr fruchtbar sei – aus verschiedenen Gründen, nicht zuletzt auch, weil das Klima durch gegenseitige Verletzungen und Verunglimpfungen sowie verhärtete Fronten bei gleichzeitigem Desinteresse an den Standpunkten der anderen Seite geprägt war – und daß Neuwahlen unumgänglich seien.

Zu unserem Gespräch nehmen wir auf der Sitzgruppe in seinem Büro Platz. Michail Gorbatschow wirkt ausgeglichen, sieht gut aus, keine Spur von Enttäuschung oder gar Verbitterung. Engagement und Ideen blitzen förmlich aus seinen Augen, und er vermittelt den Eindruck, als hätten wir für unser Gespräch ewig Zeit. Ich kannte seinen engen Terminplan, der mich offenbar mehr beeindruckt hatte als ihn. Soviel Ruhe steckt an, und ich lege mein Gefühl, hetzen zu müssen, ab. Als ich ihn nach seiner Einschätzung der politischen Situation frage, ist mir klar, daß er zu einer kleinen Rede anheben wird, aber ich habe ja Zeit zuzuhören und muß seine Worte nicht auf eine festgelegte Sendelänge stutzen.

Im Mai 1993 sieht Michail Gorbatschow das so:

»Noch bis zum Dezember 1992 war ich dagegen, daß der Kongreß auseinandergejagt wird und daß der Präsident zurücktritt. Es gab so viele Aufrufe dazu, und ich war dagegen. Ich war dafür, daß die Exekutive und Legislative (also Regierung und Parlament, d. Verf.) Berührungspunkte finden und miteinander reden. Denn in Rußland ist diese Einigung einfach notwendig. Was wir am meisten brauchen, ist Einigung.

Erstens: Die Menschen akzeptieren diese These nicht, daß wir einen richtigen bürgerlichen Konflikt haben (im Sinne einer Vorstufe zum Bürgerkrieg, d. Verf.). Das ist das wichtigste Resultat des Referendums, aber darüber spreche ich später.

Und zweitens: Ohne eine Einigung in der Politik werden wir keinen Ausweg aus der Krise finden. Es ist regelrechtes Abenteurertum, anzunehmen, daß man mit einer Schocktherapie weiterkommt, daß man so ein Riesenstaatsunternehmen in so kurzer Zeit privatisieren kann.

Die Deutschen haben es gut verstanden, was es heißt, sechzehn Millionen Menschen zu integrieren. Und kann man etwa die Bundesrepublik mit uns vergleichen? Das ist doch ein gut organisiertes und wirtschaftlich auf hohem Niveau stehendes Land. Sie haben einen freien Markt und solch einen Überfluß an Waren, und trotzdem ist es schwer. Der Bundeskanzler hat mir gesagt, es kostet jährlich 103 Milliarden Dollar. Stellen Sie sich vor, wie das für uns mit 160 Millionen Menschen aussieht. Die ganze Welt müßte die Rolle einer Bundesrepublik in bezug auf Rußland spielen. Aber die ganze Welt hat ihre eigenen Probleme.

Rußland kann sich nur auf sich selbst verlassen, darf nur auf sich selbst zählen. Und deshalb sage ich, es hat keinen Zweck zu streiten.

Alle meinten, Gorbatschow wäre ängstlich, feige, unsicher. Eine Dummheit ist das. Ich war immer radikal und konnte gar nicht anders, das ist mein Charakterzug. Und wenn man auf so hohem Posten sitzt und diese Radikalität mitbringt – wissen Sie, was daraus alles entstehen kann? Ich habe mich sehr zurückgehalten, einzig aufgrund der Analyse der Situation im Lande. Man muß in diesem Land den Weg der Entwicklung gehen.

Was hat man im Kommunismus gemacht? Man hat die Menschen in die Kolchose gezwungen; und jetzt möchte man alle unter Zwang privatisieren. Wo bleibt die Demokratie, wo bleibt die Perestroika? Wo ist die Humanisierung der Gesellschaft?

Ich habe damals in einem Interview gesagt – und die Leute von der BBC erschauerten dabei –, damals im Dezember 1992: Was sie jetzt mit dem Volk machen, so ist Stalin mit dem Volk umgegangen. Und sie nennen sich Demokraten. Das Volk hat noch gar nicht begriffen, was es heißt, zu ›privatisieren‹. Wie macht man das? Was ist freier Markt? Wie begreift man das überhaupt, damit man für sich selbst seine Wahl treffen kann?

Übrigens – in der Gesellschaft, bei den Menschen, sind ja auch Veränderungen eingetreten, und die Reformen greifen.

Wunderbar. Das ist das wichtigste. Also muß man den Menschen die Möglichkeit geben, sich dieses Leben anzueignen, sich ihm langsam zu nähern, es anzunehmen. Schritt für Schritt. Die Ressourcen sind enorm, die Wissenschaft ist kolossal, das Volk ist gut ausgebildet. Man muß all diese Faktoren zusammenbinden. Zusammenbinden durch die Demokratisierung.

Man muß auch Rußland durch die Demokratisierung zusammenbinden, all die Regionen, Rußland ist ja groß. Man muß das nach dem Prinzip Eurer Länder machen (die deutschen Bundesländer, d. Verf.). Sie besitzen doch viele Rechte, bei den Finanzen, in der Wirtschaft, in allen möglichen Bereichen, aber sie haben doch auch ein starkes Zentrum. Das ist genau das, was ihre Föderation auszeichnet. Das ist der Vorteil der Bundesrepublik. Einerseits gibt es viel Freiheit für jedes Land, andererseits eine starke Zentralisierung. Und das ist objektiv gesehen notwendig. – Es gibt doch genügend Beispiele um uns herum. Wenn man sich von einem bürokratischen Zentrum verabschiedet, dann müßte man *das* machen (Föderalisierung, d. Verf.).

Alle Versuche, dieses Land nach Cowboymethoden zu reformieren, bedeuten, dem Volk Gewalt anzutun. Der Streit darüber, ob man die Reformen radikal oder weniger radikal betreibt, ist eigentlich müßig. Man darf sie weder künstlich beschleunigen noch künstlich bremsen.

Und wenn wir diese Lektion begriffen haben, dann muß man sich doch einigen können. Man kann wohl feststellen, daß zwischen Parlament und Präsident ein tiefer Graben liegt. Aber gerade dieses Parlament hat Jelzin zum Präsidenten gewählt. Sie haben ihn in allem unterstützt, damit er als Präsident gewinnt. Sie haben die Unabhängigkeitserklärung angenommen und die Reformen unterstützt, die Jelzin vorgeschlagen hat, einschließlich der Gaidar-Reform. Und sie haben ihm alle Vollmachten gegeben, sie haben die eigenen Rechte an den Präsidenten abgegeben, denn Jelzin bat um ein Jahr. Bis zum 1. Januar 1993.

Jelzin hatte den Beginn des Aufschwungs schon für Herbst 1992 versprochen. Dieses Parlament hat gearbeitet, hat funktioniert, ist mitmarschiert, und nun stellt sich angeblich heraus: Das Parlament ist prokommunistisch und reaktionär. Das ist doch pure Demagogie. Und zwar, um zu verschleiern, daß diese Reform gescheitert ist.

Genauso ist es mit der Politik der GUS, der Gemeinschaft Unabhängiger Staaten. Es ist nichts geworden, man hat nichts erreicht. Alles ist am toten Punkt angelangt. Alle Republiken und alle Menschen spüren die Folgen. Von diesem Gesichtspunkt aus hat die Politik zu nichts geführt. Und die Föderation ist in einem solchen Zustand, daß es wieder zur Zentralisierung kommt.«

Zur Erläuterung: Das Bedürfnis, alles auf eine Zentrale abzuschieben, selbst lieber keine Verantwortung zu übernehmen – übrigens auch keine russische Besonderheit –, besteht nach wie vor neben den vielfältigen Unabhängigkeitsbestrebungen. Die Neigung, sich rauszuhalten, die auch funktionierenden Staatsgebilden zu schaffen macht, wirkt sich in einer Gesellschaft im Umbruch natürlich noch viel verheerender aus. Jeder muß richtig mitschuften, wenn sich der Koloß bewegen soll. – Gorbatschow sagte weiter:

»Die Leute in Nischnij Nowgorod (früher Gorki, d. Verf.) sagen, sie haben die Nase voll von ihren Rechten. Damit kommen sie nicht klar, sie sind nicht darauf vorbereitet. Und nun denken die Menschen darüber nach, und zur Hauptfrage wird: Wer ist der größte Natschalnik (Boß, d. Verf.), wer ist der Zar? – Und das wollen alles Demokraten werden, wie paßt das zusammen?

In dieser Situation habe ich vorgeschlagen: Man muß aufeinander zugehen und sich einigen, um zu einer neuen Politik zu kommen. Die Kollegen hier im Institut haben mich darin nicht immer unterstützt, aber später haben sie mir recht gegeben. Wissen Sie, während des 7. Volksdeputiertenkongresses hatte man das Gefühl, als könnte es klappen, als könnte eine gewisse Übereinkunft erreicht werden. Aber die russischen

Demokraten haben auf Jelzin einen solch starken Druck ausgeübt, daß er das, was wir auf dem 7. Kongreß erreicht haben, ganz schnell wieder beiseite schob. Da begann der Riß, und dann ging bald alles in die Brüche und war nur noch auf Konfrontation gerichtet.«

Hier deckt sich Gorbatschows Sicht übrigens mit meiner eigenen Einschätzung, wie ich sie in meinen Artikeln und Vorträgen immer wieder verbreitet habe: Es waren die sogenannten Demokraten, die auf Konfrontationskurs gingen und alle diejenigen, die nicht uneingeschränkt *für* sie waren, als Gegner oder gar Feinde bezeichneten und Wege zur Einigung oder zu möglichen Kompromissen zuschütteten. Wir im Westen haben dann mit Vorliebe die mitunter heftige Reaktion der so Diffamierten als Beweis dafür herangezogen, daß die alten Kommunisten Jelzin und seinen Freunden das Leben schwermachen. Wir sollten besser beide Seiten der Medaille im Auge behalten. – Gorbatschow fuhr fort:

»Rußland wartet auf eine neue Politik. Und es wird nichts getan, alles kriecht so langsam, so zäh und zerfällt dabei, wird jeder Kontrolle entrissen. Deshalb ist die Lage jetzt so, daß uns eine Dauerkrise droht. Und das führt dann zum Chaos. Das ist das gefährlichste, und die Menschen wollen das nicht zulassen.

Uns droht ja auch eine Desintegration der Republik (Rußland, d. Verf.). Die Einwohner Rußlands werden damit nicht einverstanden sein, denn Rußland ist für sie alles. Sie werden dafür sogar ihr Leben lassen. Rußland – das ist eine ernste Angelegenheit.

Auf alle diese Fragen muß man Antworten geben. Und schließlich muß man die Beziehungen zu den anderen Republiken und zu den anderen Völkern verbessern. Die Ukraine kommt nicht zurecht. Sie ist in einem schlimmen Zustand. Weißrußland ist kleiner, die Probleme sind etwas kleiner, und für Rußland ist es leichter, Weißrußland zu helfen, und viel schwerer, der Ukraine zu helfen.« Zur Erläuterung: nicht nur deshalb, weil die Ukraine sehr viel größer als Weißrußland ist, sondern weil es tiefsitzende, historisch zu erklärende Animositäten gerade zwischen Ukrainern und Russen gibt.

»Keine einzige Republik kann alleine zurechtkommen, auch Rußland nicht. Man muß die Beziehungen untereinander in Ordnung bringen. *Damit* muß sich eine Demokratie beschäftigen. Und als ich das erkannt und gesehen hatte, daß es zu keiner Einigung kommt, da dachte ich, dann müssen eben neue Leute her, neue Personen an die Macht. Warum nicht? Im Parlament sitzen einige Abgeordnete mit gesundem Menschenverstand, die gewinnen könnten. Sogar Jelzin hat eine Chance, wiedergewählt zu werden. Ich bin nicht sicher, aber er hat noch eine Chance. Er könnte die Wahlen gewinnen. Denn es fehlt an Figuren, an Persönlichkeiten.

Was das Referendum angeht, so wollte man nicht so sehr Jelzin unterstützen als vielmehr gegen die alten Kommunisten und Revanchisten stimmen. Denn die Wahl war ja: entweder Jelzin oder die da. Natürlich besser Jelzin. Und Jelzin denkt, *er* hätte gewonnen. Und im Westen schreit man: Sieg! Sieg! Alle gratulieren ihm.

Ich werde Ihnen sagen, was das für ein Sieg war, und das charakterisiert auch unsere Situation. Das ist sehr wichtig – ich war ja im übrigen gegen das Referendum, und jetzt geben auch Jelzin und die anderen mir recht, daß das Referendum nicht viel genutzt hat. Nebenbei bemerkt, ich bin nicht zur Wahl gegangen, Raissa Maximowna auch nicht. Eine sinnlose Angelegenheit, überflüssig. Und ich kann nur betonen: Die Situation verhärtet sich dadurch.

Als ich jetzt in Amerika und in Japan war, hat man mich immer wieder ausgefragt, wer denn dieses Referendum – wenn es dazu kommt, das war ja lange nicht klar – gewinnen wird, der Kongreß oder der Präsident. Nach diesem Referendum gibt es nur Verlierer, habe ich gesagt, nichts wird's mit einem Sieg.

Und jetzt haben wir die Ergebnisse des Referendums. Gestern (5. Mai 1993, d. Verf.) wurden sie bekanntgegeben.

Es wird wie ein Sieg verkauft, und es wird nicht erörtert, was wirklich passiert ist.

Am Referendum haben nicht einmal zwei Drittel aller Wahlberechtigten teilgenommen. 62 oder 64 Prozent waren es. Also sind etwa vierzig Millionen Menschen zu Hause geblieben und haben nicht gewählt. In den Listen gab es 106 oder 107 Millionen, die hätten wählen dürfen. Von den 62 oder 64 Prozent haben sich 55 Prozent für den Präsidenten ausgesprochen. Sagen wir der Einfachheit halber 60 Prozent. Wenn es 60 Prozent gewesen wären, dann bedeutete das 36 bis 38 Millionen Menschen. Und jetzt fangen wir mal an nachzudenken: Vierzig Millionen sind nicht gekommen, und von denen, die gekommen sind, haben sich nur 37 Millionen für Jelzin entschieden, also von 107 Millionen Menschen nur 37 Millionen. Das heißt doch, daß der Präsident nachdenken muß. Was ist mit denen, die gegen ihn waren, und mit denen, die überhaupt nicht gewählt haben? Die Lage ist sehr ernst.

Das wichtigste sei – so wird behauptet –, daß in der zweiten Frage, die Reformen betreffend, 52 Prozent den Präsidenten unterstützt haben. Aber vierzig Regionen haben doch dagegen gestimmt. Rein quantitativ, durch die Entscheidung in Großstädten wie Moskau und in den großen Industriezentren, hat Jelzin die Mehrheit bekommen, aber vierzig Regionen waren dagegen. Von 21 Republiken (der Russischen Föderation, d. Verf.) haben sich nur neun für seine Politik ausgesprochen, der Rest war dagegen.

Eine sozialwirtschaftliche Politik, die vierzig von 87 Regionen nicht unterstützen – was ist das für ein Sieg? Und nun schreien sie, man muß dieselbe Wirtschaftspolitik weiterführen und man muß Gaidar zurückholen.

Dazu kann man nur sagen: Das ist die totale Unzurechnungsfähigkeit, ja Demagogie. Sowohl im Westen als auch bei uns spricht man von Sieg. Damit sind wir wieder bei Lenin gelandet. Das wird dann auch zu einer entsprechenden Politik führen. Man wird also etwa siebzig Millionen Menschen die Politik gewaltsam aufzwingen müssen. Also wieder mit

Gewalt, oder wie? Wo ist der Unterschied? Das ist Neostalinismus.«

An dieser Stelle möchte ich noch einmal eine persönliche Bemerkung einflechten: Wenn Jelzin das Ergebnis des Referendums als Sieg wertet, dann benutzt er es auch als Freibrief dafür, politischen Druck auszuüben, das Parlament zu übergehen und weiter einsame Entscheidungen zu treffen. Das Temperament Jelzins und die Starrköpfigkeit mancher seiner engsten Berater lassen mich diese Entwicklung mit einiger Sorge beobachten. Wir im Westen müssen aufpassen, daß wir uns nicht vor den falschen Leuten fürchten oder, anders ausgedrückt, den falschen bedingungslos vertrauen.

»Hier darf man nicht den Kopf verlieren, hier braucht man eine seriöse Analyse. Wenn man bis zu Ende analysiert, dann waren die beiden wichtigsten Ergebnisse des Referendums folgende:

Erstens: Das Volk hat nicht so sehr *für* Jelzin als *gegen* die alten Kommunisten gestimmt, gegen solche wie Shirinowskij (ein extremer Nationalist und Antisemit, der in Rußland mit Hitler verglichen wird, d. Verf.) und alle Reaktionäre. Es gibt keinen Weg zurück.

Zweitens: Es war ein Warnsignal. Ich habe dem Kongreß gesagt, laßt den Präsidenten seine Arbeit tun, und ich habe dem Präsidenten gesagt, laß den Kongreß bestehen, denn man hat sich doch nicht gegen den Kongreß ausgesprochen.

Wie ich schon gesagt habe: Das Referendum hat nichts gebracht, nichts zur Erhellung beigetragen. Das einzige, was es ›gebracht‹ hat, ist, für eine der beiden Seiten den Startschuß zu einer Offensive zu geben, und genau das tut die Präsidentenmannschaft jetzt. Das war's.«

Auf die holzschnittartige Darstellung der russischen politischen Landschaft in den meisten Medien des Westens angesprochen, nach der Jelzin und die Seinen die Guten und alle anderen die Bösen sind, antwortete Michail Gorbatschow so:

»Die Gesellschaft ist für die Reform. Aber wie führt man sie durch? Ich würde so sagen: Man muß die Reformen in dem Tempo und mit der Intensität durchführen, die diese Gesellschaft imstande ist auszuhalten. Das ist das wichtigste. Denn wenn das Volk das nicht aushalten kann . . . Gucken Sie sich doch einmal an, was er gemacht hat, der Jelzin. Er hat vor dem Referendum so viele Wechsel ausgestellt, er hat für dreieinhalb Billionen Rubel Leistungen versprochen. Und was macht er ab Mai, Juni?

Es gibt mehr Geld und weniger Waren, das heißt, die Inflation wird sich noch beschleunigen. Das wichtigste Anliegen der Gaidar-Reformen war es doch, die Inflation zu bändigen, und Jelzin mit seinen populistischen Methoden – er wollte Rentner, Studenten, Soldaten, Lehrer anlocken, er hat allen Regionen irgendwas versprochen, er hat sich wie ein Spieler verhalten. Und was jetzt?«

Nun gibt es ja verschiedene Varianten, auf schwierige Situationen zu reagieren: Man kann aufgeben, resignieren, man kann sich mit populistischen Fassaden eine Zeitlang über die Runden retten, und man kann ganz unspektakulär versuchen, gangbare Wege zu finden. Mühsam und beschwerlich ist auch das allemal, aber ich war schon zu sowjetischen Zeiten der Auffassung, daß sich solche Wege am erfolgversprechendsten aus der Provinz heraus anlegen lassen. Moskau macht alles nur unnötig kompliziert. Zudem ist Moskau genausowenig Rußland, wie New York oder Washington die Vereinigten Staaten repräsentieren. Für mich sind die Regionen ein Grund zur Hoffnung und Ermutigung, und ich wollte Gorbatschows Meinung dazu einholen, nicht zuletzt vor dem Hintergrund seiner kürzlichen Reise in die Provinz, in das bereits erwähnte Nischnij Nowgorod.

»Erinnern Sie sich, was ich in Bonn gesagt habe?« begann Gorbatschow seine Antwort. »Das ist auch das, was ich heute sage. Als ich in Bonn die Wirtschaft dazu aufforderte, in die Regionen zu gehen, sind übrigens viele meinem Rat gefolgt. Wir haben damals in Bonn nicht vergebens zusammengearbeitet. Heute haben wir enge Kontakte zu den Regionen hergestellt.

Aus Nischnij Nowgorod wurde ich zum Beispiel angesprochen, Verbindung mit Düsseldorf herzustellen, mit dem Land Nordrhein-Westfalen. Denn da gibt es ja den alten Vertrag zwischen Rußland und Nordrhein-Westfalen aus den Zeiten, da die Sowjetunion noch existierte. Also habe ich einen Brief an Ministerpräsident Johannes Rau geschrieben und einen an den Bundeskanzler und habe darin von Nischnij Nowgorod erzählt, von dieser Region mit ihrem Riesenpotential. Wir haben dort Forschungseinrichtungen auf einem sehr hohen wissenschaftlichen Niveau. Sie wissen, das war früher ein geschlossenes Gebiet, wegen dieser Forschungen. Man hat Sacharow dorthin verbannt, weil dort keine Ausländer hinfahren durften. So war das.

Zu einer Konferenz hier in der Stiftung habe ich dann den Gouverneur von Nischnij Nowgorod eingeladen, Boris Nemzow. Er kam mit seiner Frau und blieb ein paar Tage in Moskau.«

An dieser Stelle ein Wort zu Nemzow. Er ist ein klarer Anhänger von Jelzin, aber unabhängig genug, um sich mit dem früheren sowjetischen Staatspräsidenten zu treffen, dessen Einschätzungen einzuholen und sich seiner internationalen Kontakte zu bedienen. Nemzow ist erst 33 Jahre alt, und Gorbatschow ist ganz begeistert von ihm:

»Er ist ein junger Mann, der nachdenkt. Seinen Namen sollte man sich merken. Er ist eine Persönlichkeit, ein richtiger Politiker. Stellen Sie sich vor – 33 Jahre und leitet so eine Region. Als Nemzow mich nach Nischnij Nowgorod einlud, sagte ich mit Vergnügen zu und blieb drei Tage dort.«

Gorbatschow führte während dieser Zeit Gespräche mit der politischen Führung sowohl der Stadt als auch der Region, mit Abgeordneten des Parlaments, mit Unternehmern. Er besuchte unter anderem eine Fabrik, die sich als erste überhaupt, noch zu sowjetischen Zeiten, von einem Staatsbetrieb in eine Aktiengesellschaft umgewandelt hatte. Er war eingeladen, an der Universität einen Vortrag zu halten und mit den Studenten zu diskutieren, und hatte ein ähnlich volles Haus wie damals in München bei seinem Deutschlandbesuch. Erstaunlicherweise schlug ihm sogar vergleichbare Begeisterung entgegen. Einer seiner Mitarbeiter fand es besonders erwähnenswert, daß Gorbatschow zwei Tage hintereinander aufs Mittagessen verzichtet habe und nach belegten Broten für sich und seine Gesprächspartner fragte, damit man die spannenden Diskussionen nicht abbrechen müsse.

»Ich habe Mitarbeiter in einem Riesen-Verteidigungszentrum getroffen«, fährt Gorbatschow fort, und ich registriere, daß er es da genauso hält wie das Management von Daimler-Benz, das auch nicht von Rüstungsindustrie, sondern von Verteidigungstechnik innerhalb des Konzerns spricht. »Die Situation in diesem Zentrum ist äußerst kompliziert, und der Direktor hat darum gebeten, daß sich unser Fonds dieser Problematik annimmt.« Der Hintergrund: Durch die Kürzung der Rüstungsausgaben fehlen Staatsaufträge, dem hochqualifizierten Personal wird die Existenzgrundlage entzogen, und beste Technik liegt brach.

»Es war für mich eine überwältigende Reise«, schwärmt Gorbatschow. »Ich habe sehr viele Menschen getroffen und sehr viele Gespräche geführt. Es waren heiße Diskussionen, die schier endlos liefen, und man stellte mir sehr unbequeme Fragen. Aber wir redeten miteinander. Überall war es proppenvoll, die Menschen waren so interessiert. Und wenn Nemzow und ich nach einer Begegnung mit Arbeitern oder Studenten das Auditorium verließen, dann trafen wir in den Nebenräumen und Fluren noch mehr Menschen, die zuhören und mitreden wollten.

Irgendwann sagte Nemzow zu mir, vielleicht sei es wirklich das beste, Neuwahlen auszuschreiben. Ich muß sagen, dieser Besuch war für mich sehr interessant und nützlich. In dieser Region denken die Menschen nach und bewegen etwas. Und sie bewegen sich erkennbar auf neue Formen des Lebens zu. Sie sind für die Reformen – und zwar Menschen aus jeder Schicht, ob es sich um Wissenschaftler oder Unternehmer handelt. Sie sind dafür trotz aller Nachteile, die oftmals damit für sie persönlich verbunden sind, trotz aller Fehler, die begangen werden – sie sind dafür. Es gibt Streit, es gibt Korruption, alles inbegriffen. Aber sie gehen diesen Weg, und sie gehen ihn überzeugt und überzeugend.

Sie können wirklich eine Menge erreichen, aber sie brauchen solide Partner im Westen. Amerikaner und Deutsche zeigen schon Interesse an dieser Region. Und dem Bundeskanzler habe ich geschrieben: Ich kann natürlich nicht für das Resultat garantieren, aber ich bitte Dich, diese Region ins Auge zu fassen. Denn wenn sich die Deutschen hier in Nischnij Nowgorod niederlassen – da kann man Sachen erreichen! Riesendinge sind da drin! Das ist wahres Rußland.«

Die örtlichen Medien in Nischnij Nowgorod berichteten ausführlich über diesen dreitägigen Besuch, viele von Gorbatschows Auftritten in Betrieben oder in der Universität wurden vom Fernsehen übertragen. Die Moskauer Presse schwieg im wesentlichen. Nur die Wochenzeitung *Literaturnaja Gazeta* brachte einen umfangreichen und fairen Artikel unter dem Titel »Die triumphale Reise von Michail Gorbatschow«. Sein etwas bissiger Kommentar dazu: »An dem Tag hatte Jelzin wohl Kopfschmerzen.« – Zwischen den beiden ist offenbar wirklich nichts mehr an Kommunikation möglich.

Gorbatschow setzt noch einmal in Nischnij Nowgorod an, um die Lage im Land zu schildern: »Meine Einschätzungen sind bestätigt worden. Die Menschen wollen nicht zu früheren Zeiten zurückkehren. Sie sind zu etwas Neuem bereit, aber sie möchten, daß man sie wie Menschen behandelt. Sie sind keine Rädchen wie früher in der Stalinschen Maschinerie.

Natürlich ist die Lage sehr kompliziert, und einige beschreiten den Weg der Konfrontation. Das sah man jetzt bei der Demonstration zum 1. Mai. Aber was sind das für Demonstranten, die mit Peitschen gekommen sind, mit Eisenstangen. Hören Sie mal, darunter waren doch sehr erfahrene Provokateure wie Krjutschkow, Lukjanow, Ampilow.* Sie haben die jungen Menschen aufgehetzt und angeheizt.

Aber auch die andere Seite kann ich nicht freisprechen. Das war kein angemessenes Verhalten von Mächtigen. Die Regierung hat sich genauso provokant verhalten. Man hätte sie einfach auf den Roten Platz gehen lassen sollen. Und wenn dann die Demonstranten gegen die Gesetze verstoßen hätten, dann hätte man einschreiten müssen. 500 Leute (in dem Sinne: Was ist das schon, d. Verf.) – aber für Rußland war es ein warnendes Signal. Wenn in Rußland ein solcher Prozeß wie in Jugoslawien begänne – die ganze Welt würde erbeben und erzittern. Aber das Volk wird es nicht zulassen.« Dabei schwang so etwas mit wie: Die Menschen in Rußland sind anders als die in Jugoslawien, die gehen anders mit Konflikten um.

Nach diesen Ausschreitungen am 1. Mai, die ein Menschenleben gekostet und viele Verletzte gefordert hatten, wurde sowohl in Moskau als auch im Ausland wild darüber spekuliert, daß die Demonstrationen am 9. Mai, dem Tag des Sieges im Großen Vaterländischen Krieg, weiteres Blutvergießen mit sich bringen könnten. Zum wiederholten Male wurde der drohende Beginn eines russischen Bürgerkrieges heraufbeschworen. Denn den an der Auseinandersetzung vom 1. Mai beteiligten politischen Gruppierungen wurde abermals verboten, auf dem Roten Platz zu demonstrieren, was an solchen Tagen bislang für alle selbstverständliches Gewohnheitsrecht war.

Auf diese befürchtete Eskalation angesprochen, reagierte

* Wladimir Krjutschkow, Chef des KGB, und Anatoli Lukjanow, Parlamentspräsident, zählten zu den Anführern des Putschversuches vom August 1991; sie wurden danach ihrer Ämter enthoben und verbrachten einige Zeit in Untersuchungshaft. Viktor Ampilow, Jahrgang 1946, früher Auslandskorrespondent von Gosteleradio, ist heute Abgeordneter im Moskauer Stadtsowjet, 1. Sekretär der »Russischen Kommunistischen Arbeiterpartei«, Chefredakteur der Zeitung *Molnija* und auch in anderen Funktionen als äußerst rühriger Agitator und »Berufskommunist« verschrien.

Gorbatschow so: »Das wird nicht passieren. Der 9. Mai ist nicht der 1. Mai. Der Tag des Sieges hat eine ganz andere Bedeutung. Dieser Tag ist den Russen heilig, da wird es keine Provokation geben, seien Sie sicher.«

Als ich diese Einschätzung einem russischen Bekannten erzählte, nutzte er sie gleich, um über diesen »unmöglichen Gorbatschow« herzufallen. Das sei mal wieder typisch, keine Ahnung habe der. »Eben weil der 9. Mai ein so bedeutsamer Tag ist, werden die Gegensätze noch härter aufeinandertreffen, weil sich eine Seite von der anderen verraten fühlt. Wir sollten uns auf alles gefaßt machen.«

Einige Fernsehteams rückten am 9. Mai dementsprechend mit kugelsicheren Westen aus. Es blieb ruhig, alle durften auf dem Roten Platz der Opfer des Zweiten Weltkrieges gedenken und ihre Demonstrationszüge veranstalten. Keine Provokationen – und niemand kam zu Schaden. Gorbatschow hatte – wie so oft – recht behalten.

Die Brücke über die Moskwa – direkte Verbindung zwischen Rotem Platz und Gorkipark – war am 1. Mai 1993 von Polizisten hermetisch abgeriegelt, als erwarte man eine Invasion

Das Gesicht Moskaus hat sich verändert. Die abgasreiche Luft ist nicht besser geworden; aber Reklametafeln für Shell, McDonald's und HB oder die Karstadt-Filiale im Traditionskaufhaus GUM hat es »zu meiner Zeit« noch nicht gegeben

Michail Gorbatschow, alles andere als enttäuscht oder gar verbittert, erläutert die Aktivitäten und Pläne seiner Stiftung

Der Sowjetskaja-Platz in Jaroslawl, einer Provinzhauptstadt 300 Kilometer nordöstlich von Moskau

Arkadij Wolskij (Mitte), der Vorsitzende des russischen Industrieverbandes, wird im Westen oft als »Roter Direktor« verkannt. Hier im Haus von Otto Wolff von Amerongen, dem Nestor der wirtschaftlichen Ost-West-Zusammenarbeit

»Die spinnen ein bißchen, aber sonst sind sie ganz nett«: Hare-Krishna-Jünger aus Jaroslawl

Am Stadtrand von Jaroslawl: Garagen, so weit man sehen kann. Man braucht wohl ein Auto, um von den Hochhäusern zu seinem Auto zu kommen

Die moderne Nudelfabrik von Jaroslawl, eine Erweiterung der ortsansässigen Brotfabrik, wurde in Kooperation mit Unternehmen aus der deutschen Partnerstadt Kassel gebaut

Die Krim gehört erst seit den fünfziger Jahren offiziell zur Ukraine. Der beliebte Ferienort Jalta hat sich kaum verändert. Wanja und Denis führen mich durch die Stadt

Eis schlecken, den Frühling genießen: Nicht nur in Odessa bleibt Zeit für ein Leben jenseits der politischen Probleme

Autositzreparatur in Odessa – eine zeitaufwendige Beschäftigung

Die Matrjoschka-Connection
Wiedersehen mit Jalta und Odessa

Mit einem ganzen Bündel sehr gemischter Gefühle sind wir nach Jalta gefahren, im Mai 1993. Fast fünf Jahre war es her, daß wir die Krim zuletzt besuchten. Damals per Flugzeug von Moskau aus nach Simferopel, heute mit dem Schiff übers Schwarze Meer. Damals war der Rubel noch drei Mark wert – das heißt, wert war er es sicher nicht, aber so lautete nun einmal der offizielle Kurs. Jetzt bekam man für eine Mark fast 600 Rubel oder 1600 Kupony, die neue ukrainische Pseudowährung.

Die Beobachtung, die ich als erste loswerden möchte, hat weniger etwas mit Russen, Ukrainern oder Bewohnern der Krim zu tun, sondern mit Deutschen und Amerikanern, die bei uns auf dem Schiff waren. Sie entblödeten sich nicht, von der Reling Päckchen oder Münzen herunterzuwerfen – nicht um sich irgend etwas zu wünschen oder weil sie vielleicht einmal wiederkommen wollten, sondern wegen der unten stehenden Kinder, die sich auf alles stürzten, was vom Schiff geflogen kam. Das Verfahren war so: erst werfen, dann Videokamera oder Fotoapparat in Anschlag bringen. Das wird eine feine Urlaubserinnerung. Die Zollbeamten, die das Schiff unten absperrten – sehr locker im Vergleich zu früher –, wollten dieses unwürdige Schauspiel unterbinden, versuchten sich nach oben verständlich zu machen und den Kindern beizubringen, nicht nach den Päckchen zu laufen. Es nützte nichts, in keiner Richtung. Als eines vor dem Fuß des Zollbeamten landete, trat er es angewidert ins Wasser.

Wie leicht wäre es gewesen, den Kindern etwas Gutes zu

tun – wenn es das ist, was man will –, indem man heruntergeht, ihnen das Geld oder was immer da eingewickelt ist, in die Hand gibt, statt sie danach springen und sich darum raufen zu lassen. Schade. Da muß man sich nicht wundern, wenn Einheimische sauer werden und auf die Kapitalisten schimpfen. Das hat nichts mit antiwestlichen Gefühlen zu tun, sondern mit westlicher Geschmacklosigkeit.

Geschockt war ich von den überfallartigen Szenen, sobald man die Gangway und die aus Zollgründen in allen internationalen Häfen übliche Absperrung verlassen hatte. Taxi, Sightseeing, Jalta-Tour, Postkarten, Rubel, Militärklamotten etc. und jede Menge Kinder, die nach Postkarten vom Schiff fragen oder nach Kaugummi oder eben ihre Sachen verkaufen wollen. Zum großen Teil auf eine unangenehm penetrante Art. Auch das – schade und ziemlich nervig. Manche betteln einfach um eine Mark oder einen Dollar. Man will sie nicht beleidigen, will ihnen etwas geben, kann sich kaum erwehren, denn wenn einer etwas bekommt, was ist mit den vielen anderen? Weitgereiste Leser werden jetzt vielleicht die Schultern zucken: Na und? Das ist in den armen Ländern der Dritten Welt üblich, wieso sich darüber aufregen? – Weil es die Krim ist, die Riviera der Sowjetunion, die Stil und Niveau hatte, wenn auch keinen Wohlstand in unserem Sinne.

Ich wußte nicht so richtig, wie das mit der russischen Sprache werden würde. Die Krim, jahrhundertelang ein Teil Rußlands, ist zwar ein Spezialfall im überall grassierenden Gebietsstreit, aber offiziell gehört sie seit den fünfziger Jahren nun einmal zur Ukraine, und die Auseinandersetzung bekommt wegen des Flottenstützpunktes Sewastopol ein besonderes politisches Gewicht. Bei der Paßkontrolle habe ich mich noch fürs Russische entschuldigt und dafür, daß ich nicht Ukrainisch spreche. Erst hinterher habe ich mir überlegt, ob ich vielleicht gerade einen Russen erwischt habe, was ja auf der Krim kein Kunststück wäre. Komplizierte Welt. Es ist wirklich die Frage, ob man diese nationalistischen Verrenkungen mitmachen sollte. Andererseits – in ein Fettnäpfchen möchte ich nicht treten, und beleidigen möchte ich sowieso niemanden. Irgendwie ist es schon ein Kunststück, zwischen Takt und Krampf den richtigen Weg zu finden.

Unterwegs, beim Spaziergang durch die Stadt, hört man überwiegend russische Töne. Fünf Jahre sind eine lange Zeit, trotzdem ist mir alles irgendwie bekannt, vieles fast vertraut. Der Weg, den wir damals so oft zwischen der Stadt und dem Hotel Jalta zurückgelegt haben. Das Café, damals eines der wenigen, in denen man immer eine Kleinigkeit zu essen bekam. Es hat sich kaum verändert, drinnen wie draußen. Auch das Angebot scheint das gleiche zu sein: Saft, Tee, Kaffee und Gebäck. Insgesamt ist Jalta bunter geworden, zahlreiche Kioske, mehr Reklame. Mädchen in Miniröcken, aber auch solche mit weißen Schleifen in den zu Zöpfen gebundenen Haaren, in Schuluniformen gekleidet und sicher schon fünfzehn Jahre alt.

Wir spazieren zum Markt, weil man dort mehr übers Leben und den Alltag erfährt als in Zeitungen. Unterwegs spricht uns eine Frau undefinierbaren Alters an, die behilflich sein will, wenn wir nach einer bestimmten Straße suchen sollten. Aber das ist nur ihre Variante, ein Gespräch anzufangen, in dem sie um Geld oder wenigstens einen Lippenstift bittet. Es ist später Vormittag, als wir uns über den Markt schieben und schieben lassen. Die Gänge zwischen den einzelnen Ständen quellen über von Menschen, und es bleibt nichts übrig, als sich aktiv durchzuquetschen, um halbwegs die gewünschte Richtung halten zu können. Zwischen den überdachten Standreihen haben sich zusätzlich einzelne Verkäufer aufgebaut mit zwei, drei Sachen in der Hand oder mit ein paar mehr Dingen ausgebreitet auf einem Tuch zu ihren Füßen. Sie schauen mit ziemlich apathischen Gesichtern an einem vorbei. Ältere Frauen bieten wie immer schon Selbstgestricktes oder Gehäkeltes an, die anderen verkaufen Unterwäsche, Kinderspielzeug, Ersatzteile jeglicher Art für die defekte Wasserleitung oder den kaputten Pkw. Bei einer einzelnen Pleuelstange fragt man sich allerdings, wie die sich mit einem fremden Zylinder koordinieren läßt. Da muß man schon kräftig improvisieren und technisch zaubern können.

Losziehen und etwas Bestimmtes kaufen, das geht hier nicht, aber zu finden sind zuweilen auch sehr modische Kleider, Dessous, völlig verrückte Schuhe, die man eher in einer Designerboutique auf den Champs-Élysées vermutet. Manche Frauen, die in den Verkaufsboxen Ware feilbieten, haben ihre Kinder dabei. Sie sehen genauso blaß und durchsichtig aus wie in Moskau oder anderen Teilen Rußlands. Bezahlen kann man meist auch in Dollar oder Mark. Lediglich eine Frau haben wir getroffen, die Limonade und ausländisches Bier verkaufte und nur Kupony haben wollte. Einfach so, ohne nähere Begründung.

Das Lenindenkmal an der Promenade gibt es noch. Wie damals sitzen Veteranen auf den Bänken davor und poppig aufgemachte Jugendliche. Auf dem Platz am Hafen genau wie damals diese kleine Kirmes mit Karussell und Autoskooter. Eltern stehen mit ihren Kindern Schlange. Wie damals das große Stoffkamel fürs Familienfoto, das kleine rote Auto, das nur dasteht und nicht fährt, eine Art Spielzeug mit einem angebundenen lebendigen Affen, der alle Hunde anfaucht, die dann erschreckt kläffend abziehen. Und überall kleine Jungen mit Tüten, aus denen sie Uniformteile zum Verkauf herausholen: Mützen, Jacken, Abzeichen, Gürtel und Gürtelschnallen. Eine Horde Kinder, bei denen auch ein paar Mädchen sind und denen wir trotz ihres intensiven Bemühens nichts abkaufen, stecken uns schließlich Postkarten von Jalta zu mit dem Wort »present«. Sie verstehen es, einen zu beschämen.

Dann sprechen uns zwei Jungen an, ob sie uns die Stadt zeigen sollen. Sie sind zwar auch recht hartnäckig, aber irgendwie nicht so aufdringlich. Einer von ihnen hat eine Tüte mit einer Militärjacke unterm Arm, aber als wir zweimal abgelehnt haben, läßt er es dabei bewenden. Es sind Brüder, Wanja und Denis, neun und dreizehn Jahre alt. Sie haben noch eine kleine Schwester von sechs und einen älteren Bruder, der vor einem Monat seine Militärzeit abgeschlossen hat. Nun sucht er einen Job, was schwierig ist, meint der kleine Wanja, der sich ohnehin mitteilsamer und anhänglicher zeigt als sein größerer Bruder.

»Früher war es besser als heute«, sagt der Kleine plötzlich mit dem Gesichtsausdruck eines Alten. »Die Preise sind hoch, und die meisten verdienen schlecht. Da muß man zusammenhalten.« Ich frage ihn, was er mit früher meint. Früher heißt für ihn *vor* der Unabhängigkeitserklärung der Ukraine, die für die Krim alles so kompliziert macht, und er erklärt mir, daß die Krim weder Ukraine noch Rußland sei. »Krim ist Krim«, sagt er, »aber um selbständig zu sein, ist es zu früh.« Ich schaue ihn fragend an, und er spricht weiter: »Wissen Sie, wir haben nämlich keine Kohle und kein Öl. Das braucht man aber, wenn man selbständig sein will.« – Ich wußte es doch immer, daß man Kinder meist unterschätzt. Wanja erzählt uns von seiner Großmutter, die in der »richtigen« Ukraine lebt, in der Gegend von Odessa, und Denis unterstreicht die Worte seines Bruders mit gelegentlichem Kopfnicken. »Manche reden von Krieg, aber das wäre furchtbar, denn das wäre ein Bruderkrieg.« Der Vater der beiden ist Ukrainer, die Mutter Russin.

Wanja und Denis fragen, ob wir spezielle Wünsche hätten, etwas zu kaufen. Sie wüßten, wo man danach fragen könnte, und sie würden dafür sorgen, daß man uns nicht übers Ohr haut. Wir hatten einer Bekannten in Deutschland versprochen, eine Matrjoschka mitzubringen, diese ineinandergeschachtelten Puppen, und die beiden schwärmen dienstbeflissen aus. An einem fliegenden Händler, der solche Puppen auch anbietet, zieht mich Wanja entschlossen vorbei und raunt mir zu: »Die sind verrückt, die wollen 35 Dollar haben.«

Wir reden über Gott und die Welt, er fragt mich nach meinem Beruf, ich erzähle ihm von meinen Büchern und nenne ihm den Titel des dritten: »Rußland wird nicht untergehen«, mit Hinweis auf Gorki, von dem dieser Ausspruch stammt.

Wanja grinst und führt uns zu einem Gorkidenkmal am Ende der Strandpromenade. Unterwegs bricht der kleine Wanja einen blühenden Zweig von einem Strauch und schenkt ihn mir.

Wir gehen in einen Buchladen, die beiden Jungen warten draußen. Es ist nicht viel Betrieb, und ich versuche, mit der Frau an der Kasse ins Gespräch zu kommen. Ich erzähle erst ein bißchen von mir, sie will auch wissen, warum ich ihre Sprache spreche, und frage sie dann, wie es sich heutzutage hier lebt. »Kompliziert«, meint sie kurz angebunden, »kompliziert, aber es muß besser werden. Wir warten alle, daß es besser wird.« Während sie mit mir redet, blickt sie ständig zu den beiden Verkäuferinnen herüber, und es macht den Eindruck, daß sie sich nicht so recht traut, offen zu sprechen. Ich weiß nicht, welche Nationalität die beiden anderen haben, und will nicht so plump danach fragen, jetzt, wo sie uns aufmerksam beobachten, mal ernst, mal kichernd. In Jalta sei alles ruhig und friedlich und zwischen Russen und Ukrainern gebe es auf der Krim keine Probleme, meint die Frau an der Kasse. Auf die Zahl der russischen Urlauber angesprochen, sagt sie: »Es kommen genauso viele Russen wie früher, eher mehr, weil ihnen ja all die Orte im Kaukasus und in Georgien als Urlaubsziele verlorengegangen sind.« Alles in allem ist nicht viel aus ihr rauszukriegen, und ich will sie nicht weiter quälen.

Wanja und Denis haben im Gegensatz dazu erzählt, daß es deutlich weniger russische Feriengäste in Jalta gebe als früher, dafür aber mehr westliche Ausländer, weil alles eben viel teurer geworden sei. Die beiden begleiten uns zurück zum Hafen, mein Mann macht noch das eine oder andere Foto, und währenddessen trage ich die Tasche, in der sich mittlerweile eine große Matrjoschka und ein paar Bücher angesammelt haben. Wanjas Kommentar mit einem vorsichtigen Blick auf meinen Mann: »Eine Frau darf eigentlich nicht schwer tragen.«

Von Jalta aus führt unsere Reiseroute nach Odessa, das nach Wanjas Meinung zur »richtigen« Ukraine gehört. Unser Schiff legt genau gegenüber der Potemkintreppe an, die durch den – von der zaristischen Polizei im Juni 1905 blutig niedergeschlagenen – Aufstand der Matrosen des gleichnamigen Panzerkreuzers berühmt geworden ist. Das heißt, richtig berühmt wurde sie erst durch den Spielfilm »Panzerkreuzer Potemkin«, den der weltbekannte Sergej Eisenstein 1925 hier drehte. Die Treppe mit 192 Stufen, die durch einen Kunstgriff noch gigantischer und beinahe endlos wirkt – sie ist unten 21 Meter breit, oben nur 12,50 Meter –, wird immer wieder von den unterschiedlichsten Film- und Fernsehproduktionen als Kulisse genutzt. Bei meinem letzten Besuch war es ein russisches Remake des Eisenstein-Themas, und dieses Mal zeichnet das ukrainische Fernsehen Folkloretänze eines Kinderballetts auf.

Auch hier in Odessa bestürmen einen Kinder und Jugendliche. Meist sind es Postkarten oder Militärutensilien, die sie anzubieten haben. Bevor ich Menschen auf der Straße anspreche, versuche ich aufzuschnappen, wie sie sich unterhalten, auf ukrainisch oder russisch. Von zwei jungen Russen erfahre ich, daß es allgemein toleriert wird, wenn sie sich in ihrer Sprache unterhalten; seit neuestem müßten aber alle Examina in ukrainisch abgelegt werden. Dadurch würde sich bei vielen die Studienzeit verlängern.

Ein Mann mittleren Alters, ein Ukrainer, der uns um Feuer bittet, antwortet, auf seine Befindlichkeit angesprochen: »Es ist schon nicht mehr wichtig, ob's besser war oder besser wird. Die Stimmung ist auf dem Tiefpunkt bei uns. Wir sind freier, okay, aber insgesamt geht es uns schlecht. Wir brauchen Dollar, jede Menge Dollar. Die Preise sind zu hoch. Eine gute Zusammenarbeit mit den Russen – das wäre wichtig, und vielleicht fangen wir damit jetzt langsam mal an.« In Odessa selbst gebe es kaum Probleme zwischen Russen und Ukrainern, meint er, dafür habe die Stadt eine zu lange multikulturelle Tradition, sagt er auch mit Blick auf den großen jüdischen Anteil der Bevölkerung in dieser Hafenstadt am Schwarzen Meer.

Wir fragen eine ältere Dame nach dem Weg. Sie begleitet uns statt langer Beschreibungen lieber ein Stück in Richtung Fleischmarkt, wo wir hinwollen. Sie, selbst Russin, meint auch, Odessa sei viel zu sehr international geprägt, als daß kleinkarierter Nationalismus hier eine Chance habe. Ihr Ururgroßvater habe als russischer General weiland (wohl bei der Besetzung durch die Österreicher 1918) bei der Befreiung Odessas mitgeholfen. Das sichere ihr persönlich in ihrem Viertel besondere Anerkennung von allen, unabhängig von der Nationalität. Auch sie stellt fest, daß es den meisten schlechter geht, seit Rußland für sie Ausland ist. »Versuchen Sie sich vorzustellen, wie man lebt, wenn die Gehälter um das Drei- oder Vierfache steigen, aber die Preise um das Hundert- bis Hundertfünfzigfache.« Ich kann mir das kaum vorstellen und bewundere die Ausgeglichenheit, die diese alte Dame ausstrahlt. Da ist keine Verbitterung im Blick, kein Vorwurf in der Stimme. Sie verabschiedet sich freundlich, um ihren wegen uns unterbrochenen Weg wiederaufzunehmen.

Der Fleischmarkt ist in einer geschlossenen Halle untergebracht, wo es auch Milchprodukte zu kaufen gibt. Überall liegen große Fleischstücke auf den Theken, manchmal halbe Rinder am Stück. Abgesehen davon, daß die Präsentation auf mich nicht besonders appetitlich wirkt – aber das ist vielleicht mein Problem –, ist dieser Markt optimal bestückt. Schlangen gibt es keine, dafür ist es zu teuer, dennoch herrscht reger Betrieb. Als wir die Halle wieder verlassen, kauert auf den Stufen des Eingangs eine alte Bettlerin, die mit gesenktem Blick die Hand aufhält. Um die Ecke ist ein alter Mann mit Hingabe beschäftigt, aus zwei kaputten Autositzen ein brauchbares Exemplar zusammenzubasteln. Es wird wohl ein paar Tage in Anspruch nehmen, bis er von einem das Gestänge zurechtgeschweißt und von einem anderen die Polsterung aufgefüllt hat.

Ein paar Meter weiter die Straße hinunter bietet sich uns

ein Bild, das wir zunächst gar nicht glauben können. Vor einer Hauswand steht ein Zeitungskiosk, in dem eine Frau sitzt, daneben ein Verkaufstisch mit allerlei Kleinkram, ebenfalls von einer Frau dargeboten, und daneben eine Bettlerin. Um die drei herum ist ein Absperrseil mit rot-weißen Fähnchen gespannt, weil eine Gruppe von Malern die Hauswand für einen Anstrich vorbereitet. Es sieht aus wie eine Szene auf der Bühne, denn wegen der Absperrung können die Passanten die drei nicht erreichen. Die Frau im Kiosk hat keine Wahl, sie kann ihr Häuschen schlecht wegtransportieren, aber die Frau mit dem Klapptisch und die Bettlerin brauchten ja nur einen Häuserblock weiterzuziehen. Aber sie bleiben da sitzen.

Wir schlendern durch die Nebenstraßen, schauen in den einen oder anderen Hinterhof, der auf diejenigen, die da nicht leben, meist idyllischer wirkt, als ihn die Bewohner rundherum empfinden. An einem Torbogen bleibe ich stehen. Es ist früher Nachmittag, die Sonne scheint, eine Bank ist zu sehen, eine schattenspendende Kastanie, Blumen, Unkraut, das auch blüht, ein Auto, dem die Reifen fehlen, und mitten im Torbogen die Silhouette eines vielleicht dreijährigen Jungen, der, die Hände auf dem Rücken, wie angewurzelt steht und in den Hof schaut.

Wir kommen an einem Park vorbei, mit Müttern und spielenden Kindern, Vätern, die ihre Sprößlinge auf fahrradgetriebenen Droschken kutschieren, einem Springbrunnen, auf den Stufen zwei junge Frauen, die für sich und einen kleinen Jungen Eis am Stiel auswickeln und die uns im Vorübergehen zulachen.

Auf Touristengruppen treffen wir an der alten Oper, die Ende des letzten Jahrhunderts nach dem Vorbild der Wiener Oper von zwei österreichischen Baumeistern errichtet wurde. Sie zählt zu den schönsten Theaterbauten in Europa und hat zusätzlich zur prachtvollen Innenausstattung eine hervorragende Akustik zu bieten. An dieser Stelle harren die Fotografen aus, um vor allem Besucher aus dem eigenen Land oder den Staaten der ehemaligen Sowjetunion vor diesem Wahrzeichen Odessas abzulichten. Die westlichen Touristen sind ja meist mit eigenen Kameras und Fotoapparaten ausgestattet.

Schon vor Jahren hatte sich hier einer etabliert, der sich nicht auf den Reiz des Gebäudes verließ, sondern einen gut restaurierten Oldtimer davor postierte, ein Mercedes-Cabriolet, schätzungsweise aus den dreißiger Jahren, hinter dessen Steuer Fotowillige Platz nehmen durften. Die Oper bildete dabei nur den luxuriösen Hintergrund. Dieser Fotograf war im Sommer 1993 immer noch da. Neu hinzugekommen ist ein Kollege, der ähnlich und doch ganz anders arbeitet. Er hat auf eine etwa zwei Meter breite Pappe eine Hundertdollarnote maßstabgetreu aufgebracht und in der Mitte ein Loch ausgeschnitten, durch das die von ihm Fotografierten ihren Kopf stecken. Sie schauen also aus einer Hundertdollarnote heraus. Wer möchte, bekommt noch eine Marinemütze aufgesetzt mit dem Schriftzug »Schwarzmeerflotte«.

Ich frage, ob das Geschäft läuft. Könnte bessergehen, meint der Fotograf mit dem Dollarschein. Aber irgendwas müsse man sich einfallen lassen, der Durchschnittsverdienst als Fabrikarbeiter liege bei 40 000 Kupony, und »was ist das schon«, sagt er. Nach offiziellem Kurs müßte man für einen Rubel vier Kupony kriegen, aber die Bank wechselt nicht. Wenn man jemanden zum Tauschen findet, dann muß man sich auf einen Kurs von eins zu drei einrichten. »Früher war es besser«, sagt er fast gelangweilt, um wenig später loszupoltern: »Und der Gorbatschow hat damit angefangen, der Idiot. Bei Breschnew, da haben wir gelebt, der hat zwar selbst gesoffen wie ein Loch, aber der hat auch dem Volk gegeben. Wir hatten alles.« Kurze Pause, ein tiefer Seufzer, und es geht weiter: »Mit der fehlenden Freiheit, so schlimm war das auch nicht. Schön, es mag noch Lager gegeben haben, aber soo falsch war das ja auch nicht.« Er schimpft auf die heutige Kriminalität und erzählt, daß man früher unbesorgt nachts durch die Stadt gehen konnte. »Jelzin, Krawtschuk«, zählt er auf, »einer so bescheuert wie der andere.« Er schnappt sich die

Schwarzmeerflotten-Mütze, hält sie mir entgegen und sagt: »Die Schwarzmeerflotte ist doch das Problem von denen und nicht vom Volk, von uns. Krawtschuk und Jelzin, die kommen doch beide aus dem gleichen Stall, die sollen doch jetzt nicht so ein Theater abziehen.« Er beruhigt sich wieder etwas und sagt betont langsam: »Einreißen ist einfach. Aufbauen ist kompliziert.«

Ich frage ihn nach seinen Vorstellungen, was er anders machen würde, ob er einen Ausweg sieht. »Bißchen was vom Kommunismus, bißchen Demokratie und Marktwirtschaft. Von jedem etwas, das wäre das Beste.« Er zeigt auf seine überdimensionale Dollarnote und echauffiert sich erneut: »3000 Kupony für einen einzigen Dollar – das ist doch irre, das ist doch auch nicht real!« Er bedauert, daß es keine verläßlichen gesellschaftlichen Strukturen mehr gibt, daß jeder nur noch für sich selbst sieht, wie er klarkommt. Viele seiner Bekannten, die arbeitslos geworden sind, reisen regelmäßig in die Türkei, schmuggeln Wodka und Kaviar, nehmen der Form halber noch ein paar Matrjoschkas und Lackbroschen mit, verkaufen alles und erwerben dafür Textilien und Elektrogeräte. Das schmuggeln sie dann wiederum zurück und halten sich so über Wasser oder legen den Grundstein für ein florierendes Geschäft, je nachdem, wie mutig sie sind und wieviel Glück sie haben.

Eine der nächsten Stationen unserer Reise ist Istanbul. Ich hätte nie erwartet, in der Hafengegend soviel Kaviar, so viele Lackbroschen und so viele Matrjoschkas zu finden.

»Das ist der Zukunftsmarkt für uns Deutsche«

Kassel und Jaroslawl – eine lebendige Partnerschaft

Bürger der Stadt Kassel haben einen Preis mit Namen »Glas der Vernunft« gestiftet, den sie alljährlich einer herausragenden politischen Persönlichkeit verleihen. Im Oktober 1991 wurde diese Bürgeraktion ins Leben gerufen, der erste Preisträger war der damalige Außenminister Hans-Dietrich Genscher, und ich hatte die Aufgabe, die Laudatio zu halten. Bei den Feierlichkeiten waren auch einige russische Gäste anwesend. Wie sich im Laufe der Gespräche herausstellte, kamen sie aus der russischen Partnerstadt Kassels, aus Jaroslawl, etwa 300 Kilometer nordöstlich von Moskau. Sie erzählten von den guten freundschaftlichen Kontakten, von den wirtschaftlichen Beziehungen, von den ehrgeizigen Plänen, und ich sammelte einen Haufen Visitenkarten deutsch-russischer Gemeinschaftsunternehmen.

Derart sensibilisiert, daß zwischen Kassel und Jaroslawl eine lebendige Partnerschaft bestand, beschloß ich, mich näher damit zu befassen, zumal ich Jaroslawl aus meiner Korrespondentenzeit kannte. Irgendwann stieß ich auf den Kasseler Unternehmer Gerd Grass, der aufgrund seiner weltweiten Geschäfte in Millionen- und Milliarden-Größenordnungen denkt. Seine Firma beschäftigt sich mit Technologietransfer, Handel und wirtschaftlicher Zusammenarbeit im weitesten Sinne. Grass selbst bezeichnet sich als »Projektentwickler und Investor«. Seine diversen Unternehmen haben sich spezialisiert auf sogenannte Schwellenländer, also Staaten im Übergang von der Dritten Welt zum Industriestaat.

1988 – Kassel und Jaroslawl hatten gerade ihren Partnervertrag abgeschlossen – plante der damalige Kasseler Oberbürgermeister Hans Eichel, heute hessischer Ministerpräsident, eine Wirtschaftsdelegation nach Jaroslawl zu schicken, und bat Gerd Grass um Unterstützung. Schließlich fanden sich ein paar Interessenten, die tatsächlich für eine Woche Jaroslawl besuchten. »Wir waren die ersten westlichen Geschäftsleute da«, erzählt Grass. Für einen cleveren Geschäftsmann wie ihn, mit Spürsinn für Chancen, stand fest: Hier ist was zu machen.

Es hatte verschiedene Gründe, warum er so früh Interesse entwickelte. Einmal suchte er sowieso neue Märkte, nachdem der Nahe Osten wegbröckelte. Dann hatte er früh erkannt, daß die russische Provinz gegenüber Moskau, wo »die alten Platzhirsche saßen«, wie er sich ausdrückte, viele Vorteile bot. Und schließlich beförderten die familiären Verhältnisse eines Kasseler Geschäftsfreundes das Engagement in Jaroslawl. Der war nämlich als Sohn eines Baltendeutschen und einer Russin in Jaroslawl geboren und der russischen Sprache mächtig.

Die Wirtschaftsdelegation logierte natürlich im Gästehaus der Kommunistischen Partei – heute im übrigen Residenz der Kasseler Firma –, und in gastfreundlicher Atmosphäre gab es »Brainstorming« in der Sauna, ein Wort, das ähnlich wie »Businessman« Eingang in die russische Sprache gefunden hat. Gerd Grass verkaufte mehrere seiner Firmen, um sich ganz auf die neue Aufgabe in Rußland konzentrieren zu können. Nach seinem Sicherheitsbedürfnis in wirtschaftlicher Hinsicht gefragt, antwortete er kurz: »Wenn wir in den Markt sehr früh reingehen – unternehmerisches Gespür zahlt sich immer aus.«

Heute arbeiten siebzig Angestellte, darunter acht Russen, an Projekten in Rußland, die mit ausländischer Hilfe gestartet werden. Die Firma hat eine eigene PR-Abteilung, die sich um die umfängliche Reisetätigkeit kümmert. Bisher sind etwa 150 Delegationen aus der Jaroslawler Region in Deutschland gewesen, jeweils drei, vier Leute, die von Grass' Firma organisierte Ausbildungsprogramme absolvieren. Er selbst schwärmt vom idealen Standort Jaroslawl – verkehrsgünstig gelegen, und mittlerweile sei man mit allen entscheidenden Leuten befreundet. Besonders stolz ist er auf eine hochmoderne vollautomatische Nudelfabrik, die man in Jaroslawl errichtet habe. Um eine Vorstellung von der Größenordnung zu bekommen: Die Maschinenstraße ist etwa hundert Meter lang, und pro Tag werden 48 Tonnen Nudeln produziert.

Aber der Reihe nach. Gerd Grass gründete ein Gemeinschaftsunternehmen mit den Russen, das als eine Art Drehscheibe für konkrete Projekte dienen sollte und aus dem inzwischen auch verschiedene andere Verbindungen entstanden sind. Von Anfang an war klar: Der Schwerpunkt sollte auf der Versorgung liegen. Gemeinsam erstellte man Feldstudien mit der Fragestellung: Was läßt sich rasch aufbauen, und wie berücksichtigt man die spezifischen Verhältnisse vor Ort? In der Jaroslawler Gegend wächst Weichkornweizen, es gab eine Brotfabrik. Also wurde die Technologie zur Nudelproduktion an die spezielle Art des Weizens angepaßt, und man begann, die erste Nudelfabrik dieser Art in Rußland zu errichten.

Nun haben ja durchaus viele Menschen sehr gute Ideen, die dann aber früher oder später an der Finanzierung scheitern. Woher also das Geld nehmen? Es ging um einen Betrag von etwa 22 Millionen Mark. Wenn man kein Bartergeschäft im üblichen Sinne will, also ein Tauschgeschäft Ware gegen Ware, dann muß man versuchen, russische Produkte zu finden, die man im Ausland vermarkten kann, um auf diese Weise das nötige Kapital bereitzustellen. Die klassische Einnahmequelle Rußlands ist Erdöl und Erdgas. Diese Rohstoffe wurden früher nur zentral über Moskau verkauft. Heute ist das anders. Die Regionen haben das Recht, einen bestimmten Anteil in Eigenregie loszuschlagen, und in Jaroslawl befindet sich eine der größten Erdölraffinerien der Welt.

Das Gemeinschaftsunternehmen, an dem auch staatliche Organisationen beteiligt waren, bot den entscheidenden Vorteil, daß man diejenigen, die über Exportlizenzen für Erdöl zu befinden hatten, und diejenigen, die sich auf dem internationalen Markt auskannten, unter einem Dach beisammenhatte. Auf diese Weise vermarktete Grass 380 000 Tonnen Massud – das ist das schwefelhaltige Heizöl, das bei der Destillation des russischen Öls anfällt und noch mal raffiniert werden muß. Er wickelte das Geschäft über den Schwarzmeerhafen Odessa ab, damals Inland, heute Ausland. Käufer war eine Raffinerie in Italien. Unter der Aufsicht der »Vneschekonombank«, der Außenhandelsbank der Sowjetunion, wurde in Deutschland ein Konto eingerichtet, auf das der Erlös floß. Nun konnte man darangehen, die Maschinen für die Nudelfabrik zu kaufen, zu liefern und zu montieren. Diese Fabrik mußte ich mir an Ort und Stelle anschauen, soviel war klar.

»Wollen Sie noch mehr wissen?« schmunzelt Gerd Grass, der über das allgemeine Chaosgerede nur den Kopf schüttelt. Geschäftlich scheitern kann man überall, dazu muß man nicht nach Rußland gehen. Die örtlichen Gegebenheiten einbeziehen, keine fertigen Modelle mitbringen und die Russen beteiligen – nur so funktioniert es. »Wir meinen immer, wir müssen denen unsere DIN-Normen aufdrücken, das ist falsch«, so kommentiert Grass sein Prinzip, alle Projekte von mit Deutschen und Russen paritätisch besetzten Teams ausarbeiten zu lassen. Und man muß unbedingt vor Ort. Von Deutschland aus fernsteuern, das geht nicht. Er bringt es auf den Punkt: »Die kommen nie zu einem Geschäft mit Rußland, die – wichtig, wichtig – heute einfliegen und übermorgen wieder zurückjetten.« Eine Dienstreise, die weniger als eine Woche dauert, kommt für sein Unternehmen nicht in Frage. Und seine Mitarbeiter wissen, daß er es gerne sieht, wenn sie noch das Wochenende dranhängen. Man muß Vertrauen schaffen, man muß auch mal gemeinsam Freizeit verbringen. Wer Wirtschaft isoliert betrachtet und glaubt, auf soziale und politische Kontakte verzichten zu können, der muß sich nicht wundern, wenn Aktivitäten scheitern. So läßt sich sein Geschäftsprinzip umreißen.

»Das ist *der* Zukunftsmarkt für uns Deutsche«, sagt er

plötzlich mit einem emotionalen Engagement, das ich diesem Prototyp eines coolen Geschäftsmannes gar nicht zugetraut hätte. Es freut mich, beweist es doch mal wieder, daß wirtschaftlicher Erfolg nicht eine Sache meßbarer Daten allein ist. Die Einstellung, der Wille, Sympathien, persönliche Erfahrungen sind viel wichtiger für Erfolg oder Mißerfolg, als viele zugeben wollen.

Es sind ja auch selten objektiv meßbare Daten, die Kursentwicklungen an der Börse beeinflussen, sondern es sind Stimmungen, Trends, Psychospielchen.

Ich will natürlich noch mehr wissen, und Gerd Grass erzählt von einer weiteren Lebensmittelfabrik, die Milchprodukte und Babynahrung herstellen soll. Ein ziemlich dicker Brokken. Die geplante Anlage hat einen Wert von etwa einhundert Millionen Mark. In diesem Fall soll das mit der Finanzierung so gehen: Die russische Regierungskommission, die über Devisenkredite entscheidet, hat sich bereits für diese Anlage ausgesprochen und die erforderlichen Mittel zugesagt. Der russische Staat seinerseits sichert sich durch einen sogenannten Rückvertrag, bei dem das Gebiet Jaroslawl die Haftung für diese Summe übernimmt, und zwar nach einem fiktiven Rubelkurs, der als Verrechnungseinheit dient. Dieser Betrag muß im Haushaltsplan des Gebietes ausgewiesen sein. Im Falle dieser Anlage werden sich an der Rückhaftung noch zwei Nachbargebiete beteiligen, weil es für Jaroslawl allein eine Nummer zu groß ist. So weit die russische Seite. Von deutscher Seite hakt es zur Zeit, weil die Kriterien für Bürgschaftszusagen der Hermes-Kreditversicherung bekanntlich sehr verschärft wurden. Achtzig Prozent des entsprechenden Geschäftsvolumens müssen über Betriebe der neuen Bundesländer abgewickelt werden, was im vorliegenden Fall aus technologischen Gründen schwierig bis unmöglich ist.

Gerd Grass zückt die nächste Visitenkarte mit seinem Namen und fragt: »Noch was?« Wenn es denn noch etwas an Aktivitäten gibt, möchte ich das selbstverständlich wissen. In der riesigen Jaroslawler Raffinerie hatte sich vor ein paar Jahren ein schweres Explosionsunglück ereignet, daran kann ich mich auch noch gut erinnern. Ein ganzer Werksteil zur Weiterverarbeitung von Benzin war in die Luft geflogen. Grass hatte ein Konsortium gegründet, das auf der Basis einer amerikanischen Lizenz zur Herstellung von Superbenzin die Jaroslawler Raffinerie modernisieren will. Dann könnten die Russen aus minderwertigem Benzin Super herstellen – für den Export weit günstiger als der im Vergleich billige Rohstoff Erdöl. Das Projekt ist noch gigantischer und hat eine finanzielle Größenordnung von 400 Millionen Mark. Beteiligt waren zunächst nur Grass, die Thyssen AG, eine Berliner Privatbank und staatliche russische Stellen. Dann bezog man Japaner mit ein, die aufgrund guter Erfahrungen mit Thyssen von diesem großen Projekt überzeugt und als Hauptkreditgeber gewonnen werden konnten. 1996 soll die Anlage betriebsbereit sein, und nach einer sechsmonatigen Schonzeit beginnt die auf drei Jahre angelegte Rückzahlung des Kredits, die durch den Export des neugewonnenen Superbenzins finanziert wird. Die 20 Millionen, die man braucht, um beginnen zu können, liegen durch Ölverkäufe erwirtschaftet bereit, und die letzten Hindernisse wurden 1993 auf dem Weltwirtschaftsgipfel in Tokio beseitigt.

Gerd Grass ist natürlich auch voll in die Konversion eingestiegen. Über Jaroslawler Kontakte hat er einen Rüstungsbetrieb in der Nachbarstadt Rostow Welikij gefunden, in dem bislang Laserkanonen und Nachtsichtgeräte produziert wurden und der jetzt trotz guter Ausrüstung und qualifizierten Personals größte Schwierigkeiten hat zu überleben. Bei Thyssen und AEG hat Grass Produktionseinrichtungen gesammelt, deren Einsatz sich in Deutschland nicht mehr lohnt. Nun produziert das Werk in Rostow Kaffeeautomaten und Staubsauger.

Das Prinzip wiederholt sich immer wieder: Das Unternehmen Grass entwickelt ein Projekt, tut sich frühzeitig mit einer Firma zusammen, die an der Ausführung interessiert ist, betreut das Ganze bis zum definitiven Auftrag inklusive

Finanzierung und läßt das Geschäft dann durch Russen und Deutsche gemeinsam abwickeln.

Seit Mitte 1992 ist Gerd Grass Mercedes-Generalimporteur für die Region Jaroslawl. – Langsam wird mir klar, warum er einen Großteil seiner früheren Firmen abgestoßen hat. Das Pensum wäre sonst wohl kaum zu bewältigen gewesen. Er hat in einer großen Ausstellungshalle in Jaroslawl immer etwa vierzig Gebrauchtwagen stehen. Dank seiner guten Beziehungen ist es ihm gelungen, eine Art Mini-Freihandelszone einzurichten. Die Zollgebühr fällt erst an, wenn ein Auto tatsächlich verkauft wird, nicht schon bei Einfuhr an der Grenze. Mit der Deutschen Bank und entsprechenden russischen Stellen hat er Wege gefunden, so erzählt er mir, daß die Einzahlungen innerhalb von drei Stunden einem deutschen Konto gutgeschrieben werden, und zwar für eine Gebühr von einem Prozent der Summe statt früher sieben. Solche Transaktionen werden per Satellit abgewickelt. Inzwischen ist Grass auch an einer Bank in Rußland beteiligt. Es gibt viele Bereiche, wo er oder seine Firmen mitmischen. Acht Polizeifahrzeuge hat er nach Jaroslawl gebracht, Mercedes natürlich, und im März dieses Jahres hat er eine medizinische Notfallstation mit einem komplett ausgestatteten Notarztwagen eingerichtet.

Gerd Grass fährt längst auch privat nach Jaroslawl und macht in der wunderschönen Gegend Urlaub. Sein Netzwerk hat es in sich: Der Präsident der Nordrussischen Eisenbahn sitzt im Aufsichtsrat einer seiner Firmen, ein Mitglied des Obersten Sowjet ist Direktor bei einer anderen, und der Erzbischof von Jaroslawl und Rostow, Platon, hat ihn bereits zu Hause in Kassel besucht.

Sein neuestes Projekt bezieht sich auf russische Industriediamanten, die er weltweit verkaufen will. »Die Russen haben auch eine tolle Technologie, sie vermarkten sie nur schlecht«, meint er. Und um den Westlern verständlich zu machen, was in Rußland abläuft: »Stellen Sie sich vor, Sie sollen ab morgen in Kommunismus machen, das geht nicht, aber genau das erwarten wir umgekehrt von den Russen, und zwar von jetzt auf gleich.«

Grass arbeitet intensiv mit Leuten aus der ehemaligen DDR zusammen. »Deren Vergangenheit ist uns egal«, sagt er, »die dürfen nur nicht kriminell sein.« Er hält den westdeutschen Umgang mit ostdeutscher Vergangenheit für heuchlerisch, und ich stimme ihm zu. Ich würde so gerne diejenigen fragen, die sich moralisch so sehr über fehlende Zivilcourage anderer ereifern, wann sie sich das letztemal getraut haben, ihrem Chef die Meinung zu sagen.

Zum Schluß unseres Gespräches betont Grass, wie wichtig die Städtepartnerschaft und diejenige zwischen dem Land Hessen und dem Gebiet Jaroslawl seien. Die Entwicklung der Region sei von Anfang an im hessischen Landtag massiv unterstützt worden, man habe vom Land und von der Stadt Kassel aus russische Verwaltungsangestellte geschult, beim Aufbau einer Industrie- und Handelskammer geholfen, man habe sich über Umweltschutz ausgetauscht. »Wenn das Umfeld stimmt, dann wird die Projektentwicklung viel leichter«, meint Grass.

Für die Städtepartnerschaft ist auf Kasseler Seite Carola Jantzen zuständig. Ihre Stelle ist im Amt des Oberbürgermeisters angesiedelt, und zu ihrem Aufgabenbereich gehört die Betreuung aller möglichen Außenkontakte, wobei ich den Eindruck habe, daß ihr Jaroslawl besonders am Herzen liegt. Ihr Arbeitspensum und die Dotierung ihrer Stelle stehen in krassem Mißverhältnis, was ihrer Motivation keinen Abbruch zu tun scheint. Sie wirbelt auf eine ruhige Art – das geht! – und redet mich schwindlig mit all den Kasseler Aktivitäten.

Fünf russische Ingenieure sind von Firmen eingeladen, ein halbes Jahr auf der Großbaustelle des VW-Werkes Baunatal ein Praktikum zu absolvieren. Nach Jaroslawl reisen zu Schulungszwecken im Laufe des Jahres 1993 Mitarbeiter aus der Finanz-, Stadt- und Schulverwaltung, Heimleiter, Bankfachleute, eine Gruppe, die über soziale Sicherung im Krankheitsfall, über Krankenkassen und Hausarztwesen informiert, sowie Feuerwehrleute. Drei Frauen aus dem Jaroslawler Gartenamt machen eine Woche im Gartenamt der Stadt Kassel mit, und eine Gruppe Lokaljournalisten hat man auch eingeladen. Zwei russische Orthopäden erhalten zwei Wochen lang Einblicke in orthopädische Kliniken in und um Kassel, das Kinderkrankenhaus Park Schönfeld plant in Kassel für den Herbst einen Kongreß, zu dem drei Kinderärzte und zwei Krankenschwestern aus Jaroslawl eingeladen sind, und die städtischen Kliniken bilden einen Jaroslawler Facharzt für Dialyse an den Geräten aus, die in gleicher Ausführung mit einem Hilfskonvoi nach Jaroslawl gegangen sind.

Kassel hat regelmäßig umfangreiche Transporte dieser Art organisiert. Hilfslieferungen nach dem Gießkannenprinzip wurden allerdings schnell eingestellt und durch gezielte Transporte ersetzt. Man hat es auch mit Wunschlisten versucht, wurde dabei allerdings zuweilen vom Umfang erschlagen, der finanziell nicht zu bewältigen war.

Sportliche und kulturelle Kontakte können sich sehen lassen. Da beteiligen sich die Kasseler Handballfrauen am Turnier zu Ehren von Valentina Tereschkowa, der russischen Kosmonautin, und eine Kasseler Jazzband am »Wolga-Festival«, um nur zwei Punkte der langen Liste herauszugreifen. Reservisten der Bundeswehr sind zur Eröffnung des Veteranenkrankenhauses nach Jaroslawl gefahren und sorgen dafür, daß sich fünf Kinder mit Lungenerkrankungen vier Wochen im Kurort Bad Sooden-Allendorf erholen können. Deutsche Zivildienstleistende helfen beim Aufbau des Tolgaklosters. Der Volksbund Deutsche Kriegsgräberfürsorge steht in Verhandlungen mit Jaroslawl, um dort einen Friedhof für deutsche Zwangsarbeiter herzurichten. Kasseler und Jaroslawler Frauenverbände besuchen sich gegenseitig, und der Austausch von Studenten und Schülern wird sehr intensiv betrieben.

Das interessiert mich besonders, und Carola Jantzen organisiert einen Termin im Herdergymnasium, das seit 1988 eine Partnerschaft mit der Puschkinschule Nr. 43 in Jaroslawl unterhält. In regelmäßigen Abständen verbringen Schüler aus Kassel jeweils zwei Wochen bei Jaroslawler Familien und umgekehrt. Die Sprachprobleme werden dadurch etwas gemildert, daß die Schule Nr. 43 – genau wie die anderen beiden, die Partnerschaften mit Kasseler Gymnasien eingegangen sind – Deutsch als Schwerpunkt anbietet.

Vierzehn Tage sind natürlich nicht sehr viel, aber ich sehe ein, was mir ein Lehrer erklärt, der für die Organisation zuständig ist. Wenn man die Schüler in Familien und nicht wie zu Beginn in Jugendherbergen oder Hotels unterbringen will, dann kann man vor allem den russischen Gastfamilien mehr als zwei Wochen nicht zumuten. Zum Teil werden Omas oder gar Väter ausquartiert, um dem deutschen Gast genügend Platz anbieten zu können, und 1990/91 spielte auch die angespannte Versorgungslage eine Rolle. »Der Nachteil ist natürlich«, so der Lehrer, »daß man praktisch eine relativ künstliche Gastfreundschaft erlebt.«

Mark, einer der Schüler, der 1992 in Jaroslawl war, schaltet sich ein und erzählt, daß er mit der Herzlichkeit gleich zu Beginn seine Schwierigkeiten hatte. »Du bist empfangen worden, als wärst du schon seit ewigen Zeiten ein Teil der Familie. Das hat mich am ersten Abend doch ziemlich mitgenommen.« Mark hatte sich keine besonderen Gedanken über Rußland oder die Sowjetunion gemacht, als ihn eines Tages sein Lehrer fragte, ob er nicht auch mitkommen wollte nach Jaroslawl. Mark hat eine Woche überlegt, dann stand sein Entschluß fest. »Ich muß sagen, ich war eigentlich mal gespannt darauf, was einen da so erwartet in Rußland, man kannte es ja nur aus dem Fernsehen, alles schlecht, und man kann auch nichts kaufen und so.«

Ob er eine solche Reise weiterempfehlen könne, möchte ich von Mark wissen. »Auf jeden Fall. Ich finde es wichtig, daß man das mal gesehen hat, daß man wirklich auch mal einen positiven Eindruck von diesem Land gewinnt. Und daß es auch Hoffnung gibt, das hat mir ganz gut gefallen. Aber ich würde empfehlen, daß man das ein bißchen aus dem privaten

Sektor sieht und nicht nur als Tourist.« Sein Austauschpartner, mit dem er eine Zeitlang einen Briefwechsel aufrechterhalten hat, war 1990 bereits in Kassel, und da beide Seiten versuchen, immer neue Schüler ins Spiel zu bringen, ist ein Wiedersehen nur auf privater Ebene möglich.

Sebastian stammt aus der DDR und ist mit der Erwartung nach Rußland gegangen, sich den »großen Bruder« mal genauer anzuschauen. »Ich hatte damals, zu DDR-Zeiten, nicht die Möglichkeit, nach Rußland zu fahren, und ich bin jetzt dort aufgenommen worden – ja eigentlich als Wessi. Das hat mich ein bißchen gestört, daß man da hinkam und so als der große König behandelt wird. Diese übernatürliche Gastfreundschaft. Die haben sich wirklich ein Bein ausgerissen, daß sie mir jeden Abend drei, vier Gänge auftischen konnten. War gar nicht nötig.«

Ines, die mittlerweile in Heidelberg studiert, aber heute zufällig in der Schule ist, kommt ebenfalls aus der DDR und hat im Gegensatz zu Sebastian den direkten Vergleich, da sie Rußland mehrfach besucht hat. »Ich bin als Wessi eindeutig besser behandelt worden als damals als Ossi.« Ich frage sie, ob sie das denn mal angesprochen habe. Hat sie nicht. »Ich glaube, das wäre verletzend gewesen«, sagt Ines, »ich habe mir innerlich meinen Teil gedacht, auch mit Leuten von uns ein bißchen darüber gesprochen, aber ich wollte denen das wirklich nicht so ins Gesicht knallen. Ich war dankbar für alles, was sie mir geboten haben, und da fand ich das irgendwie nicht gerecht. Ich hab' praktisch Vergangenheit Vergangenheit sein lassen.«

Mir fällt ein, daß ich im Sommer 1988 eine Reportage über den Dreiklassenurlaub auf der Krim gemacht habe: für die Devisenbringer aus dem westlichen Ausland alles, für das Brudervolk aus der DDR kaum etwas und für die eigenen Leute, die Sowjetbürger, am wenigsten. Ich kann mich an Gespräche mit Menschen aus der DDR erinnern, die tief verletzt waren, daß sie in den für die Sowjetunion wirtschaftlich schwierigen Zeiten so brutal zurückgesetzt wurden. Die besseren Zimmer, das bessere Essen war plötzlich nur noch für diejenigen da, die mit »richtigem Geld« bezahlen konnten.

»Von meinen Eltern kenne ich das«, erzählt Sebastian. »Die haben früher am Schwarzen Meer Urlaub gemacht, und die hatten das gleiche Problem wie Ines.« Sebastian versucht zu erklären, daß man für ihn nicht so einen Aufwand zu treiben brauchte: »Es gibt nun mal Unterschiede zwischen Ost und West. Mich hätte es nicht gestört, wenn ich anderes Essen bekommen hätte.« Ich frage, ob er unter den Umständen dieses Land für sich persönlich nicht einfach abhakt. Aber weit gefehlt. Sebastian fängt regelrecht an zu schwärmen von der Schönheit der Landschaft, der Dimension des Landes und will weitere Besuche nicht ausschließen.

Neben mir sitzt ein dunkelhaariger Junge, über dessen Herkunftsland ich noch rätsele, als er sich vorstellt. Er heißt Abdullah, lebt seit sieben Jahren mit seinen Eltern in Deutschland und stammt aus Afghanistan. Ausgerechnet. Ein afghanischer Austauschschüler in Rußland ist schon etwas Besonderes. »Ich hatte ganz andere Vorstellungen«, sagt Abdullah, »ich dachte, weil ich doch aus Afghanistan komme, es könnte Probleme geben, weil die Familie vielleicht auch ein Opfer im Krieg zu beklagen hatte. Und als ich erfuhr, daß der Vater meiner Gastfamilie ein hoher Offizier beim Militär war, hatte ich fast ein bißchen Angst. Aber es gab keinerlei Probleme.« Abdullah erzählt, daß sie auch intensiv über Politik geredet haben – durchaus nicht selbstverständlich, wie mir andere Schüler und Schülerinnen sagen – und daß der Vater von sich aus auf den Krieg in Afghanistan zu sprechen kam. »Der hat selbst einfach so zugegeben, daß die Russen den größten Teil der Schuld daran haben«, stellt Abdullah noch heute ganz verwundert fest, »damit hätte ich nie gerechnet.«

Ich frage Abdullah nach der Reaktion seiner Eltern, ob die sich keine Sorgen gemacht hätten, als sie von der geplanten Klassenfahrt nach Rußland erfuhren. Seine Eltern waren in der Tat anfangs dagegen. »Als ich dann schon nicht mehr wollte«, sagt Abdullah, »weil ich es leid war, da haben sie plötzlich gesagt, vielleicht sollte ich doch besser fahren, und dann haben sie mich überredet.« Abdullah erzählt, daß er plant, in den nächsten Sommerferien seine Gastfamilie privat zu besuchen. Wegen der bürokratischen Formalitäten bei einer privaten Einladung steht sein Plan aber noch auf etwas wackligen Füßen.

Ich frage ihn, ob er sich nach seinem Besuch mehr für die Berichterstattung aus Rußland interessiert und was in seinem Kopf vorgeht, wenn er im Fernseher Bilder von kommunistischen Demonstrationen sieht. »Manchmal habe ich Angst«, sagt Abdullah, »wenn man hört, daß nicht wenige die alte Sowjetunion wiederhaben wollen. Da denke ich dann schon, es könnte ein Bürgerkrieg ausbrechen zwischen den alten Kommunisten und den Leuten, die für die Marktwirtschaft sind. Aber als ich selbst dort war – zu spüren war das nicht.«

Über deutsche Politik wurde auch gesprochen. Abdullahs Gastfamilie wollte wissen, wie es sich als Ausländer in Deutschland lebt. »Die haben mich gefragt, ob es wirklich so schlimm ist, daß Deutschland wieder zu einem Staat wie das Dritte Reich werden könnte«, berichtet Abdullah, »aber ich hab' ihnen gesagt, daß das eigentlich nicht mehr passieren kann.«

Johanna schaltet sich ein und erzählt, daß es viele Situationen gegeben habe, wo sie nicht recht wußte, wie sie sich verhalten sollte. »Sie haben mich zum Beispiel einmal abends gefragt, ob ich zu Hause in Deutschland anrufen möchte, und ich habe gesagt: Nein, ist nicht nötig, ich hab' schon ein Telegramm geschickt. Sie haben mich an dem Abend dann noch ein paarmal gefragt, und erst später wurde mir klar, daß sie das Telefongespräch wahrscheinlich schon längst angemeldet hatten, wegen der langen Wartezeit. Das war mir dann so unangenehm, die hatten für mich so einen Aufwand getrieben, und ich hab's nicht angenommen.«

Johannas Gastfamilie hat drei Kinder, und die Wohnung ist relativ klein. Also hat Johanna im Schlafzimmer der Eltern übernachtet, und die sind solange ins Wohnzimmer gezogen.

»Das war für sie so selbstverständlich«, meint Johanna, »für mich war es ein tolles Erlebnis.« Aber sie vermutet, man bekomme weder als Tourist noch als Gastschüler das richtige Bild von Rußland: »Ich kann mir nicht vorstellen, daß die Familien auch sonst all das haben, was sie uns in dieser Zeit auftischen.«

Auch von ihr möchte ich wissen, wie ihre Eltern auf die Reisepläne reagiert haben. »Ich bin nach Hause gekommen, hab' gesagt: Ich will nach Rußland fahren«, erzählt Johanna selbstbewußt. »Da haben sie mich zuerst mal groß angeguckt, dann darüber nachgedacht und gesagt: Ja, wenn du meinst, dann geht das in Ordnung.«

Bei Tanja war das etwas anders. »Mich hat die Ablehnung durch meine Eltern und meine sonstige Umgebung bestärkt, nach Rußland zu fahren«, sagt sie. Ihre Freundinnen seien beinahe entsetzt gewesen; wie könne man freiwillig in dieses heruntergekommene Land reisen! Die russische Gastfreundschaft hat auch Tanja erschlagen. »Ich habe es manchmal als etwas unangenehm empfunden«, sagt sie vorsichtig, »ich hab' wirklich jeden Tag etwas geschenkt bekommen, von einem Buch bis zum Samowar am Schluß.« Tanjas Gastfamilie löste das Platzproblem so, daß der Vater für die Zeit zu Verwandten zog, Mutter und Tochter im Wohnzimmer nächtigten und Tanja das Schlafzimmer überlassen wurde.

Es ist für mich interessant zu hören, daß die sprichwörtliche russische Gastfreundschaft, von der die meisten Touristen schwärmen, die nicht nur die Hotels erleben, den Schülerinnen und Schülern überwiegend auf die Nerven fällt. Daß es die jungen Menschen als bedrückend und in einigen Fällen als nicht ganz echt empfinden, liegt möglicherweise daran, daß sie ja gar keine Chance hatten, sich gegenseitig kennenzulernen. Sie und die Gastfamilien sind einander verordnet worden. Vielleicht hat es etwas mit dieser verkrampften Ausgangssituation zu tun: wildfremden Menschen in relativ kurzer Zeit einen möglichst guten Eindruck vermitteln zu wollen.

Ich hinterlasse eine gewisse Ratlosigkeit mit diesem Einwand, es entsteht eine kleine Pause, bis Janna das Wort ergreift. »Bei mir lief das anders«, erzählt sie. Sie kannte Jelena, ihre russische Partnerin, weil diese 1990 in Jannas Familie zu Gast war. »Mein Freundeskreis hat sie damals nicht akzeptiert«, erzählt sie, »nur weil sie Russin war und ein bißchen anders aussah. Da hieß es dann, ob sie zum Maskenball ginge, weil sie so komisch angezogen herumliefe.« Janna ärgert sich heute noch über diese Reaktion. Sie selbst wollte eigentlich nicht nach Jaroslawl, »aber meine Mutter war ganz entzückt von Jelena und meinte, ich müßte da einfach hin. Ich hatte – ehrlich gesagt – ein bißchen Angst.« Wovor, frage ich sie. »Ich weiß nicht, ich wußte ja nicht, was mich da erwartet. Es wäre mir lieber gewesen, Jelena hätte mich noch mal zu Hause besucht.«

Ich stelle an die Runde die Frage, ob jemanden irgend etwas besonders überrascht habe, etwas, das man so in Rußland nicht erwartet hätte, ganz gleich, ob in positiver oder negativer Richtung. Darauf erzählt Janna folgende Geschichte: Sie und Mark haben abends mit ihren jeweiligen russischen Partnern in der Wohnung von Jannas Gastfamilie zusammengesessen, ein paar Nachbarn waren auch dabei. »Plötzlich holt einer eine Videokamera«, sagt Janna, »das hat mich fast geschockt, weil ich dachte, das sind so Sachen – wie können die sich das anschaffen?« Aber das war noch nicht alles. Weil Jannas Eltern eine Kopie der Kassette haben wollten, holten sie den zweiten Videorecorder aus dem Schrank und überspielten sie. »Ich muß sagen, ich kann das bei mir zu Hause nicht«, meint Janna, »ich habe auch keine Videokamera.« Jelenas Vater sei zwar ein hohes Tier in der Finanzverwaltung mit Dienstwagen und Chauffeur, räumt Janna ein, aber trotzdem habe sie damit nicht gerechnet. Es habe sie auch gewundert, wie viele der russischen Jugendlichen Kassettenrecorder oder Walkmen besessen hätten.

Mark spricht einen ganz anderen Punkt an: »Ich könnte mir vorstellen, für eine begrenzte Zeit dort zu arbeiten. Was man da alles gesehen hat, das Land ist einfach so interessant, man kann auch soviel lernen.« Ich frage nach, denn in der Regel herrscht doch die Vorstellung, Russen müßten von Deutschen lernen und nicht umgekehrt. »Also, ich finde, die ganze Lebenseinstellung ist anders als bei uns«, beginnt Mark, »es ist alles etwas ruhiger, nicht so hektisch. Ich hab' manchmal das Gefühl gehabt, na ja, wenn es heute nicht ist, dann wird's halt morgen, und das ist schon der erste Punkt, wo wir uns was abgucken könnten.«

Helge kommt ins Zimmer, der bis jetzt noch einen Test geschrieben hatte, und ich überfalle ihn gleich mit der Frage nach der möglichen Diskrepanz zwischen Erwartungshaltung und Realität. Er erzählt, daß er durch seine Mutter, die als Russischlehrerin arbeitet, gut vorbereitet gewesen sei. Allerdings war die Gastfreundschaft noch herzlicher, als er erwartet hatte. Aber Helge fühlte sich nicht erdrückt. Sein Kommentar dazu: »Ich war in Frankreich, in den USA, in England, aber ich bin noch nie so nett aufgenommen worden wie in Rußland. Das war total klasse.« Helge schwärmt auch von seinen ausgedehnten Spaziergängen durch die Stadt: »In Moskau, als Tourist, da kann man ja fast keinen Schritt tun, ohne daß man von irgendwelchen Leuten belagert wird, die einem was verkaufen wollen. Aber in Jaroslawl, da konntest du dir in Ruhe alles begucken und bist nicht pausenlos angequatscht worden.«

Auf ihrem Weg nach Jaroslawl machen die Schülergruppen ein, zwei Tage Station in Moskau und können so auch ein bißchen Hauptstadt schnuppern. Helge zeigt sich im nachhinein noch schockiert von der Riesenschlange vor dem Karstadt-Geschäft im Moskauer Kaufhaus GUM. »Da wird mir schlecht«, sagt er, »weil man weiß, daß man selbst auch zu einem gewissen Teil dazu beigetragen hat, weil man in Deutschland lebt und weil Deutschland auch mit daran schuld ist, daß das da so schlecht läuft.« Ich frage ihn, wie er das meint. »Ich meine, der Dritten Welt geht es ja auch schlecht, weil es uns gutgeht. Das ist auch ein Verteilungsproblem, denke ich. Und da wird einem endlich mal bewußt, daß man – auch wenn man keinen so dollen Job hat – hier bei uns wie die Made im Speck lebt.«

Helge sagt, daß ihn dieser Aufenthalt zufriedener und dankbarer gemacht hat, »weil man sieht, wie es einem auch gehen könnte, wenn man zufällig woanders geboren worden wäre«. Seit seinem Rußlandbesuch geht Helge bewußter mit Lebensmitteln um, erzählt er, und ich schmunzle innerlich, weil ich seit meiner Moskauer Zeit auch mit den Dingen ganz anders haushalte, von denen wir im Überfluß haben, sei es etwas Eßbares oder ein Stück unbeschriebenes Papier. Helge lacht: »Alle haben vorher gesagt: Du wirst verhungern in Rußland. Und als ich wiederkam, hatte ich drei Kilo zugenommen.«

Keiner der Schüler hatte den Besuch in Jaroslawl jedenfalls bereut, jeder würde eine solche Reise weiterempfehlen, und die meisten haben sich vorgenommen, auf die eine oder andere Weise noch einmal nach Rußland zu fahren. »Früher war Rußland für viele das Reich des Bösen«, sagt Helge, »ich glaube, das verschwindet immer mehr, und man hat einfach Lust, sich mal die Wirklichkeit mit eigenen Augen anzusehen. Ich kann das nur empfehlen.«

In Kassel scheinen das besonders viele bereits getan zu haben. Es gibt keine Statistik darüber, aber man trifft bei den unterschiedlichsten Gelegenheiten immer wieder Leute, die bereits ein- oder mehrmals privat in Jaroslawl waren und die dort geschlossenen Kontakte pflegen. Carola Jantzen macht mich auf einen Anfang 1993 gegründeten Verein aufmerksam, der sich »Partner für Jaroslawl« nennt. Sinn und Zweck dieses gemeinnützigen Vereins ist es, einerseits die städtischen Aktivitäten zu unterstützen, andererseits eine Art Auffangbecken zu sein für Menschen, die »irgend etwas mit Jaroslawl machen wollen«, sei es privat oder geschäftlich.

Als ich mich im Frühjahr 1993 mit einigen Vereinsmitgliedern treffe, planen sie gerade eine Informationsveranstaltung mit einem Fachmann der russischen Botschaft, der über neue

Visa- und Zollbestimmungen sprechen soll. Ansonsten kümmern sie sich auch um Hilfskonvois, wobei zu der Zeit intensiv darüber diskutiert wird, wie sinnvoll so etwas überhaupt ist. Lothar, einer aus dem Verein, sagt: »Auf die Gefahr hin, daß ich jetzt Widerspruch ernte – wenn man 23 Tonnen Mehl für 9000 Mark hier in Deutschland einkauft, dann macht das in etwa acht Mark für zwanzig Kilo. Wenn ich die Transportkosten draufrechne, dann lande ich bei etwa neun Mark, und soweit mir die Preise vor Ort bekannt sind, ist das teuer. Wenn man die neun Mark in Rubel umtauschen würde, dann könnte man an Ort und Stelle viel mehr damit anfangen.« Die anderen widersprechen nicht, und Lothar fährt fort: »Ich halte es überhaupt nicht mehr für sinnvoll, diese Care-Pakete zu pakken. Das wird alles einzeln gekauft und ist sehr teuer. Ein Lebensmittelpaket für fünfzig Mark – das ist nicht viel, dann kommt der Transport noch dazu, der möglicherweise gesponsert wird. Das ist nicht mehr im Sinne des Erfinders. Da bin ich der Meinung: lieber Bargeld. Zehn Mark im Monat an eine Familie. Das ist nämlich richtig viel Geld.«

Bärbel, die zweite Vorsitzende, erzählt von ihren bisherigen vergeblichen Bemühungen, so etwas auf die Beine zu stellen. »Ich höre von allen immer nur, das geht nicht, von Banken, von offiziellen Stellen. Aber das muß doch irgendwie zu organisieren sein.«

Lothar schaltet sich noch einmal ein: »Man muß sich etwas Effektiveres einfallen lassen und die riesigen Kosten sparen, die so ein Konvoi verursacht.« Dabei spricht Lothar im Grunde gegen seine ganz persönlichen Interessen. Er war einer der ersten, die ihren Jahresurlaub opferten, um Lkws mit Hilfsgütern nach Jaroslawl zu fahren, und es hat ihm einfach Spaß gemacht.

Martina weiß das und wirft zu Lothar rüber: »Mensch, stell dir vor, wir können nicht mehr fahren...« Allgemeines Gelächter. Wegen der Geldspenden will man sich mit Wolodja in Verbindung setzen, einem »Banker«, wie Martina sagt, der in einer Jaroslawler Agrarbank arbeitet. Jörg wendet ein,

Wolodja könnte damit überfordert sein, der habe ihm bei seinem letzten Besuch in Jaroslawl nicht mal Reiseschecks umtauschen können. Sie einigen sich darauf, das Thema beim nächsten Besuch anzusprechen.

Die Mitglieder des Vereins versuchen auch, Projekte anzuschieben, die nichts mit humanitärer Hilfe zu tun haben. Martina erzählt von einem Jaroslawler Textilunternehmen, das an einem Geschäft auf der New Yorker Fifth Avenue beteiligt sei, und reagiert auf meinen skeptischen Blick mit dem Nachsatz: »Das kann ich beweisen, die Unterlagen habe ich zu Hause.«

Martina ist durch Zufall an diese Sache geraten. Sie hat für eine Kasseler Bekleidungsfirma nebenbei ein wenig übersetzt und dabei erfahren, daß die in Riga produzieren läßt. »Und da hab' ich denen gesagt: Wieso Riga? Jaroslawl heißt die Partnerstadt von Kassel. Wieso geht ihr nicht dahin?« Martina hat dann Kontakt mit dem Direktor eines Jaroslawler Textilkombinats aufgenommen und dabei festgestellt, daß die auf den deutschen Auftrag nicht angewiesen sind – und eben im New Yorker Nobelviertel eine Verkaufsfiliale unterhalten. Martina hat sich das Kombinat in Jaroslawl angeschaut und war recht angetan vom betriebseigenen Lebensmittelladen, der ganz gut ausgestattet sei, und vom neugebauten Kindergarten des Werks.

Auch heikle Themen werden in Kassel nicht ausgespart, sondern ganz bewußt angegangen. Eine Gruppe Kasseler Bürger, die zum Antikriegstag 1989 zum erstenmal den sowjetischen Soldatenfriedhof in Herleshausen besucht hatte, um dort Blumen niederzulegen, stellte fest, daß dort vierzehn Russen aus Jaroslawl begraben liegen. Die Deutschen fahndeten nach den Angehörigen und fanden bisher drei Familien, die auf diese Weise nach so vielen Jahren die Todesnachricht von vermißten Verwandten erhielten. Für die einen erlösende Gewißheit nach jahrzehntelanger Quälerei, wie es dem Vater, Ehemann oder Bruder wohl ergangen sein möge, für andere Zerstörung einer Hoffnung. Eine Frau meinte, sie habe sich damit getröstet, daß ihr vermißter Onkel sicher irgendwo im Ausland glücklich lebe.

Die Kasseler Gruppe sorgte mit großem Engagement dafür, daß die Verwandten die Gräber ihrer Angehörigen in Herleshausen besuchen konnten. Bei Gegenbesuchen in Jaroslawl ergab sich ein Kontakt mit einem russischen Wissenschaftler, der über deutsche Kriegsgefangene forscht, und man hofft, auf diese Weise auch Aufschluß über vermißte Deutsche zu erhalten.

Verwundert oder gar entsetzt reagierten die Kasseler Bürger, als sie feststellten, wie viele ältere Russen in den Veteranenvereinen immer noch verinnerlicht haben, daß Kriegsgefangene Verräter sein müssen, so wie Stalin das verkündet hat. »Man nimmt Informationen über das schreckliche Los dieser Kriegsgefangenen einfach nicht wahr«, meint eine Frau aus der Gruppe.

Die Einstellung, daß es sich bei Kriegsgefangenen um Verräter handelt, hat sich bis zum Afghanistankrieg gehalten. Trotz gegenteiliger Bekundungen der offiziellen Stellen hatten viele junge Russen unbändige Angst, nach ihrer Entlassung aus der Gefangenschaft bestraft oder gar erschossen zu werden. Mit den Afghanistanveteranen unterhalten übrigens Kasseler Zivildienstleistende Kontakt. Eine besondere Erfahrung, wenn junge Menschen zum erstenmal mit gleichaltrigen Kriegsteilnehmern sprechen können, wo sie sonst vom Krieg doch allenfalls durch die Väter- oder Großvätergeneration hören.

Carola Jantzen versucht den Überblick zu behalten, was schwierig ist bei der Vielzahl der privaten Initiativen, und die auf Städte- wie auf Landesebene laufenden Programme sind nicht immer optimal koordiniert. Von ihrem letzten Jaroslawlbesuch ist sie mit zwiespältigen Eindrücken zurückgekehrt. Sie erzählt mir ein Beispiel, das sie irritiert hat: Wegen insgesamt vier Dialysegeräten, die in Kassel ausgemustert und nach Jaroslawl geschickt worden waren, gab es einen Besprechungstermin mit Ärzten, ob alles gut angekommen und funktionsfähig sei. »Die haben das fast als Beleidigung empfunden«, erzählt Frau Jantzen. Einer der Ärzte habe knallhart formuliert, das sei nicht gerade der neueste Stand der Technik; sie hätten soeben die modernsten schwedischen Exemplare aus Moskau bekommen, und zwar acht Stück. Es ist nicht leicht, das Richtige zu tun. Auf der einen Seite fehlen Gummihandschuhe und Einwegspritzen, auf der anderen Seite sind ältere Dialysegeräte nicht gefragt.

Überwältigt hat sie die Geschäftigkeit, die ihr diesmal überall begegnet ist. Im Speisesaal des Hotels hat sie Ostdeutsche getroffen, die sich um eine Abfallanlage in Jaroslawl kümmern, einen Holländer, der in einem Gemeinschaftsunternehmen Lacke und Farben produzieren möchte, und von einem russischen Bekannten hat sie erfahren, daß er auf die Schnelle fünf englische Dolmetscher auftreiben mußte, weil mehr ausländische Gäste in der Stadt Gespräche führen wollten, als die Verwaltung betreuen konnte.

Auf nach Jaroslawl!

»Rußlands Stern« kommt aus Untertürkheim

Marktwirtschaft in Jaroslawl

Feiertage sind den Russen heilig, noch heiliger als den Deutschen. Über Mangel an Feiertagen brauchen sich die Russen nicht zu beklagen, die Deutschen auch nicht – mit oder ohne Pfingstmontag. Es gibt allerdings einen entscheidenden Unterschied darin, wie man mit beweglichen Feiertagen umgeht. Wenn der 1. Mai auf einen Samstag fällt, wie es 1993 der Fall war, dann haben die Deutschen eben Pech. Die Russen disponieren um und verlegen zwar nicht den 1. Mai, aber immerhin den arbeitsfreien Feiertag auf den darauffolgenden Montag. Und da das Wochenende durch den Feiertag irgendwie in Mitleidenschaft gezogen wird, hängt man den Dienstag auch gleich noch dran. Es fällt mir schwer, diese Rechnung nachzuvollziehen, aber von Samstag, dem 1., bis Dienstag, dem 4. Mai, blieben Behörden und Betriebe in Rußland geschlossen.

Nun folgt dem arbeitsfreien 1. Mai der bedeutungsvolle 9. Mai, der Tag des Sieges, auch ein Feiertag, der unpraktischerweise 1993 auf einen Sonntag fiel – an dem man im übrigen in diesem Jahr zum erstenmal den westlichen Muttertag übernommen hatte. »Da die Belegschaft – im Gegensatz zu früher – heute das Sagen hat«, meint ein russischer Bekannter, »stimmt die in den meisten Betrieben ab, wie sie es mit den Feiertagen diesmal halten.« Unterm Strich kam also bei zwei Festtagen, die jeweils auf ein ohnehin arbeitsfreies Wochenende fielen, eine ganze Woche Kurzurlaub heraus, weil es sich schließlich für den übriggebliebenen Mittwoch auch nicht lohnte, zur Arbeit zu gehen.

In dieser Zeit fahren wir nach Jaroslawl. Es ist Sonntag, der 2. Mai, die Sonne scheint fast sommerlich warm, und erst die vielen Schneereste unterwegs erinnern daran, daß sich der Winter noch kaum verabschiedet hat. Am Sonntag sind auch in Rußland nur wenige Lkws unterwegs. Das hilft auf Landstraßen, wo man schlecht überholen kann. Der erste Teil der Strecke gleicht allerdings eher einer Autobahn, und es ist mir fast peinlich zu sagen, daß sie von einer deutschen Firma erstellt wurde.

Wir *sehen* unterwegs nicht nur Menschen, die mit Reifenwechsel beschäftigt sind – ich hab' vergessen zu zählen, wie viele es waren –, unser eigenes Auto bleibt auch nicht von einem platten Reifen verschont. Zum Glück haben wir ein funktionsfähiges Reserverad dabei. Die Frage ist, wie wir dann an einen Ersatz für die Rückfahrt kommen – es sind ja Feiertage, von allen anderen denkbaren Schwierigkeiten abgesehen. Bis Jaroslawl werden wir es schon schaffen, zwei Reifenpannen hintereinander sind unwahrscheinlich.

Wenn man, von Moskau kommend, nach Jaroslawl hineinfährt, diese Stadt mit etwa 700 000 Einwohnern – vor knapp drei Jahren waren es noch 100 000 weniger –, dann fällt zuallererst die riesige Raffinerie auf, die sich an der Straße entlangzieht. Es ist eine der größten der Welt. Unmittelbar danach beginnen die Wohnhochhäuser, ähnlich denen in den Moskauer Vorstädten, aber besser in Schuß und gepflegter. Insgesamt wirkt Jaroslawl relativ sauber und aufgeräumt. Das liegt nicht nur an der Sonne und der Feiertagsstimmung. Aber ein solcher Sonntag eignet sich natürlich gut, auf einer Parkbank sitzend Studien zu machen.

Wer in russischen Provinzstädten immer noch vornehmlich ärmlich gekleidete oder verhärmt aussehende Menschen vermutet, sollte mal durch Jaroslawl spazieren. Die Kleidung ist für unseren westlichen Geschmack zwar oft mehr solide als chic, aber was heißt das schon. Modische Jeans, Leggings, Stretch-Minis – danach sieht sich heute niemand mehr um.

Auf der Wolgapromenade spazieren Großeltern mit ihren Enkelchen, vorbei an einer Gruppe junger Leute, die mit zwei Gitarren am Ufer sitzen und Musik machen, melodischen Rock, mehrstimmig gesungen. Die könnten genauso im New Yorker Central Park sitzen oder in München an der Isar. Ein paar Schritte weiter sieht man von der etwas höher gelegenen Promenade auf einen Freizeitpark hinunter, mit Karussell, Buden und allem, was dazugehört. Ein Kinderspielplatz ist gut besucht, und auf den danebenliegenden Tennisplätzen lassen sich die Hobbysportler von den verweilenden Zaungästen nicht irritieren.

In Moskau kann man mehr unzufriedene Gesichter entdekken, geht es mir durch den Kopf. Jaroslawl, die traditionsreiche russische Stadt, älter als Moskau, hat Flair, das war mir bei meinen ersten Besuchen schon aufgefallen. Es liegt nicht zuletzt an den schönen alten Holzhäusern, über die es mittlerweile zum Streit gekommen ist. Die einen wollen die alten historischen Bauten erhalten, und die anderen sehen darin nur unnötigen Ballast und möchten die günstig gelegenen Grundstücke lieber für Geschäfte und Hotels nutzen, die mit Hilfe von finanzkräftigen Ausländern finanziert werden sollen.

In einem Fall läuft zur Zeit ein gerichtliches Verfahren gegen ein Stadtratsmitglied, das nach altsowjetischer Manier eigenmächtig ein Holzhaus hatte abreißen lassen, weil deutsche Investoren dort ein Hotel errichten wollten. Das Projekt scheiterte schließlich an der Finanzierung, aber das Holzhaus war weg. An der Wolgapromenade ist zwischenzeitlich überhaupt keine Baugenehmigung mehr zu bekommen, weil man die Jaroslawl-typische Silhouette nicht zerstören will.

Eine Ausnahme hat es allerdings schon gegeben. Ein Jaroslawler Bürger darf, wenn er sich an bestimmte bauliche Auflagen hält, was Geschoßhöhe und Fassade betrifft, an dieser besonders attraktiven Stelle der Stadt ein Haus errichten, denn er hat versprochen, mit seiner einzigartigen Schallplattensammlung, die unter anderem auch Originalaufnahmen des weltbekannten Sängers Fjodr Schaljapin enthält, dort ein Museum zu eröffnen. Der Kommentar eines Einheimischen dazu: »Na prima, und wenn das Haus fertig ist, dann hängt immer ein Schild dran: Museum heute geschlossen.« – Das ist fast ein Grund, nächstes Jahr noch mal nachzuschauen, wenn wir wieder in Jaroslawl sind.

Am Montag, dem 3. Mai, bekanntlich Feiertag, habe ich dennoch als erstes einen Termin beim Stellvertretenden Bürgermeister, der aus Kassel von meinem Besuch wußte und mich eingeladen hatte. Innerlich war dieses Treffen bereits unter protokollarische Notwendigkeit ohne besonderen Nutzen abgehakt, bis mich Alexander Sisow durch sein Engagement und seine unkonventionelle Art eines Besseren belehrt. Das fängt schon damit an, daß er bei der Begrüßung sagt: »Wir haben jetzt ein paar Feiertage. Wir müssen ja auch nicht soviel tun, bei uns läuft ja alles hervorragend, wir haben alles, wir müssen es nur verteilen. Also machen wir 'ne Woche blau.«

Humor kann nicht schaden, denkt sich wohl auch Alexander Sisow, wobei er die Situation in Jaroslawl für stabiler und aussichtsreicher hält als die in Moskau. »Bei uns arbeiten die Exekutive und die Legislative zusammen, und wir hauen uns nicht die Köpfe ein wie die in Moskau«, sagt er mit der Güte eines verständnisvollen Großvaters, der die Hoffnung nicht aufgegeben hat, daß aus seinem Enkel doch noch einmal etwas Anständiges werden könnte. Aber nachvollziehen und akzeptieren kann er die vor aller Welt ausgetragene Streiterei nicht.

Er räumt ein, daß Moskau größere Probleme zu bewältigen hat als Jaroslawl. »Wir haben Glück«, meint er weiter, »wir sind nicht so abhängig von anderen Gebieten, die durch den Zerfall der Sowjetunion plötzlich Ausland geworden sind. Unsere Nachbarstadt Iwanowo ist da wesentlich schlechter dran. Deren Textilindustrie ist auf Baumwolle aus Mittelasien angewiesen. Wir haben hier Erdölverarbeitung, eine der unionsweit größten Gummifabriken, die unter anderem Gummiboote und Autoreifen produziert« – mir fällt unser fehlendes

Reserverad ein – »chemische Industrie, Maschinenbau – alles, was man so braucht, *und* Landwirtschaft.« Alexander Sisow erzählt von Maschinenbaufilialen, die man noch zu sowjetischen Zeiten in Weißrußland und in der Ukraine eingerichtet habe, heute Ausland für den russischen Staat: »Dem Himmel sei Dank, daß wir unsere Getriebefabrikation behalten und nicht ins Ausland verlagert haben, als es noch kein Ausland war.«

Auf die verbissene politische Auseinandersetzung in Moskau angesprochen und die vielen Demonstrationen, antwortet der Jaroslawler Bürgermeister so: »Das haben wir alles hinter uns. Fahnenschwenkend durch die Gegend zu laufen, was bringt denn das? Wir haben begriffen, daß wir arbeiten müssen.« Er erzählt, daß in Jaroslawl die erste Nationale Front in Rußland gegründet wurde, daß also demokratische – zunächst oppositionelle – Bewegungen in dieser Gegend Tradition hätten. »Über Moskau kann man fast nur noch lachen«, meint Alexander Sisow kopfschüttelnd. Und zu Jelzins Wunsch, ein starkes Präsidialsystem zu etablieren: »Unser Land braucht Opposition und Kontrolle. Ein allmächtiger Präsident, so gut er sein mag, ist immer ein Risiko und nicht besser als ein Diktator.« Sein humorvoller Rat an den russischen Präsidenten, seinen Stellvertreter Ruzkoj, mit dessen Demontage Jelzin zu der Zeit gerade begonnen hatte, und den Parlamentspräsidenten Chasbulatow lautet: »Die müssen sich mal bei einem Glas zusammensetzen, ohne Berater, nur die drei, sich gemeinsam einen Weg ausdenken und den dann auch gehen.« Wenn es denn so einfach wäre.

Jaroslawl gehört zu den russischen Städten, die mit mehreren ausländischen Partnern verbunden sind. Ich bin mir nicht sicher, ob er es wirklich so meint oder ob es ein Ausdruck seiner Höflichkeit ist, als der Bürgermeister im Brustton der Überzeugung verkündet, Kassel nehme unangefochten die erste Stelle in der Liste der Partnerstädte ein, was Engagement, Aktivitäten und Bedeutung betrifft. Er illustriert das am Beispiel des Schüleraustauschs. Während sich aus der amerikanischen Stadt nur eine Schule beteilige und aus der französischen immerhin zwei, seien aus Kassel drei Schulen aktiv dabei.

Ich frage Alexander Sisow, wie denn die Stimmung bei den Jaroslawler Bürgern mit Blick auf diese Partnerschaften sei, ob das angenommen oder vielleicht auch kritisiert werde. Er berichtet freimütig, daß sich die Bevölkerung auch schon mal über ausländische Delegationen aufregt. Die würden doch kostenlos untergebracht, verpflegt, hofiert, und das kostet alles Geld, das möglicherweise sinnvoller für die eigenen Leute ausgegeben werden könne. Kritik dieser Art ist durchaus auch der Lokalpresse zu entnehmen. »Aber so zu denken ist falsch«, sagt der Bürgermeister und nennt ein Beispiel: »Die französische Besuchergruppe neulich hatte Medikamente im Wert von 100 000 französischen Franc dabei. Also hat es sich doch – von allem anderen einmal abgesehen – gelohnt.«

Nicht weit vom Rathaus hat sich eine russische Firma unter der Bezeichnung »Jartek Business Center« etabliert, wobei Jar für Jaroslawl steht. Mit Leonid Moschejko, dem Präsidenten (in Rußland ist das ähnlich wie in Österreich, je beeindruckender der Titel, desto besser), bin ich ebenfalls noch heute verabredet. Der Hinweis auf den Feiertag entlockt ihm nur ein müdes Lächeln und die Bemerkung: »Blödsinn, kann ich mir nicht leisten.« Mit Kassel hat Leonid zwar auch irgendwie zu tun, aber er ist eher anglophil und viel mehr in Richtung USA orientiert. Später habe ich begriffen, daß bei dieser Ausrichtung auch eine Rolle gespielt hat, daß die deutschen Kontakte bereits von anderen Leuten besetzt waren und Leonid auf diesem Gebiet für sich und seine Ideen keine Chance sah. Aber das näher zu erläutern würde zu Jaroslawler Lokalklatsch und damit zu weit führen.

Die Geschichte des »Jartek Business Center« begann mit dem Versuch, eine Art Handelskammer aufzubauen. Aber zunächst ein paar Worte zu Leonid. Er war im Bildungsbereich und im Tourismus tätig, wo er seine besonderen Interessen für Politik, Kultur und Geschichte pflegen konnte, wie er sagt. In Perestroikazeiten arbeitete er in der Gebietsverwaltung – damals hieß das noch Gebietsexekutivkomitee – und beteiligte sich am Aufbau einer neuen Sektion für ausländische Wirtschaftsbeziehungen. Als solche Begriffe wie »Weltwirtschaft«, »freier Handel«, »Markt« Eingang in die sowjetische Politik fanden, mußte man sich nicht nur mit deren theoretischer Erörterung, sondern vor allem mit der praktischen Umsetzung beschäftigen. Dafür war Leonid unter anderem zuständig. Er und seine damaligen Kollegen waren bald davon überzeugt, daß dieser Prozeß nicht nur von Moskau ausgehen durfte. »Das mußte aus der Provinz kommen, aus jedem einzelnen Menschenherzen«, erklärt Leonid. Da Mitte der achtziger Jahre noch alles, was mit dem Ausland zu tun hatte, zentral geregelt wurde, war eine Menge umzugestalten. Dabei kam den bereits bestehenden Städtepartnerschaften eine besondere Rolle zu. Übrigens: Zu sowjetischen Zeiten hieß eine kapitalistische Stadt Partnerstadt, eine sozialistische Bruderstadt. Heute sind aus allen Partnerstädte geworden, jedenfalls was die Bezeichnung angeht.

Leonid wurde es in der Gebietsverwaltung bald zu eng, weil nach seiner Meinung alles viel zu sehr formalisiert war und man zuwenig Spielraum ließ für neue Ideen. Der Besuch amerikanischer Geschäftsleute aus der Partnerstadt Berlington im Staate Vermont, organisiert von der dortigen Handelskammer, gab den Ausschlag für ihn, in Jaroslawl eine Handelskammer nach amerikanischem Vorbild aufbauen zu wollen. Die amerikanische Variante, die Leonid schließlich bei einem USA-Aufenthalt praktisch studieren konnte, war ihm sympathischer als die deutsche, die er nur theoretisch kannte und die ihm nicht frei genug erschien.

Leonid verließ seinen Arbeitsplatz bei der Gebietsverwaltung und baute das »Jartek Business Center« auf, um zweierlei zu leisten: einmal durch Treffen und Seminare intensiven Erfahrungsaustausch für russische Unternehmer anzubieten. »Damals war die Erfahrung jedes einzelnen wichtig«, betont Leonid, »zum Teil wußten die Leute nicht einmal, wie es geht, sich als Unternehmer registrieren zu lassen.« Die zweite Aufgabe bestand darin, potentiellen amerikanischen Investoren Informationen zu liefern.

Mittlerweile gibt es in Jaroslawl eine Handelskammer – im übrigen nach deutschem Vorbild –, und das Business Center hat seinen Arbeitsbereich etwas verlagert. Seit Februar 1992 ist Leonid nur noch damit beschäftigt, amerikanische Geschäftsleute in finanziellen und rechtlichen Fragen zu beraten.

Er hat Erfolg. Ein amerikanisches Familienunternehmen, das hauptsächlich Korbwaren produziert bei einem Jahresumsatz von etwa 30 Millionen US-Dollar, hat mittlerweile eine hundertprozentige Tochter in Jaroslawl. Es war die erste rein westliche Firma in der russischen Provinzhauptstadt. Sie produziert Körbe für den amerikanischen Markt, nach einer – wie Leonid es ausdrückt – original Jaroslawler Flechtmethode. Zur Zeit ist er mit den Vorbereitungen beschäftigt, um einen Forstbetrieb für diese Firma aufzuziehen, in dem Weidenbäume gezüchtet werden sollen.

Ein zweites Projekt scheint ihm besonders am Herzen zu liegen, von dem ich nicht recht weiß, wie ich es einschätzen soll. Es geht um eine kolumbianische Kaffeerösterei in Jaroslawl. Auf den ersten Blick eine bestechende Idee: hochwertige kolumbianische Kaffeebohnen, ausrangierte amerikanische Industrieanlagen, die in den Staaten schon zum Transport bereitstehen, und als Sahnehäubchen, um im Bild zu bleiben, eine Kette von kleinen Cafés. Vielleicht bin ich zu mißtrauisch, aber wenn Leonid mir von einem hochmotivierten kolumbianischen Kaffeeplantagenbesitzer erzählt, der das Projekt mit Macht vorantreibt, dann fallen mir dazu eben einfach Geldwäsche und Drogenhandel ein. Vielleicht ist es ja wirklich ein Kaffeeplantagenbesitzer, und ich tue ihm unrecht. In Moskau jedenfalls soll eine solche kolumbianische Kaffeefirma mit Namen »Montanakaffee« bereits gewinnbringend arbeiten, erzählt Leonid.

Als Leonid dann als nächstes ein bereits realisiertes Pizzeria-Projekt erwähnt, entfährt mir fast ein »Aha! Also doch«. Tatsache ist jedenfalls, daß ein amerikanischer Investor eine Pizzeria betreibt, die bereits im zweiten Monat nach der Eröffnung – acht Monate Vorbereitungszeit waren vorausgegangen – Gewinn abwirft. Solche Projekte beschäftigen Leonid auch nach der Fertigstellung, denn es tauchen immer wieder mal Probleme mit der örtlichen Verwaltung auf, die sich zusätzliche Vorschriften einfallen läßt oder meint, irgend etwas bisher Ungeregeltes regeln zu müssen.

Gefragt nach einem Vergleich des deutschen mit dem amerikanischen Engagment in Jaroslawl, sinniert Leonid: »Die Amerikaner überschätzen die Aktivitäten der Deutschen.« Er erklärt, daß die Amerikaner einen anderen Weg gehen. »Die meisten deutschen Initiativen sind staatlich oder halbstaatlich«, sagt er, »private Investitionen staatlich zu unterstützen – mit so etwas fangen die Amerikaner gerade erst an. Deshalb sind alle amerikanischen Projekte in Jaroslawl rein privat.«

Welche Variante mehr Erfolg verspricht – darauf will Leonid sich nicht einlassen. Keines der amerikanischen Unternehmen kommt in der Größenordnung auch nur annähernd an die von Deutschen errichtete Nudelfabrik heran, die übrigens trotz Feiertag produziert und für den folgenden Tag auf meinem Programm steht. Um Bilanz zu ziehen, sei es zu früh, meint Leonid, das mache erst in fünf Jahren Sinn.

Ich frage Leonid nach den größten Hindernissen, nach den Problemen, die ihm bzw. seinen ausländischen Partnern am meisten zu schaffen machen. Als erstes nennt er die »schlecht durchdachte Steuerpolitik«, wie er sich diplomatisch ausdrückt. Die Steuern sind zu hoch, und jede Woche wird etwas anderes beschlossen. Als zweites kommt Leonid auf das unklare Bild zu sprechen, das die Moskauer Politik vermittelt. »Der Kolumbianer beispielsweise«, sagt Leonid, »der ist mit der instabilen politischen Lage in seinem Land vollauf bedient, der kommt nicht zu uns, um etwas Ähnliches zu erleben.«

Das Business Center hat selbst eine eigene Firma gegründet und in den USA registrieren lassen. Das im folgenden geschilderte Geschäftsprinzip haben zwischenzeitlich viele entdeckt, und das Verfahren ist in Rußland in die Diskussion geraten. Die in den USA ansässige russische Firma mit Filiale in Jaroslawl arbeitet zweigleisig. Sie läßt in Rußland Computersoftware nach amerikanischen Aufträgen herstellen (das ist wesentlich billiger als in den USA) und wird mit Hardware bezahlt. Von der Jaroslawler Gebietsverwaltung hat Leonid für diese Firma gerade einen Kredit in Höhe von 400 000 US-Dollar bekommen, um in einem militärtechnischen Betrieb, der auf der Konversionsliste steht, mit der Produktion russischer Computer zu beginnen. Wenn alles nach Plan geht, sollen im Herbst 1993 die ersten Rechner vom Band laufen.

Sehr hilfreich sei die Zusammenarbeit mit IBM in Florida, erzählt Leonid. Dort sitzt die Zentralabteilung dieser Firma für die Entwicklung von Computerprogrammen, von der er einen Großauftrag bekommen habe. Auf dieser Grundlage soll in Jaroslawl ein Programmierzentrum entstehen. Er bombardiert mich mit Fachausdrücken aus speziellen Programmiersprachen und schildert mir den aus seiner Sicht spannenden Streit, welche die größere Zukunft habe.

Für 1994 ist die Umwandlung eines Teils seiner Firma in eine amerikanisch-russische Holding geplant. »Mit unseren Immobilien und unseren intellektuellen Ressourcen wollen wir speziell dem kleineren Business helfen, egal, ob rein russisch oder nur amerikanisch oder gemischt. Wir wollen eine Art Brutkasten für kleinere Unternehmen schaffen.«

Zur Zeit arbeiten im Jartek Business Center elf Menschen mit einem unbefristeten Arbeitsvertrag und noch einmal so viele auf der Basis von Zeitverträgen. Fortbildung wird großgeschrieben, und so sind zwei Mitarbeiter, ein Mann und eine Frau, vor kurzem zu einem sechsmonatigen Lehrgang in die USA abgereist, finanziert durch ein halbstaatliches amerikanisches Programm. Sie studiert internationalen Tourismus, er Marketing. »Wir hoffen, daß solche Lehrgänge zu einem langfristigen Programm der Kadervorbereitung für unser Business Center werden.« – Man wird sich daran gewöhnen müssen, daß sich knallharte russische Jungunternehmer ab und zu auch kommunistischer Sprachformeln bedienen.

Das Business Center besteht nun zwei Jahre. Das Startkapital stammte einerseits von der Gebietsverwaltung, andererseits von privaten Sponsoren, die damit zunächst eine geschlossene Aktiengesellschaft gründeten. Im Laufe des ersten Jahres gelang es Leonid zusammen mit einem amerikanischen Professor, einem Finanzfachmann, die Anteile der Mitbegründer aufzukaufen. Und heute gehört die Firma je zur Hälfte Leonid und dem Amerikaner. 1994 wollen die beiden aus dem Unternehmen eine offene Aktiengesellschaft machen, so daß jeder Anteilsscheine erwerben kann.

»Am Anfang war es schwer«, sagt Leonid. »Woher sollten wir wissen, daß wir auf dem richtigen Weg sind?« Aber seine Idee, ausländische Investoren an Ort und Stelle zu beraten, erwies sich als Volltreffer. Mittlerweile haben einige größere amerikanische Beraterfirmen in teuren Studien sozusagen offiziell bestätigt, daß jeder auswärtige Unternehmer zumindest in der Anfangsphase seines Engagements in Rußland einen starken örtlichen Partner braucht, der ihn bei der Planung, bei der Auswahl der Arbeitskräfte, bei der Zusammenarbeit mit der russischen Verwaltung etc. betreut. »Ohne uns ausgefeilter Marketingtechniken zu bedienen«, meint Leonid, »haben wir mehr Aufträge, als wir schaffen können.« Sein Blick auf die Uhr signalisiert mir, daß er sich nicht länger mit dieser unproduktiven Beschäftigung aufhalten kann. Und im Nebenraum warten noch amerikanische Fernsehjournalisten auf ihn.

Ich spaziere zum nächsten Termin und schaue unterwegs den Hare-Krishna-Jüngern zu, die in einer Gruppe von zehn, fünfzehn Leuten – Mädchen und Jungen – mit ihren bekannten Gesängen durch die Straßen ziehen. Ich frage Passanten, ob das Einheimische seien, und man erzählt mir, daß sie alle aus Jaroslawl stammen, bis auf zwei, die aber auch Russen sind. Eine ältere Frau lächelt verlegen: »Die spinnen ein bißchen, aber sonst sind sie ganz nett.«

Mein nächstes Ziel ist die neue »Business-Universität«. Ich möchte wetten, daß es in Jaroslaw inzwischen mehr Firmen und Einrichtungen mit »Business« im Namen gibt als in einer deutschen Großstadt. Studenten sehe ich nicht, die haben frei, aber der Universitätsdirektor und seine Mitarbeiterin nutzen den Tag, um – bis auf den Besuch aus Deutschland – ungestört arbeiten zu können.

Der vollständige Name dieser privaten Hochschule lautet: Internationale Universität für Business und neue Technologien. Bei der Lektüre eines Informationsblattes über diese Einrichtung bleibe ich an dem Satz hängen: »Zielsetzung ist die Aus- und Weiterbildung der Kader in denjenigen Businessbereichen, wo es großen Mangel an Fachkräften gibt: Management, Finanzinvestitionen, Versicherung, internationales Marketing, Informationstechnologien im Business.« Wieder der Begriff Kader, der die Wende offenbar unbeschadet überstanden hat.

Walerij Iwanow, der Universitätsdirektor, berichtet stolz, daß sein Institut in Jaroslawl eines der ersten dieser Art in Rußland war. Mittlerweile gebe es mehr als fünfzig vergleichbare Einrichtungen überall im Land. Es handelt sich um eine private Hochschule, aber man kann dort staatlich anerkannte Diplome erwerben, weil der Staat nach entsprechender Überprüfung der Bildungsanstalt eine Lizenz erteilt.

Walerij Iwanow kommt aus der Computerbranche, ist als Parteifunktionär groß geworden und war vier Jahre lang Generaldirektor der Firma Nowintech – übrigens einer der Sponsoren, als es um die Gründung des Jartek Business Center von Leonid ging. Nowintech wurde aus Gründen der Effektivität umstrukturiert, es entstanden etwa zwanzig einzelne Betriebe sowie ein internes Ausbildungszentrum für diesen Konzern mit Schwerpunkt Computertechnik. Das war die Keimzelle für die heutige Universität.

»Man spricht immer soviel von der Integration Rußlands in den Weltmarkt«, meint Walerij Iwanow, »gerade die Ausbildung könnte uns helfen, eines Tages tatsächlich auf dem Weltmarkt Fuß zu fassen und Rußland die Mitwirkung auf gleichberechtigter Basis mit anderen Ländern zu ermöglichen. Und es hilft außerdem, ausländisches Kapital nach Rußland zu ziehen.«

Der Universitätschef fürchtet, daß es noch lange dauern wird, bis man den »Komplex der Verschlossenheit«, wie er es nennt, überwunden haben wird, und daß man deshalb alles tun muß, diesen Prozeß zu beschleunigen. Also haben sich sechs Betriebsdirektoren der Region mit den Spitzen der Stadt- und der Gebietsverwaltung zusammengesetzt und einen Aufsichtsrat gebildet. Die Frage war: Reformiert man die alte Universität, oder gründet man eine ganz neue? »Von westlichen Managern wissen wir«, sagt Iwanow, »daß es viel schwieriger ist, eine alte Firma zu reformieren, als eine neue zu gründen.« Und so kam es im Herbst 1992 zu dieser neuen Einrichtung.

Die Universität bietet einerseits Kurzlehrgänge an, in denen eng an Betriebsbedürfnissen orientiert Mitarbeiter rasch für neue Aufgaben fit gemacht werden sollen, und andererseits auf fünf Jahre angelegte Studien. Höhere Mathematik und weitere Grundfächer überläßt die Business-Universität ihren staatlichen Kolleginnen, da existieren bereits Kooperationsverträge. Aber Finanzwesen, Managerausbildung, Informationstechnologien – das sind ihre klassischen Betätigungsfelder.

Der Staat hat für das laufende Studienjahr 130 Millionen Rubel an Subventionen bereitgestellt. Darüber hinaus finanziert sich die Universität in erster Linie aus den Gebühren für die Kurzlehrgänge. Eine ganze Reihe russischer Betriebe hat Verträge abgeschlossen, nach denen leitende Mitarbeiter viermal jährlich geschult werden, sowohl in Computeranwendung und -programmierung als auch in Menschenführung.

Walerij Iwanow hebt drei weitere Bereiche besonders hervor: Krankenversicherung, Buchhaltung und Verwaltung. »Wie Sie wissen«, beginnt er, »versuchen wir jetzt in Rußland von unserer kostenlosen medizinischen Betreuung auf ein

Krankenversicherungssystem umzustellen, haben aber keinerlei Erfahrung darin.« Er spricht über die Probleme, die entstehen, wenn man westliche Modelle auf russische Verhältnisse übertragen will. Lehnt man sich an das amerikanische oder das deutsche System an? Die Entscheidung ist doppelt schwierig, weil in beiden Ländern zur Zeit über tiefgreifende Umgestaltungen diskutiert wird. Wie schafft man es, gleichzeitig eine Krankenversicherung aufzubauen und das Personal dafür auszubilden?

»Der leichteste Weg scheint zu sein, die Studenten in die USA zu schicken oder nach Deutschland, nicht wahr?« meint Iwanow. »Aber das stimmt nicht. Wenn sie zurückkommen, sind sie keineswegs vorbereitet, in Rußland gute Arbeit zu leisten.« Er erzählt von ausländischen Ausbildungsprogrammen, die viel Geld kosten und wenig bringen, weil sie sich nicht ohne weiteres auf russische Verhältnisse anwenden lassen. Genau darin aber liegen die Vorteile seiner Universität, erklärt Iwanow: »Wir kennen unsere Situation, die Studenten haben die Möglichkeit, Theorie und Praxis zu kombinieren.«

Was den Aufbau einer funktionsfähigen Krankenversicherung betrifft, so sind auf Einladung der Rockefeller-Stiftung sieben Dozenten aus Jaroslawl zu einem zweiwöchigen Intensivkurs in die USA gereist, und im Anschluß daran haben zehn amerikanische Professoren, die sich an verschiedenen Universitäten mit Versicherungswesen beschäftigen, vierzehn Tage in Jaroslawl Seminare abgehalten. Bei diesem Projekt habe man an Ort und Stelle, in Rußland, gemeinsam mit ausländischen Lehrkräften versucht, einen Mittelweg zu finden, der Erfahrungen aus Deutschland und aus den USA berücksichtigte, aber eben auch ganz stark russische Gegebenheiten miteinbezog. »Dieser Weg ist kompliziert, aber er ist der solidere«, meint Iwanow.

Dann erwähnt Iwanow, ohne daß ich ihn darauf angesprochen habe, die bestehenden Kontakte zur Universität in Kassel. Seine Mitarbeiterin, Irina heißt sie, ist für die Pflege dieser Beziehungen zuständig und hat dafür ein eigenes Koordinationsbüro eingerichtet. Kasseler Dozenten für Verwaltungsorganisation sollen nicht nur für einzelne Vorlesungen und Seminare nach Jaroslawl kommen, sondern für ein ganzes Semester. So ist es jedenfalls geplant.

Bei meinem Besuch im Mai waren etwa 3000 Studenten eingeschrieben. Einige von ihnen werden zu künftigen Dozenten dieser Universität ausgebildet. Die meisten der jetzt dort Lehrenden haben nur zeitlich begrenzte Verträge, aber das soll sich ändern. Iwanow hält die Berufsaussichten der Absolventen seiner Universität für optimal. Abgesehen davon, daß tatsächlich Mangel an Fachkräften im Justiz- und Bankwesen, in der Verwaltung und im Management herrscht, sind diejenigen, die mehr als westliche Theorie und Praxis zu bieten haben, auf diese Herausforderung sicherlich besser vorbereitet.

Warum nennt sich die Jaroslawler Business-Universität »international«, möchte ich wissen, nur wegen der internationalen Lehrkräfte? »O nein«, erwidert Iwanow, »wir haben hier zur Zeit Studenten aus Oxford und Cambridge, die Russisch auf kommerzieller Basis studieren, um das einmal so auszudrücken.« Für diesen Bereich hat man eine Villa restauriert, in der britische Studenten Wirtschaftsrussisch und russische Studenten Wirtschaftsenglisch büffeln. Nicht ohne Stolz erzählt Iwanow, daß die russischen Studenten nach dem sechsten Semester befähigt sein werden, Prüfungen der britischen Industrie- und Handelskammer zu bestehen.

»Aber wir haben noch etwas sehr Interessantes in Vorbereitung«, wechselt Iwanow das Thema. »Wir entwickeln gerade Umschulungsprogramme für Militärangehörige.« Und das kam so. Mit dem entsprechenden Projekt, finanziell auch von der deutschen Bundesregierung unterstützt, war zunächst ein Moskauer Universitätsinstitut befaßt. Dieses leitete den Auftrag nach Jaroslawl weiter, und dort hat man nun ein Umschulungsprogramm für Offiziere erarbeitet, die aus der ehemaligen DDR nach Rußland zurückkehren und bereits eine Hochschulausbildung besitzen. Der Programmentwurf liegt zur

Zeit beim russischen Verteidigungsministerium, das zustimmen muß. »Es hat einen Wettbewerb gegeben«, erklärt Iwanow, »die haben einige Konzepte vorliegen, von uns, von der Moskauer Hochschule, von der Timirjasew-Akademie, vom Baumann-Institut, aber wir hoffen zu gewinnen.«

Das Jaroslawler Modell sieht Ausbildungsvarianten zwischen drei und sechs Monaten vor, die Offiziere befähigen sollen, eine eigene kleine Firma zu gründen. »Die haben keine Vorstellung von einem Zivilberuf, denen muß man ganz schnell helfen, denn morgen müssen sie hinein in dieses Leben«, sagt Iwanow.

Ich frage zum Schluß nach einem Vorlesungsverzeichnis. »So was gibt's natürlich«, lacht Iwanow, »aber es ist Feiertag, und die Pläne hängen in den einzelnen Fachbereichen, da ist heute geschlossen.«

Trotz des Feiertages machen wir mit Hilfe eines örtlichen Fahrers den Versuch, ein Reserverad zu ergattern. Shenja, so heißt er, ist mürrisch, wie ich selten jemand erlebt habe. Wahrscheinlich ist er sauer, weil wir ihm seine Freizeit kaputtgemacht haben. Wir klappern so ziemlich alles ab, was in Frage kommen könnte, aber entweder ist es sowieso geschlossen, oder es gibt nichts Passendes. Beim letzten Versuch dauert es etwas länger, bis alle Möglichkeiten durchgecheckt sind. Shenja und ich warten ans Auto gelehnt, während ein russischer Bekannter und mein Mann auf Reifensuche sind. Wir stehen in einer Art Hinterhof mit Kinderspielplatz und einem Bierbüdchen. Ein altes Paar, sichtlich alkoholisiert, bewegt sich laut schimpfend, sie ein Einmachglas voll Bier in der Hand, in Schlangenlinien auf eine Bank in unserer Nähe zu.

Shenja macht zum erstenmal den Mund auf und sagt zu mir: »Achten Sie nicht auf das dumme Gequatsche, das sind Alkoholiker.« Es ist ihm peinlich, wie ungeniert sich die beiden Alten angiften. Ich versuche abzulenken, indem ich das Reserverad zum Thema mache. »Bei Ihnen in Deutschland hätten Sie sicher schon eins aufgetrieben«, sagt Shenja. »Da bin ich mir am Feiertag gar nicht mal so sicher«, wende ich ein. »Aber in Deutschland wäre es kein so großes Risiko, ohne Reserverad loszufahren, bei uns schon.« Da kann ich leider nicht widersprechen, und es graut mir wirklich, keinen Reifen zum Wechseln für die Strecke von 300 Kilometern dabeizuhaben.

Plötzlich fängt er von der 1.-Mai-Demonstration in Moskau an. »Normalerweise schlägt die OMON-Truppe zu, und dann wächst da nichts mehr, aber diesmal: die Demonstranten – nicht zu begreifen.« Shenja ist wirklich fassungslos. »Das muß doch eine Provokation gewesen sein, was meinen Sie? Daran können doch nur Leute ein Interesse haben, die alles noch instabiler machen wollen.« – In dem Moment kommen die beiden ohne Reifen zurück. Als ich ins Auto, einen neuen Moskwitsch, einsteige und die Tür nicht schließen kann, grinst Shenja: »Das müssen Sie noch lernen. Die müssen Sie stärker zuhauen, das ist ein russischer Opel, aber kein Auto.«

Unterwegs macht Shenja uns auf eine Baustelle aufmerksam. Hinter einem Bretterzaun ist, rundherum eingerüstet, ein reich verziertes, aber stark renovierungsbedürftiges Holzhaus zu erkennen. »Dom druschba«, Haus der Freundschaft, meint Shenja, und es stellt sich heraus, daß hier eine Jaroslawl–Kasseler Begegnungsstätte entsteht. Im Herbst soll sie fertig sein, noch sieht es nicht danach aus. Aber als ich erfahre, daß sowohl der Bürgermeister Sisow als auch der Universitätsdirektor Iwanow Druck machen, halte ich es für möglich. Das Freundschaftshaus soll Räume für Ausstellungen und kulturelle Darbietungen erhalten, Büros und zwei oder drei Hotelzimmer. Für die Außenhaut sind die Jaroslawler zuständig, für den Innenausbau die Kasseler. »Eine feine Nachbarschaft haben sie sich da ausgesucht«, frotzelt Shenja und zeigt auf einen größeren Neubau schräg gegenüber. Es ist das neue KGB-Gebäude. Das alte, das ich noch von den Dreharbeiten zu meinem Film über KGB-Verbrechen und Glasnost kannte, hat die Miliz bezogen, die mehr Platz brauchte.

Am nächsten Tag steht die berühmte Nudelfabrik auf dem Programm. Sie liegt etwas außerhalb, wir fahren wieder mit Shenjas Moskwitsch, um unsere Reifen zu schonen. Unterwegs sehen wir auf der rechten Seite plötzlich einen riesigen Mercedes-Stern auf einem Gebäude, darunter: »Swesda Rossii«, »Stern Rußlands«. Hier also ist das Verkaufs- und Ausstellungsgelände, von dem man mir in Kassel erzählt hatte. Schade, daß ich die Hallen wegen des Feiertags nur von außen besichtigen kann. Drinnen patrouilliert zwischen glänzenden Limousinen ein Wachmann, der keine Miene verzieht und Blickkontakt mit uns vermeidet. Früher war in diesen Hallen eine allgemeine Wirtschaftsausstellung untergebracht. Heute warten in den von der Stadt gemieteten Räumen westliche Luxuskarossen auf Käufer. Und wie man mir sagt, müssen sie nicht lange warten. Es ist schon ein bemerkenswertes Bild: die russische Fahne neben dem Stern auf dem Dach.

Ein Stückchen weiter sehen wir links von der Straße ausgedehnte leerstehende Fabrikhallen. Shenja erzählt, daß »die Vietnamesen mal dran waren«, soviel er weiß, die Amerikaner auch. Aber es ist nichts draus geworden. Die Fabrikgebäude sind vielleicht gar nicht mal so alt, wie sie aussehen, und wahrscheinlich wäre es billiger, sie abzureißen und etwas Neues hinzusetzen. Aber beim Anblick dieser riesigen Hallen beschleicht einen unwillkürlich das Gefühl: Welche Verschwendung, daß hier gar nichts passiert.

Wir nähern uns dem Ziel, einem Vorort von Jaroslawl, in dem etwa 200 000 Menschen leben; ein klassischer Schlafbezirk. Eine Brotfabrik gibt es hier schon seit längerem – recht günstig an der Autobahn nach Rybinsk gelegen –, die sozusagen die Basis für die Nudelfabrik bildete. Wir fahren an einem Werk zur Herstellung von Industriekühlschränken vorbei. Rundherum wirkt alles wie eine Baustelle. Die Zufahrt, üppig bestückt mit Bogenlampen, steht im merkwürdigen Widerspruch zum eher ärmlichen Zustand des Gebäudes. Vor der fensterlosen Fassade der danebenliegenden Brotfabrik stehen ein paar Leute, meist Frauen, und bei näherem Hinsehen entdecke ich ein kleines Fenster in der Wand, aus dem heraus auch am Feiertag frisches Brot verkauft wird.

Alexander Saitschenko, der Direktor der Nudelfabrik, holt mich selbst am Tor ab und führt mich über eine steile Eisentreppe in einen Raum, der teils als Büro, teils als Labor genutzt wird. Der Lärm aus den Produktionshallen ist auch hier oben zu hören. Alexander Saitschenko mustert mich genau, lächelt ohne Pause und reißt erst mal nur Witzchen. Wenn er lacht, sind seine Augen kaum noch zu sehen, dafür blitzt immer wieder ein enormer goldener Zahn auf. Es dauert eine Weile, bis er zu ernsthaften Auskünften bereit ist.

Als gemeinsames deutsch-russisches Projekt hat man die Fabrik im Januar 1992 in Angriff genommen, im Mai wurden die Maschinen geliefert, im August war die Montage abgeschlossen, und am 1. September 1992 konnte man mit der Nudelproduktion beginnen. Innerhalb von einer Woche hatte man die geplante Kapazität von 48 Tonnen täglich erreicht. Alexander Saitschenko erzählt, daß seine Makkaroni im ganzen Jaroslawler Bezirk reißenden Absatz fänden, da sie sich sowohl im Geschmack als auch im Aussehen sehr vom üblichen Angebot unterschieden. Breit lächelnd fügt er hinzu, daß die Käufer die in deutsche Folie verpackten Nudelsorten besonders attraktiv gefunden hätten. Aber das Plastikmaterial aus Deutschland sei auf die Dauer zu teuer gewesen und man habe sich etwas anderes ausdenken müssen. »Vier Monate haben wir mit einem Werk in Perejaslawl zusammengearbeitet, das mit einer italienischen Produktionslinie für Plastikfolien ausgerüstet war«, erzählt Alexander Saitschenko. »Obwohl die Maschinen, die wir haben, deutsche Folie bevorzugen, muß es auch so gehen. Alles, was teuer ist, können wir uns nicht leisten.« Zum erstenmal guckt der Fabrikdirektor wirklich ernst, fängt sich aber gleich wieder und freut sich wie ein Kind, als er mir erzählt, daß es ihm gelungen sei, die italienischen Makkaroni vom Markt zu verdrängen, obwohl die billiger seien. »Unsere schmecken eben besser«, meint er und weist darauf hin, daß man vor Beginn der Produktion das

Mehl zur Analyse in die Schweiz geschickt habe, um sicherzugehen, was die Qualität betrifft.

Ich sage ihm, daß ich diesen engen Zeitplan vom Bau- bis zum Produktionsbeginn für außergewöhnlich halte, und frage, ob es nicht Probleme bei der Inbetriebnahme dieser hochkomplizierten Maschinen gegeben habe. Im selben Moment bereue ich, die Frage gestellt zu haben, denn was bedeutete sie anderes, als daß ich der russischen Belegschaft nichts zutraue. Aber Saitschenko antwortet ohne spürbare Regung: »Die Produktionslinie läuft ja vollautomatisch. Und während die Maschinen aufgestellt wurden, sind unsere Fachkräfte in Deutschland an den baugleichen Typen geschult worden.«

Produziert wird rund um die Uhr in vier Schichten. Das qualifizierte Personal in der Fabrikhalle besteht aus vier Mitarbeitern pro Schicht, die das Schaltpult überwachen, die Mischung der Zutaten kontrollieren und die Verpackungsautomaten einrichten. Alle anderen – 45 an der Zahl – sind unqualifizierte Arbeiter.

»In diesem Labor«, sagt Alexander Saitschenko und schaut sich um, »arbeiten zwei Techniker im Schichtdienst, die regelmäßig die Qualität der Produktion und der Rohstoffe wie Mehl, Wasser, Eipulver kontrollieren.« Alle Zutaten werden aus der Gegend zugeliefert.

Für das Jaroslawler Gebiet liegt ein Staatsauftrag über 9000 Tonnen jährlich vor. Die Fabrik produziert aber etwa 13 000 Tonnen im Jahr und verkauft so auch in umliegende Regionen, in den Moskauer Bezirk, nach Swerdlowsk und Togliatti. Die nach dem neuesten Stand der Technik arbeitende Teigwarenfabrik ist in die Brotfabrik integriert, die ebenfalls 24 Stunden am Tag produziert, dabei 130 Tonnen in Form von sechs verschiedenen Brotsorten schafft. Die Brotfabrik ist gut anderthalb Jahre alt und eine rein russische Angelegenheit.

»In einer Woche«, kündigt Alexander Saitschenko an, »werden die Arbeitskollektive beider Fabriken zu einer Aktiengesellschaft zusammengefaßt.« Ich frage mich und ihn, wie das praktisch aussehen soll, und er antwortet nur: »Der ganze Komplex wird dann dem Arbeitskollektiv gehören, das die Ausrüstung gekauft hat.« Ich verstehe nichts und sage ihm das auch.

Er beginnt zu erklären, daß der Vertrag mit den Deutschen vorsah, daß die deutsche Seite die Maschinen kauft, liefert und einrichtet. »Das ist alles«, sagt der Direktor. »Das Interesse der Deutschen war es, uns zu helfen, unsere Lebensmittel selbst produzieren zu können. Die Betriebsanlagen haben 19,5 Millionen DM gekostet, die Einrichtung 1,3 Millionen; ein Betrag von rund 20 Millionen, den wir vertragsgemäß bezahlen mußten. Diese Summe hat uns die Jaroslawler Gebietsverwaltung gegeben. Das heißt, wir haben die Deutschen ausbezahlt, und damit ist die wirtschaftliche Allianz beendet. Die Fabrik gehört uns.«

Ich kann mir nicht vorstellen, daß die Jaroslawler Gebietsverwaltung so mir nichts, dir nichts 20 Millionen für ein Werk lockermacht, das dann auch noch der Belegschaft gehören soll. Irgend etwas stimmt hier nicht. »Doch, doch«, insistiert Saitschenko, »das war ein Geschenk der Gebietsverwaltung für das Arbeitskollektiv der Brotfabrik Nr. 6. Das war ein staatliches Förderprogramm. Sie wissen doch, daß die Privatisierung eine ganz neue Entwicklung in unserem Land ist.«

Ich komme gerade zum Luftholen, da fährt er schon fort: »Bislang wurde der Bau eines beliebigen Betriebes zur Lebensmittelproduktion vom Staat finanziert, und zwar entweder vom Ministerium für Nahrungsmittelindustrie oder von der Gebietsverwaltung. So war das auch mit unserem Betrieb. Die Verwaltung hatte das Geld wahrscheinlich aus irgendwelchen Devisengeschäften. Heute hat das Arbeitskollektiv der Nudelfabrik nach einem Erlaß des Präsidenten das Recht, diese Fabrik samt Ausrüstung vom Staat zu kaufen. Und unser Kollektiv hat beschlossen, das zu tun. Wir haben uns für den offenen Typ einer Aktiengesellschaft entschieden, wo 51 Prozent aller Aktien dem Kollektiv gehören und die restlichen 49 Prozent sich wie folgt verteilen: 20 Prozent zählen zum Betriebsvermögen, das die Verwaltung besitzt« –

meine Zwischenfrage, wer denn »die Verwaltung« in dem Fall ist, nimmt Saitschenko nicht zur Kenntnis –, »dann können diejenigen Aktien kaufen, die sich in irgendeiner Form am Bau der Fabrik beteiligt haben, und der Rest kann frei auf Auktionen erworben werden.«

Ich entschuldige mich dafür, aber wiederhole, daß ich das nicht verstanden habe. Saitschenko ist überhaupt nicht ungehalten, sondern setzt neu an: »Ich will Ihnen das erklären. Das Kollektiv muß 73 Millionen (Rubel meint er natürlich) aufbringen.«

Aha, denke ich mir, das ist auf jeden Fall schon mal ein runtergerechneter Kurs, denn nach den zur Zeit gültigen Wechselkursen entspräche die Hälfte von 20 Millionen Mark etwa fünfeinhalb Milliarden Rubel. Mit der Frage nach diesen Kursrätseln will ich seinen Redefluß nicht unnötig unterbrechen und höre weiter zu.

»In unseren beiden Fabriken, der Brot- und der Nudelfabrik, arbeiten insgesamt 391 Menschen, das heißt, jeder muß etwa 180 000 Rubel zahlen. Woher kommt das Geld, werden Sie fragen. Der Betrieb hat aus seinem Gewinn etwa elfeinhalb Millionen zur Verfügung gestellt. Das kommt also der Belegschaft zugute. Außerdem hat jede Arbeiterfamilie ja ihre Voucher, und zwar im Schnitt drei pro Familie.* Jeder Arbeiter hat allein dadurch 30 000 Rubel. Der Durchschnittslohn in unserem Betrieb beträgt zur Zeit 55 000 Rubel monatlich, einige kriegen natürlich mehr. Wer Schwierigkeiten hat, auf die 180 000 Rubel zu kommen, der hat die Möglichkeit, vom Betrieb ein zinsloses Darlehen in Höhe von maximal 100 000 Rubel zu erhalten. Verstehen Sie jetzt, daß die Belegschaft ohne allzu große Probleme die Nudelfabrik kaufen kann?«

* 1992 wurden an die russische Bevölkerung Anteilsscheine auf das staatliche Industrievermögen ausgegeben, eben die sogenannten Voucher, und zwar an jeden, ob Kind oder Erwachsener, einer im Nennwert von 10 000 Rubel. Die Voucher können gehandelt oder für die Beteiligung an einem ganz bestimmten Unternehmen hinterlegt werden.

Ich antworte lieber nicht. Saitschenko redet weiter: »Das Problem bei uns ist nicht, daß die Aktien nicht gekauft werden, das Problem besteht darin, daß nicht alle Leute Aktien kriegen, die welche haben wollen.« Der Direktor schaut mich mit einem Blick an, den ich als gleichermaßen mitleidig wie stolz bezeichnen würde. Wenn ich mir für ein Foto, das diesen Gesichtsausdruck festhält, eine Bildunterschrift einfallen lassen müßte, würde ich schreiben: »Ihr habt wirklich keine Ahnung von uns!«

Wenn man hier oben aus dem Fenster schaut, sieht man eine Halle im Rohbau, und ich frage, ob die auch zu seiner Fabrik gehört. »Eigentlich müßten wir diesen Neubau als Lager nutzen, für unsere Rohstoffe. Aber wenn die Halle fertig ist, wird sie 120 Millionen Rubel gekostet haben, und wir finden, das ist zu teuer, nur für eine Lagerhalle. Darum wollen wir dort eigentlich zwei Produktionslinien für Kekse und Kuchen einrichten.« Saitschenko erzählt, daß die Nudelfabrik in den letzten drei Monaten 47 Millionen Rubel Gewinn gemacht hat. Das sei zwar nicht schlecht, reiche aber nicht aus, eine neue Produktion anzufangen. »Wir haben da eine italienische Anlage im Auge«, sagt Saitschenko, »aber die kostet etwa eine Million US-Dollar; und wenn wir das nach dem heutigen Kurs umrechnen« – sein Lachen wird immer breiter und seine Augen immer kleiner –, »dann müssen wir noch sehr viel arbeiten.«

Also wird erst mal nichts aus der Keksfabrik, oder? »Wir machen das anders«, erklärt Saitschenko. »Wir werden einen Kredit aufnehmen, um eine russische Anlage zu kaufen, dafür brauchen wir etwa 200 bis 300 Millionen Rubel. In zwei bis drei Jahren haben wir das leicht herausgewirtschaftet.« Ich frage nach den horrenden Zinsen, die bei Kreditverträgen festgeschrieben werden und bis zu 150 Prozent der Darlehenssumme betragen. Aber Saitschenko winkt ab: »Wir machen hier Lebensmittel, da werden bei Investitionskrediten keine oder nur sehr geringe Zinsen verlangt. Das hilft natürlich. Und Rubelkredite sind wirklich leicht zu kriegen. Bei Valuta ist das ganz was anderes.«

Wir gehen die steile Eisentreppe wieder herunter, und Alexander Saitschenko zeigt mir die Produktionshallen. Es ist so laut, daß man kaum sein eigenes Wort versteht. Die Halle ist vollgestopft mit Technik; nur Maschinen, keine Menschen sind zu sehen. Lediglich in einem mit Glas abgeteilten Raum sitzen drei, die Kontrollampen beobachten und Daten in einen Computer eingeben. Saitschenko macht mich auf eine kleine Gedenktafel aufmerksam, die an der Stirnseite der Halle angebracht ist. In Gold auf Blau steht da geschrieben: »Gemeinsames russisch-deutsches Projekt. Produktionslinie der Nudelabteilung mit einer Leistung von 48 Tonnen in 24 Stunden; ausgeführt von der Firma Turnkey System aus Kassel – Partnerstadt von Jaroslawl – in Zusammenarbeit mit der Henschel GmbH und Thyssen ...«

Wir laufen auch durch die Nachbarhallen, wo Brot hergestellt wird. Es duftet. Hier passiert noch viel im Handbetrieb. Hauptsächlich Frauen sind damit beschäftigt, die verschiedenen Brotsorten auf Regalwagen zu sortieren und irgendwohin zu schieben. Der Geräuschpegel läßt eine Unterhaltung wieder zu. »Das wird sich bald ändern, was Sie hier sehen.« Saitschenko kostet meinen fragenden Blick aus, bevor er von seinen Automatisierungsplänen für die Brotfabrik erzählt. Was das für die Arbeitsplätze bedeutet, möchte ich wissen.

»Na, was schon«, meint Alexander Saitschenko, »dann kommen wir mit einer Handvoll von Leuten aus, die allerdings zwei, drei Stufen besser qualifiziert sein werden.« Also Entlassung? »Nein, nicht so brutal«, erwidert er, »einmal wird es erst in fünf bis sieben Jahren zum Tragen kommen, dann pensionieren wir pro Jahr etwa zehn Mitarbeiter. Bei uns arbeiten auch viele Frauen, die vorher in einer gesundheitsschädlichen Produktion beschäftigt waren und die sich frühzeitig pensionieren lassen können.« Und dann guckt er mich von der Seite an: »Sie haben doch mehr Erfahrung mit so etwas als ich. Wir werden Wege finden, das sozialverträglich zu gestalten.«

Auf dem Weg zum Tor frage ich den Direktor, ob er Wünsche

oder Erwartungen an das westliche Ausland habe, irgendwelche Anregungen vielleicht oder auch Kritik bestimmter Verhaltensweisen. Wir haben nun lange genug miteinander geredet, so daß ich Hoffnung habe, er läßt alle höflichen Schnörkel beiseite. Als er mit der Antwort beginnt, denke ich zunächst, er hat mich falsch verstanden. Er sagt: »Früher haben die Ministerien die Geschäfte vermittelt, die hatten Devisen, konnten Maschinen kaufen und sie an die Betriebe verteilen. Heute gibt es die Ministerien in diesem Sinne nicht mehr. Heute wird bei uns alles kommerzialisiert. Wenn einer ein Geschäft vermittelt, ganz gleich, wo er sitzt, will er Provision haben.« Er bleibt stehen. »Was meinen Sie? Ist es da nicht besser, sich direkt Partner zu suchen und den Gewinn zu teilen, statt 25 Prozent für die Vermittlung abzugeben?«

Ich stimme ihm zu, und Saitschenko wird deutlicher: »Die deutschen Unternehmer sollten ein bißchen beweglicher sein. Sie schlafen und warten und begründen diese Warterei mit der instabilen politischen Lage bei uns. Alles Quatsch. Es gibt keinen Weg zurück. Schon gar nicht in der Provinz. Die meisten wollen nur verkaufen und gleich wieder gehen und schicken uns allenfalls ein Gedenktäfelchen. Wir sollten gemeinsam etwas machen, auch für den westlichen Markt. Wir sind nicht arm. Unsere Möglichkeiten und eure Technologie – mein Gott, welch eine Chance!«

Zum Abschied wünsche ich ihm viel Glück beim Aufbau der Kuchenfabrik. »Wenn Sie etwas früher gekommen wären«, meint Saitschenko, »hätten Sie Kowalew getroffen, der ist gerade in Deutschland unterwegs, um einen Partner für die Kuchenfabrik zu finden.« Kowalew war unter anderem Bürgermeister von Jaroslawl, Chef einer Rüstungswerft, Stadtparteichef, stellvertretender Gebietsparteichef, Gouverneur. Nach den Augustereignissen 1991 mußte er gehen, weil er sich nicht rasch genug vom Umsturzversuch distanziert hatte. Seine jetzige Tätigkeit mit einem Wort zu beschreiben fällt schwer: eine Mischung aus Hansdampf in allen Gassen und graue Eminenz. »Natürlich ist er ein Parteimann«, sagt Saitschenko, der diesen unausgesprochenen Vorwurf kennt, »aber er leistet gute Arbeit.«

Wir stehen am Tor, die Frauen vor der Brotverkaufsstelle schauen zu uns herüber. Saitschenko erzählt, daß Kowalew zusammen mit einem deutschen Partner auch eine Fabrik für Babynahrung plant. Eine spannende Geschichte, deren Ausgang noch offen ist. Das größte Problem ist wie so oft die Finanzierung. Da eine Firma aus Dresden eingebunden ist, fanden sich schließlich staatlich abgesicherte Kreditzusagen, wie sie speziell für die neuen Bundesländer gelten. Leider stellte sich dann heraus, daß die Dresdner Firma technisch nicht in der Lage war, diesen Auftrag zu bewältigen. Dann signalisierte eine schwedische Maschinenfirma Interesse. Das Projekt hat in der Planung zwischenzeitlich eine solche Größenordnung angenommen, daß die Milcherzeugung der Jaroslawler Umgebung den Bedarf nicht decken könnte. Es laufen Gespräche mit den Nachbarregionen Wologda und Kostroma, die mit ihrem Viehbestand mitmachen wollen. Zur Zeit wird das Projekt aufgehalten, weil einige der Beteiligten fürchten, die Transportprobleme im Winter nicht lösen zu können. Ein ernst zu nehmender Einwand, wir sind hier schließlich in Nordrußland mit einem langen Winter, mit strengem Frost und viel Schnee.

Für den Nachmittag habe ich mich mit Wladimir Simonow verabredet, und ich muß mich beeilen, wieder rechtzeitig in die Stadt zurückzukommen. Simonow leitet seit dem 1. Dezember 1992 das sogenannte Hessenbüro. Um in Jaroslawl eine Anlaufstelle für die Beziehungen zwischen dem Land Hessen und dem Bezirk Jaroslawl zu schaffen, wurde das Büro gegründet, das in der Langfassung »Kooperationsbüro Hessen« heißt. Außer Wladimir Simonow gehören noch zwei Frauen zu der Stelle, die in Räumlichkeiten der Stadtverwaltung untergebracht ist. Auf jedem Schreibtisch ein Personalcomputer, Fax, Telex – alles da. Wladimir schüttet einen Kaffee auf, und wir setzen uns an den langen Konferenztisch in seinem Zimmer.

Auch Wladimir erwähnt den Namen Kowalew. Als dieser Bürgermeister von Jaroslawl war, hieß der Kasseler Bürgermeister Hans Eichel. »Den beiden haben wir vieles zu verdanken«, meint Wladimir, »und der eine ist darüber zum Chef einer Landesregierung geworden und der andere Leiter des Jaroslawler Gebietes.«

Das Hessenbüro hat es sich zur Aufgabe gemacht, vereinbarte Kontakte mit Leben zu füllen, in erster Linie Wirtschaftspartner zusammenzuführen. Dabei konzentriert sich das Büro auf kleinere und mittlere Unternehmen, »da sich die Großen selbst finden«, meint Wladimir. Doch im nächsten Augenblick korrigiert er sich und erzählt von der Uhrenfabrik »Tschaika« in der Stadt Uglitsch, einer der größten Uhrenhersteller in Rußland, der sich an das Hessenbüro gewandt hat mit der Bitte, nach einem westlichen Partner Ausschau zu halten. Man brauche Hilfe bei der Modernisierung der Produktionshallen, in denen Flüssigkristallanzeigen hergestellt werden.

Wladimir Simonow und die beiden anderen sind zwar staatliche Angestellte, stehen aber nicht auf der Gehaltsliste der russischen Verwaltung. Alles wird ausschließlich aus Deutschland finanziert. »Wir sind gut ausgestattet«, meint Wladimir, und ich stelle bei seiner Aufzählung der technischen Gerätschaften fest, daß ich vorhin einen Superkopierer übersehen hatte. »Nicht zu vergessen die Kaffeemaschine«, fügt Wladimir hinzu, indem er das noch leicht röchelnde Gerät ausschaltet und den Kaffee serviert.

Das Büro arbeitet nicht gewinnorientiert. Erleichtert wird die Arbeit laut Wladimir dadurch, daß aufgrund des staatlichen Kooperationsvertrages alle staatlichen Stellen – deutsche wie russische – verpflichtet sind, für Geschäftsanbahnungen nützliche Informationen herauszugeben. Konkret: Das Büro hat den Zugriff auf alle relevanten Verwaltungsdateien sowohl in Jaroslawl als auch im hessischen Ministerium für Wirtschaft, Transport und Technologie in Wiesbaden. Wenn sich Partner gefunden haben, leistet das Hessenbüro noch

Beratungshilfe, was Formalitäten vom Zoll bis zum Bankwesen betrifft.

Trotz der kurzen Zeit – das Büro arbeitet ja gerade mal fünf Monate – frage ich Wladimir nach einem gelungenen Beispiel von Partnervermittlung. Erwartungsgemäß muß er passen. Man habe den Deutschen bisher etwa 25 bis 30 konkrete Vorschläge unterbreitet, aber leider seien die Deutschen sehr vorsichtig und zurückhaltend, obwohl es doch gerade in Jaroslawl so viele Beispiele gebe, wo ausländische Firmen ihr Kapital gewinnbringend investiert haben. Und er zählt die betreffenden Länder auf: Italien, Frankreich, USA, Türkei, China und sogar Japan, das sich wegen der umstrittenen Kurilen-Inseln nach wie vor mit wirtschaftlichem Engagement in Rußland schwertut. »Korea und Taiwan hab' ich noch vergessen«, schiebt Wladimir nach. Obwohl es nicht seine Aufgabe ist, hielte er es für sinnvoll, eine Liste mit all diesen Beispielen zu erstellen, um die Zauderer zu überzeugen. »Wir brauchen Partner in der ganzen Welt, das ist für unseren Entwicklungsprozeß unentbehrlich. Aber die müssen uns nichts schenken, das kann man nicht oft genug wiederholen.«

Ich weiß natürlich, daß es unrealistisch ist – warum eigentlich? –, aber wie wäre es, wenn man die ohnehin etwas stiefmütterlich behandelte Wirtschaftsberichterstattung im Fernsehen mit einer kleinen, vielleicht auf fünf Folgen begrenzten Serie erweiterte, unter dem Titel: »So geht's! Wirtschaftlicher Erfolg in Rußland.« Wenn man dazu Praktiker ins Studio holte, die zwar von Schwierigkeiten, Problemen und nervtötenden Erfahrungen sprechen, aber eben auch davon, was machbar ist. Was glauben Sie, warum Edzard Reuter, der Konzernchef von Daimler-Benz, im September 1993 eine ausgedehnte Reise nach Rußland und in andere Länder der ehemaligen Sowjetunion unternimmt? Nicht im Troß eines Politikers, sondern allein. Weil der Mann weiß, daß es sich für beide Seiten lohnt, weil er ein Gespür dafür hat, wo sich was bewegt, und weil er zu den Topmanagern gehört, die Visionen haben. Man könnte das hochmotivierte Karstadt-Team aus Moskau erzählen lassen – aber wahrscheinlich fällt das alles unter Schleichwerbung.

Schade, daß ich den Namen des Unternehmens nicht nennen kann – ich hab's versprochen –, das sich schließlich von besonders satten Mitarbeitern trennte, weil sie bei ihrem Rußlandeinsatz die Sorge um die Größe ihres Büros, die Qualität ihres Schreibtisches und die Farbe ihres Chefsessels nachhaltig am notwendigen Improvisieren hinderte. Um Mißverständnissen vorzubeugen: Ich verstehe jeden, der die unbequeme Art zu leben nicht auf sich nehmen will, schon gar, wenn er Familie hat. Kleinen Kindern sollte man einen solchen Aufenthalt wirklich nicht zumuten. Aber es verzerrt das Bild, wenn man aus der Tatsache, daß nicht jeder die notwendige Flexibilität aufbringt, den Schluß zieht, daß es nur an Rußland liegt, daß nichts klappt.

Wladimir und ich unterhalten uns darüber, was Russen von Deutschen wissen und Deutsche von Russen. Wladimir lacht: »Es passiert schon sehr viel Komisches«, sagt er und erzählt von Unternehmern, die ganz überrascht waren, so schnell von Moskau in Jaroslawl zu sein, weil sie die Stadt an der Wolga irgendwo zwischen Ural und Sachalin vermuteten. »Apropos Wolga«, wirft Wladimir ein, »Sie wissen, daß wir mit unseren Schiffen von hier aus bis nach Deutschland fahren können – umgekehrt natürlich auch.« Bedauerlicherweise habe Jaroslawl noch keinen richtigen Flugplatz, meint Wladimir. Pläne gibt es. An der Ausarbeitung waren deutsche Firmen beteiligt, aber es scheiterte bislang an der Finanzierung. Die bestehenden Militärflugplätze will man jetzt verstärkt nutzen, aber auch da muß eine Menge investiert werden, um internationalen Standard zu erreichen. Alles in allem liegt Jaroslawl wegen der Nähe zu Moskau – was sind schon 300 Kilometer? – verkehrstechnisch sehr günstig. Ausländische Geschäftsleute werden aus Moskau von ihren Partnern in Jaroslawl je nachdem mit dem Wagen oder im Hubschrauber abgeholt.

Und nun beginnt Wladimir seine Region anzupreisen. Er verweist auf die Erdölraffinerie in Jaroslawl, eine der größten in der Welt, dann auf ein Forschungsinstitut, ebenfalls eines der größten in der ehemaligen Sowjetunion und nun in Rußland, das sich mit der Herstellung von synthetischem Kautschuk beschäftigt. Wladimir schaut mich beinahe durchdringend an, so als müsse er mich überzeugen, und sagt: »Wir haben auch Know-how, das einzigartig ist auf der Welt.« Ich weiß das.

Von dem entscheidenden Grund für das ausländische Interesse an Jaroslawl habe ich schon im letzten Kapitel berichtet: Stadt und Region haben das Recht, auf eigene Rechnung Erdöl zu verkaufen. Ausländische Investoren lassen sich also zum Teil in Erdöl bezahlen, das sie selbst mit einer enormen Gewinnspanne im Ausland vermarkten. »Die meisten der Unternehmen, die herkommen, sind gut vorbereitet und wissen, was sie hier kriegen können«, kommentiert Wladimir.

Ich frage ihn, ob er damit sagen will, daß Russen von Ausländern übervorteilt werden. Wladimir windet sich etwas und beginnt sehr allgemein: »Die Frage ist so interessant, daß man sie nicht direkt beantworten kann. Man muß sie im allgemeinen Kontext unserer gesamten politischen Situation in Rußland beantworten.« Er läßt sich viel Zeit, bevor er vorsichtig weiterspricht: »Es scheint so zu sein, daß die Ereignisse der letzten Zeit bei uns eine bestimmte Rolle gespielt haben. In Deutschland und in anderen westlichen Ländern sind ziemlich viele negative Informationen über uns verbreitet worden. Das übt einen negativen Einfluß aus. Sehr viele, die zu uns kommen, sind zum Beispiel fest davon überzeugt, daß den Russen in der Wirtschaft nichts gelingt. Das führt dann zu einem schulmeisterlichen Ton bei Verhandlungen. Man versucht uns zu sagen, daß es so und so sein muß, obwohl wir in unseren speziellen Gegebenheiten leben, unsere Regeln haben und uns darin auskennen.«

Wladimir macht noch einmal eine längere Pause, in der er mit sich kämpft, ob er mir ein konkretes Erlebnis erzählen soll. »Nein, anders«, fügt er dann an, »ich sage Ihnen ein positives Beispiel, wo sich beide Seiten als Spezialisten und Partner akzeptiert haben. Wir hatten neulich Besuch aus dem hessischen Umweltministerium. Hiesiger Gesprächspartner war unser Komitee für Umweltschutz. Die haben sechs, sieben Tage intensiv zusammen gearbeitet, und beide Seiten waren hinterher zufrieden. Da haben Profis mit Profis über eine gemeinsame Sache in einer gemeinsamen Sprache gesprochen.« Wladimir schüttet mir Kaffee nach und fügt noch hinzu: »Unsere Profis haben eine hohe Meinung von sich selbst, und wenn sie spüren, daß sie akzeptiert werden, dann ist vieles möglich.«

Natürlich sprechen wir auch über die zahlreichen Handikaps, die sich die Russen selbst einbrocken, dadurch, daß morgen andere Vorschriften gelten als heute und übermorgen wieder andere. Dieses unübersichtliche Hin und Her, gerade was die Steuergesetzgebung angeht, ist nur zu einem Teil sachlich begründet, der andere Teil ist politischer Opportunismus. Wladimir versteht, daß so etwas viele Ausländer abschreckt, die feste Regeln gewohnt sind. Ein Amerikaner habe ihm mal gesagt: »Wenn ein Spiel Regeln hat, dann kann man dieses Spiel spielen. Wenn sich aber mitten im Spiel die Regeln ändern, dann werden wir es nicht spielen.« Seither benutzt Wladimir diese Geschichte auch, um im Gespräch mit russischen Instanzen Überzeugungsarbeit zu leisten.

Wladimir angelt sich einen Aktenordner vom Regal und blättert darin herum. Dort sind die Anfragen russischer Betriebe und Einrichtungen abgeheftet, die einen deutschen Partner suchen und deren Seriosität Wladimir schon überprüft hat. Da ist zum Beispiel die Firma »Spektr«, die seit 1988 besteht, fünfzig Beschäftigte hat und 1992 einen Jahresumsatz von 250 Millionen Rubel machte. Die Firma verarbeitet Gummi und Kunststoffabfälle zu den unterschiedlichsten Fertigteilen und produziert emaillierte Gebrauchsgegenstände für Rußland und die Länder der GUS. Sie sucht einen deutschen Partner, dem sie zuliefern kann, und sie wirbt damit, daß sie wegen des geringen Lohnniveaus in der Lage ist, auch bei einem großen Anteil von Handarbeit günstig zu produzieren. Darüber hinaus bietet sie einem potentiellen deutschen Partner an, die Handelsvertretung für Haushaltsgeräte zu übernehmen, da »Spektr« ein entsprechendes Vertriebsnetz und die nötigen Kontakte habe. An der weiteren Beschreibung der Firma läßt sich ablesen, wo Russen Prioritäten setzen: »Unsere Firma verfügt über ein eigenes Geschäft, eine Gaststätte in der Stadtmitte, Produktionsflächen von über 1000 qm, bewachte Lagerräume, eigenen Lkw- und Pkw-Transport, einen Bus.« Und zum Schluß wird noch etwas sehr Wichtiges erwähnt: das eigene Valutakonto, von dem es dezent heißt, daß es alle notwendigen finanziellen Operationen erleichtere.

Es finden sich eine ganze Reihe ähnlicher Angebote von Firmen oder Produktionsvereinigungen, die mit ihren Grundstücken, ihren Immobilien innerhalb der Stadt und mit der billigen Arbeitskraft werben. Landwirtschaftliche Betriebe sind auch dabei, die zum Beispiel in großem Maßstab Pilze für den westlichen Markt produzieren wollen, aber auch einige größere Unternehmen für Militärtechnik, die wegen der Konversion gezwungen sind, ihre Produktion auf Zivilgüter umzustellen. Hochwertige elektronische Haushaltsgeräte wären da zu produzieren, wenn ein westlicher Investor mit einer Anschubinvestition in Vorlage träte.

Oder ganz etwas anderes: eine Ikonenschule, die vom russischen Künstlerverband und der örtlichen Diözese in Jaroslawl gegründet wurde mit dem Ziel, die Tradition der russischen religiösen Kunst wiederzubeleben. Die Schule unterhält eine klassische Ikonenwerkstatt mit hochqualifizierten Malern, eine Keramikabteilung, die sich mit den traditionellen Jaroslawler Kacheln beschäftigt, eine »Juwelmeisterei«, in der Schmuck für kirchliche Utensilien gefertigt wird, und es arbeiten dort auch Grafiker an Themen des Alten und Neuen Testaments. Typografische Vervielfältigungen sind billiger und für die Gläubigen schneller zugänglich, so lautet die Argumentation. Also ist man an einem deutschen Partner interessiert, der eine Einrichtung für Offsetarbeiten beisteuern kann. Religiöse Kunst, dazu noch aus Rußland, ließe sich in Deutschland bestimmt vermarkten.

Die ungewöhnlichste Anfrage kommt aus dem Erziehungssektor. Die Schule Nr. 77 in Jaroslawl arbeitet seit 1990 zusammen mit dem Gebietszentrum für Kinder- und Jugendtourismus an einem Experiment. Mit Hilfe touristischer Aktivitäten will man Umweltbewußtsein und andere Erziehungsinhalte vermitteln. Auf der Grundlage von Naturverbundenheit und Humanismus, von pädagogischen Theorien Rousseaus und Pestalozzis soll »ein harmonisch entwickelter Mensch mit einer aktiven Lebensposition« geformt werden, »der für alle Zufälligkeiten des Lebens vorbereitet ist«. Ein eigens gegründeter Klub, der von zwei Erwachsenen und drei Schülern geleitet wird, organisiert Reisen in alle möglichen Gebiete der ehemaligen Sowjetunion. Die Schüler waren mit ihren Lehrern bereits in der Taiga, im Gebirge des Nordural, in der Wüste Karakum, auf den Bergen der Krim und zu Skitouren in der Hibin-Tundra der Kola-Halbinsel. Es gebe einige Gemeinsamkeiten mit Pfadfindern westlicher Prägung, so heißt es im Informationsblatt, Topographie, Orientierung, Leben im Freien, Selbstversorgung etc. spielen eine wichtige Rolle.

Dieser Klub ist nun auf der Suche nach einem Verein oder einer Schule mit ähnlichen Ambitionen in Deutschland. Um das Interesse zu wecken, ist die Planung bis Oktober 1994 gleich mit abgedruckt: 1993 stehen im Juni Paddelbootfahrten auf karelischen Seen und Wasserskiwettbewerbe auf einem Fluß in der Nähe von St. Petersburg auf dem Programm, im August wollen sie wieder im Nordural wandern und im Oktober in der Karakum-Wüste in Turkmenistan. Das Jahr 1994 wollen sie im März mit einem Skiausflug auf die Kola-Halbinsel und einer Wanderung auf der Krim beginnen. Im Juli wird am Baikalsee gewandert, wo sich inzwischen internationale Wissenschaftler, auch deutsche, an einem großangelegten Sanierungsprogramm für diesen einzigartigen See beteiligen, der durch Umweltverschmutzung so zugrunde gerichtet wurde. Ebenso ist eine Ökologieexpedition in den Ural geplant. Im August wenden sie sich dem Altai zu und im Oktober, wenn es klimatisch wieder verträglich ist, erneut dem mittelasiatischen Turkmenistan. Als Schnupper-Exkursion will man westlichen Interessenten zunächst einmal die alten russischen Städte des »Goldenen Rings« rund um Moskau zeigen, als da sind Jaroslawl selbst, Rostow, Pereslawl, Uglitsch und Kostroma.

Ein Projekt scheint Wladimir besonders am Herzen zu liegen. Es handelt sich um ein Patent, das ein Jaroslawler Arzt auf dem Gebiet der invasiven Chirurgie entwickelt hat, das heißt eine spezielle Absaugmethode mit Hilfe eines Katheters, der auf Vakuumbasis arbeitet. Damit könnte man zum Beispiel auf schonende Weise Polypen entfernen, erzählt mir Wladimir. Es habe bereits Versuche gegeben, auf dem deutschen Markt Fuß zu fassen, eine Firma für Medizintechnik sei da auch schon eingeschaltet, aber die rechtlichen Bestimmungen, die in Deutschland besonders streng seien, ständen bislang dagegen.

Wladimir hat in Moskau Gesellschaftswissenschaften studiert, war in einer Chemiefabrik beschäftigt, hatte eine leitende Stellung in der Kommunistischen Jugendorganisation inne und arbeitete schließlich anderthalb Jahre in einem russisch-vietnamesischen Joint-venture als Marketingmanager, bevor er die Leitung des Hessenbüros übernahm. Er macht einen durchaus engagierten Eindruck, aber ich fürchte, seine Motivation könnte Schaden nehmen, wenn er bei Leonid, der auch nichts anderes macht, sieht, was man mit Partnervermittlung und Beratung verdienen kann. Wladimir muß sich mit umgerechnet 90 Mark Gehalt aus Deutschland zufriedengeben.

Ein Windschutzscheiben-Profiklau dauert dreißig Sekunden

Was man mit dem Auto in Rußland erleben kann

Das Thema Auto ist ein unendliches. Beginnen wir mit unserer Abreise aus Jaroslawl.

Auch mit Wladimirs Hilfe gelingt es uns nicht, ein Reserverad aufzutreiben. Ein bißchen beruhigter bin ich, als wir einen alten Bekannten treffen, der sowieso nach Moskau fahren will und den wir nun mitnehmen. Wenn wir tatsächlich unterwegs liegenbleiben, fällt ihm, Slawa heißt er, sicher mehr ein als uns. Er organisiert noch irgendwo flüssige Gummidichtung, für alle Fälle, und dann machen wir uns auf den Weg. Das heißt, wir würden gerne, aber nachdem wir den bereits laufenden Motor noch einmal abgestellt haben, um uns von jemandem zu verabschieden, ist der Wagen nicht mehr zu starten. Aus Gründen, deren Darlegung hier zu weit führen würde, hatten wir uns mit einem BMW, Baujahr 1979, mit einer nicht mehr feststellbaren Kilometerleistung auf den Weg gemacht. Das Auto war zwar problemlos angesprungen – es lief lediglich seltsam »unrund« –, aber beim erneuten Versuch, den Motor in Gang zu bringen, ist das einzige Ergebnis eine hörbar schwächer werdende Batterie.

Wir versuchen unser Glück mit Schieben, schließlich sind wir zu viert, Slawa, mein Mann und ich und derjenige, von dem wir uns verabschiedet hatten. Nach drei vergeblichen Kraftanstrengungen auf der ebenen Strecke beschließen wir, die Kerzen trockenzulegen. Während wir damit beschäftigt sind – ich habe bloß zugesehen –, kommt das erste Auto vorbeigefahren und hält prompt an. Es ist ein Lada, am Steuer ein Mann in mittleren Jahren. Zunächst hilft er schieben, dann schleppt er unser Auto mit seinem an. Das Seil, das er dabeihat, wird an beiden Wagen verknotet – wir haben es später kaum lösen können –, und schließlich läuft unser Auto wieder aus eigener Kraft. Ich will gerade ein Loblied auf die Hilfsbereitschaft anstimmen, als Slawa ernüchternd feststellt: »In Moskau hättest du lange warten können, bis einer hält.«

Auf dem Weg aus Jaroslawl heraus kommt uns ein Fahrzeug entgegen, das Teer sprüht. Es ist nichts abgesperrt, jeder fährt durch die frische schwarze Brühe, es ist eine Riesensauerei, ein heller Wagen wäre reif für eine Neulackierung – aber es regt sich niemand auf. Es fahren übrigens viel mehr westliche bzw. japanische Autos als noch vor zwei, drei Jahren. Auffällig häufig sind alte BMW-Modelle vertreten. Slawa klärt mich auf: »Bei denen passen die russischen Wolga-Ersatzteile am besten.« Wir müssen tanken – nach der altbekannten Methode: Erst zahlen, und dann bekommt man die Menge zugeteilt, die, wenn man Glück hat, dem Geldbetrag entspricht.

Die Tankstelle, am Rand von Jaroslawl, liegt etwas erhöht, und das Tal, das man von dort übersieht, ist vollgestopft mit Garagen. Sie gehören zu den großen Wohnhäusern an der Peripherie. So weit man sehen kann: eine Garage an der anderen. Die Entfernung zu den Häusern drängt den Schluß auf, daß man ein Auto braucht, um zu seinem Auto zu gelangen.

Das Thema Tanken ist nicht minder unendlich. Jeder darf sich glücklich schätzen, der ein Auto besitzt, das 76er-Benzin verträgt, also Kraftstoff mit 76 Oktan. Hochgezüchtete Motoren fangen damit an zu klingeln. Aber das bei uns im Westen übliche 95er ist recht selten zu bekommen, 92er schon häufiger. Nun kann es durchaus passieren, daß an einer Tankstelle bei der einen Säule Superbenzin für 40 Rubel der Liter verkauft wird, weil es sich um staatliche Preise handelt, und bei der anderen Säule, ein paar Meter daneben, für 80 Rubel, weil das der »kommerzielle Preis« ist, den der Markt ohne weiteres hergibt. Es handelt sich um dasselbe Benzin aus demselben Tank, aber eine Säule wird kurzerhand zur kommerziellen Zapfstelle erklärt. Das führt zu einer Riesenschlange dort, wo man nur 40 Rubel pro Liter bezahlen muß, und zu allenfalls regem Betrieb an der für 80 Rubel. Der soziale Klassenunterschied ist augenfällig. An der 95er-Säule, wo der Liter 180 Rubel kostet, gibt es keine Wartezeiten.

Noch verrückter geht es an manchen Tankstellen zu, wo die Betreiber das Zapfventil entfernen, um den »freien« Verkäufern das Feld zu überlassen, die auf dem Gelände der Tankstelle Benzin aus Kanistern anbieten, natürlich nicht für 40, sondern für 150 Rubel pro Liter. Normalerweise darf man nur 40 Liter auf einmal tanken; wenn man mehr möchte, muß man sich in der Schlange noch mal hinten anstellen oder aber in Dollar bezahlen. Die Behörden wissen das alles, aber sie unternehmen nichts dagegen und stehen deshalb bei der Bevölkerung im Ruf, an diesen Geschäften beteiligt zu sein.

Der staatliche Benzinpreis von 40 Rubel galt relativ lange. Vor dem Referendum im April 1993 wurde er plötzlich auf 60 Rubel heraufgesetzt. Jelzin schaltete sich ein, verkündete medienwirksam, daß das so nicht gehe, und verfügte eine Preissenkung auf die alte Marge von 40 Rubel. Darüber wurde damals heiß diskutiert. Die einen waren stolz auf ihren entschlossenen Landesvater, die anderen fühlten sich verschaukelt, weil sie nicht glauben konnten, daß ausgerechnet die staatlichen Benzinpreise am russischen Präsidenten vorbei erhöht worden sein sollten, und vermuteten einen Werbegag für das Referendum. Übrigens, nach dem Wahlgang explodierte der Preis dann.

Die Ukrainer haben wesentlich größere Probleme mit ihrem Benzin. Dabei drängt sich eine gedeihliche Zusammenarbeit mit den Russen geradezu auf, denn die Ukraine hat freie Raffineriekapazitäten, aber kein Erdöl. In Rußland verhält es sich umgekehrt. Das russische Angebot an die Ukraine lautet: Wir liefern Erdöl, ihr verarbeitet weiter, und dafür könnt ihr einen Teil des Öls behalten. Die Ukraine lehnte ab und wollte für die Öllieferungen mit Zucker oder anderen landwirtschaftlichen Produkten zahlen. Damit war Rußland nicht einverstanden. Nach Wildwestmanier beschlagnahmte die Ukraine alle Eisenbahnwaggons, mit denen Warenlieferungen aus Rußland ankamen. Für zusätzliche Verstimmung sorgte die Meldung, die Ukraine habe im Laufe des Jahres 1992 einen Teil des von Rußland gegen Rubel gekauften Benzins für US-Dollar weiterveräußert.

Wegen der extremen Engpässe bei der Benzinversorgung in der Ukraine war es über Monate verboten, Kraftstoff an private Pkws abzugeben. Slawas Schwager, der in der Ukraine lebt, hat sich in mühevoller Kleinarbeit, fünf- oder zehnliterweise, Benzin regelrecht zusammengeklaut, weil er im Sommer auf seine Datscha fahren möchte. Er hat jetzt 60 Liter geschafft und will demnächst auf Schleichwegen, nachts, um Kontrollen möglichst zu entgehen, die 250 Kilometer lange Strecke bewältigen.

Zurück an russische Tankstellen oder besser gesagt zu den unorthodoxen Methoden, den Tank seines Autos zu füllen. Irgendwo an den Landstraßen oder auch mitten in Wohnvierteln sitzen einzelne Bezinhändler, um sich herum fünfzehn, zwanzig Kanister gestapelt, mit selbstgemalten Pappschildern, auf denen steht 95er-Benzin. Der nicht ganz stubenreine Kommentar eines russischen Bekannten, der solche Käufe ablehnt: »Und woher weiß ich, daß es 95er ist? Das kann ja auch Bullenpisse sein.« Drastisch, aber einleuchtend.

Was die Disziplin beim Autofahren betrifft – die in Deutschland ja auch restlos abhanden gekommen ist, wer hält sich schon an Geschwindigkeitsbeschränkungen oder durchgezogene Linien? –, was also die Disziplin betrifft, so sind mir keine wesentlichen Änderungen zu früher aufgefallen. Wie eh und je stellen Gegenspuren für die entgegengesetzte Richtung kein Tabu dar, Einbahnstraßenschilder könnte man sich eigentlich sparen, weil sie doch keiner ernst nimmt. Es wird auch auf Schnellstraßen rechts überholt, obwohl es verboten ist. Selbst der Standstreifen wird dazu genutzt, und das nicht selten. Rote Ampeln halten einige nach wie vor allenfalls für eine freundliche Empfehlung, und Absperrungen aus welchen Gründen auch immer sind dazu da, den persönlichen Erfindungsreichtum und die Geländegängigkeit des eigenen Fahrzeugs zu testen.

Auch auf belebten Moskauer Hauptstraßen ist es üblich, Milizionäre auszutricksen. Wenn beispielsweise der Kalininprospekt Richtung Kreml wegen einer Demonstration oder einer Veranstaltung gerade abgesperrt wird, machen sich die Moskauer regelrecht einen Spaß daraus, so eben noch durchzurutschen. Die gestikulierenden Polizisten beeindrucken wenig. Teils belustigt, teils fassungslos, beobachte ich als Beifahrerin in einem russischen Auto, wie sich Milizionäre mit aufgebrachten Autofahrern, meist Ausländern, auseinandersetzen, die einen Umweg unter allen Umständen vermeiden wollen, während nicht mal fünfzig Meter davon entfernt die Einheimischen über einen Parkplatz und einen Grünstreifen ausweichen, bevor sie doch die verbotene Richtung einschlagen. Es hat ein bißchen was von einem Flohzirkus.

Zuweilen handelt es sich bei bemerkenswerten Vorgängen dieser Art aber nicht um mangelnde Disziplin, sondern um technische Defekte. Als wir auf einer Moskauer Hauptverkehrsstraße an einer roten Ampel bereits eine Weile stehen, schießt ein Wagen noch durch, links an uns vorbei. Ich sage zu meinem russischen Beifahrer, das sei ja wohl ein starkes Stück, doch der zuckt nur die Schultern und meint verständnisvoll: »Der hat vielleicht keine Bremsen. Ich kenne ein paar, die fahren ohne Bremsen und regeln das mit Runterschalten.« Übrigens – Radarwarngeräte haben fast alle, die es sich leisten können. Sie sind allerdings in Rußland – noch – nicht verboten.

Fehlende Kanaldeckel, die in Deutschland zu Berichten im Lokalteil der Tageszeitung führen – in Moskau kein Thema. Und als ich auf einer achtspurigen, gut ausgebauten Straße kurz hinterm Rigaer Bahnhof in Moskau einem Lkw-Federbolzen ausweiche, der sich, je nachdem, wie man ihn erwischt, in ein Geschoß verwandeln kann, winkt mein Begleiter nur ab: »Der liegt hier schon seit drei Monaten.«

An Nummernschildern kann man in Rußland bekanntlich eine Menge ablesen. Bei Ausländern ist es ihre berufliche Zuordnung in vier Kategorien: Diplomat, technisches Botschaftspersonal, Geschäftsleute und Korrespondenten. Weiterhin gibt eine Zahl das Herkunftsland zu erkennen. Auffällig ist, daß neben den einheimischen Fahrzeugen mittlerweile die Wagen von japanischen und amerikanischen Besitzern das Straßenbild beherrschen. Das war einmal anders. Als ich das entdecke und anfange, bewußt darauf zu achten, erschreckt es mich fast, wie wenig deutsche Autos in Moskau herumfahren. Stichproben um internationale Hotels herum ergaben immer dasselbe: Japaner und Amerikaner, mal die einen, mal die anderen an der Spitze, und nur vereinzelt ein deutsches Auto.

Joint-ventures brauchen inzwischen spezielle gelbe Autokennzeichen. Diese Fahrzeuge werden besonders oft angehalten und kontrolliert, das ist jedenfalls der Eindruck meiner russischen Bekannten. Offiziell muß man für ein solches Nummernschild 300 Rubel ausgeben. Wenn es schnell und ohne die langwierigen Formalitäten gehen soll, dann ist man 100 Dollar los.

Da wir gerade bei offiziellen Dokumenten sind: Seit 1. Januar 1993 hat jeder Russe einen Anspruch auf einen Reisepaß. Als das Gesetz 1991 beschlossen wurde, löste es in Deutschland – bei aller demokratischen Begeisterung – zunächst einmal Ängste aus, weil viele dachten, Millionen russischer Menschen hätten nichts anderes im Sinn, als ihr Land zu verlassen. In Rußland treten ganz andere Schwierigkeiten auf. Auf den Stichtag 1. Januar war man nicht optimal vorbereitet, das heißt, die Zahl der Pässe reicht bis heute nicht, und man muß sich auf längere Wartezeiten gefaßt machen. Im Prinzip nichts Ungewöhnliches, denn als in der Bundesrepublik der neue fälschungssichere Personalausweis eingeführt wurde, waren Wartezeiten von drei Monaten auch keine Seltenheit, und das in einem reichen, durchorganisierten Land mit damals noch 60 Millionen Einwohnern. In Rußland wird die Lage dadurch verschärft, daß man sich bislang nicht auf ein Staatssymbol einigen konnte. Deshalb werden nach wie vor die alten sowjetischen Pässe genutzt, aus naheliegenden Gründen aber nicht mehr nachgedruckt.

Pässe sind also Defizit. Und da greifen die Regeln von Angebot und Nachfrage. Die Gebühren betragen das Zweifache des offiziellen Mindestarbeitslohns – im Mai 1993 waren das exakt 4275 Rubel. Wenn man sich also auf die offiziell angegebene Wartezeit von mindestens 45 Tagen einlassen wollte, war man mit 8500 Rubel dabei. Wenn es schneller gehen soll, kann man sich an spezielle Firmen wenden, die das Dokument für den fünffachen Satz des Mindestarbeitslohns, also für etwa 21 000 Rubel, innerhalb von zwei, drei Wochen besorgen können. Es haben sich eine Menge solcher Dienstleistungsfirmen gegründet, die sich um Pässe, Visa und andere Papiere kümmern. Und wer gar nicht warten möchte, der geht zur Miliz, läßt 300 Dollar sehen bzw. liegen und ist innerhalb weniger Tage Besitzer eines Reisepasses. Junge Leute kommen auf die abenteuerlichsten Ideen, wie man aus Mangel und Defizit Kapital schlagen kann. Da in Burjatien, einer autonomen Republik innerhalb Rußlands, die Zuteilung von Blankopässen offenbar ziemlich reibungslos funktioniert, hat sich eine kleine Gruppe darauf verlegt, für 170 Dollar das Stück Pässe im sibirischen Burjatien zu besorgen. In einem Reisepaß ist der Wohnort nicht eingetragen, also müßte dieses Verfahren zum gewünschen Erfolg führen.

Übrigens – eine »Propiska«, also eine Aufenthaltsgenehmigung für die Stadt Moskau, immer noch sehr begehrt, war im Mai 1993 für etwa 250 000 Rubel zu haben, allerdings nur, wenn man einen Job nachweisen kann. Das ist ohne »Propiska« durchaus zu schaffen und muß nicht unbedingt in den schon dem Hauptmann von Köpenick bekannten Teufelskreis führen: keine Arbeit – also keine Aufenthaltserlaubnis, keine Aufenthaltserlaubnis – also keine Arbeit.

Zurück zum ergiebigen Thema Auto, das man nicht ansprechen kann, ohne über den Autoklau zu reden. In Rußland, speziell in den Großstädten, und da besonders in Moskau, werden Autos im großen Stil gestohlen und verschoben. Zum Transport der auf diese Weise »erworbenen« Wagen nutzt man geschlossene Lkws. Papiere kann man bei der Verkehrspolizei kaufen. Ein Fahrzeugbrief kostet lediglich 10 000 Rubel, und wenn darin erst einmal alle Nummern eingetragen sind, läßt sich die tatsächliche Herkunft des Autos nicht mehr beweisen.

Gestohlen wird alles. Einheimische und ausländische Modelle. Daß auch auf Bestellung geklaut wird, versteht sich von selbst. Darin unterscheidet sich die russische Branche nicht vom Rest der Welt. Die Preise sind beeindruckend – endlich mal etwas, das nicht teuer ist. Ein Golf GTX mit diversen Extras, Baujahr 1992, 20 000 km auf dem Tacho, ist für 7000 US-Dollar fast geschenkt. Und wer auf einen neuen 500er-Mercedes mit Sonderausstattung scharf ist, muß nicht mehr als 20 000 Dollar hinblättern – allerdings sollte er damit nicht nach Westeuropa fahren. Diese Information der Autoverkäufer gehört zur Einweisung wie die Bedienungsanleitung für Motor, Licht, Elektronik und was sonst noch üblich ist.

Der Nachschub aus Deutschland und anderen europäischen Ländern funktioniert, wobei es zuweilen zu guter Zusammenarbeit mit den ursprünglichen Besitzern kommt. »Wir klauen gerne mit Einverständnis«, erzählt mir ein Fachmann und erklärt mir die Prozedur. Jemand fährt das Auto mit Fahrzeugschein und Fahrzeugbrief nach Rußland, schickt die Papiere wieder zurück, und der Besitzer meldet den Wagen als gestohlen. »Kein Risiko«, meint der Typ. Und wenn man ganz sichergehen wolle, dann müsse man nur nach Holland fahren und von da die Fähre nach St. Petersburg nehmen. »Garantiert keine Spuren«, bemerkt er fast gelangweilt. Bedauerlicherweise müsse man bei der Mehrzahl der Fälle davon ausgehen, daß das Einverständnis nicht zu bekommen sei.

Von einem ganz jungen Kerl erfahre ich Einzelheiten über den üblichen »Windschutzscheiben-Profiklau«. Bis dahin war mir nicht klar, daß man auch Windschutzscheiben stehlen kann. »Beim Lada eine Sache von dreißig Sekunden«, meint der Junge lässig. »Sie brauchen nur ein Viererteam.« Zwei springen aufs Dach, und je einer hält vorne und hinten die Scheiben, die durch den Luftdruck rausfliegen. – Es funktioniert wirklich. Um dem vorzubeugen, machen sich die meisten selbst ein Loch oder einen Riß in die Scheibe ihres Autos – wenn nicht schon die ständig von den Straßen hochfliegenden Steine ihr Werk getan haben –, denn mit beschädigten Scheiben funktioniert es nicht, und diese ließen sich zudem nicht verkaufen.

Was sich blendend verkaufen läßt und zu einem Riesengeschäft geworden ist, sind alte Reifen aus Deutschland. Die müßten bei uns vorschriftsmäßig entsorgt werden, was teuer ist, also ab nach Osten. Die Transportkosten sind im Vergleich nicht der Rede wert, und selbst ganz abgefahrene Exemplare lassen sich noch zu Geld machen.

Der extreme Autoklau führt zu paradoxen Situationen auch bei ausländischen Repräsentanzen. Die Zentrale in der Heimat hat in der Regel wenig Verständnis dafür, wenn ihr Moskauer Statthalter den ihm dienstgradmäßig zustehenden dunkelblauen Nobel-BMW – eines der begehrtesten Klauobjekte – gegen einen unauffälligen Lada tauscht und die Edelkarosse auf einem bewachten Parkplatz deponiert. Denn die früher üblichen Ausländergettos gibt es nicht mehr, und jeder kann sich seine Wohnung nach eigenem Gutdünken besorgen; ausreichend bewachte Parkplätze in Wohnungsnähe sind daher heute eher die Ausnahme.

War ich früher versucht, einen Fernsehbericht über einen russischen Regisseur zu machen, der sich ein Cabrio von Mercedes leisten konnte, das einzige in ganz Moskau, so könnte man heute eine Endlosserie über Russen produzieren, die für ihr Auto 150 000 Mark und mehr ausgeben. Während man früher mit einem Mercedes-Kombi Aufsehen erregte, so dreht sich heute kein Mensch mehr nach einem Porsche, einem SL oder einem Jaguar um.

»Aviatika 890« im Aufwind

Die Erfolgsstory einer russischen Flugzeugfirma

Es war ein Bericht über russische Sportflugzeuge, der mich aufhorchen ließ. Ich verfolgte die russischen Fernsehnachrichten – in meiner Moskauer Zeit Pflicht, heute mit Wohnsitz in Deutschland (per Satellitenschüssel möglich) Kür –, als der Moderator eine Kunstflugvorführung und ein Interview mit dem Geschäftsführer eines soeben privatisierten Luftfahrtunternehmens ankündigte. Da kamen gleich drei Gründe zusammen, warum mich diese Meldung elektrisierte. Der Luft- und Raumfahrtsektor ist einer der bestausgerüsteten in Rußland bzw. der ehemaligen Sowjetunion, im Flugzeugbau ist die Konkurrenz weltweit mörderisch, und wer preiswert gute Qualität produzieren kann, müßte gute Chancen haben. Das war der erste Punkt. Dann ist ein privatisiertes Luftfahrtunternehmen in Rußland auch deshalb bemerkenswert, weil so etwas bislang eindeutig militärisch angesiedelt und entsprechend geheim behandelt wurde. Und schließlich ist mir die Fliegerei einfach persönlich nahe als aktive Segelfliegerin, die ich bis vor meiner Moskauer Zeit war.

Die Russen hätten mit ihren Produkten auf dem Weltmarkt grundsätzlich keine Chance? Dieses Vorurteil wollte ich einmal überprüfen und beschloß, mir diese Firma mit Namen »Aviatika« in Moskau anzusehen.

Als Aktiengesellschaft war Aviatika Mitte 1991 von drei staatlichen Organisationen gegründet worden: der Moskauer Hochschule für Flugwesen, der Dementjew-Produktionsvereinigung für Flugzeugbau in Moskau, die vor kurzem noch den Namen »Snamja Truda« trug, also »Banner der Arbeit«, und dem Gromow-Institut für Flugerprobung in Schukowskij, der Stadt, wo auch der bekannte Flugzeughersteller Tupolew sitzt, bis vor kurzem geschlossenes Gebiet, heute Ort öffentlicher Flugschauen.

So waren sehr gute Voraussetzungen gegeben: Man besaß die wissenschaftliche Basis, die Produktionskapazität und erfahrenes Personal, darunter Wladimir Gordienko, Cheftestpilot und in Rußland ein recht bekannter Mann, der auch fast alle militärischen Typen eingeflogen hat.

Die Kernmannschaft von Aviatika besteht aus rund achtzig Mitarbeitern und Mitarbeiterinnen, die sich im wesentlichen um Außenhandel und Werbung kümmern. Das Durchschnittsalter liegt bei etwa dreißig Jahren, und die sechsköpfige Werbeabteilung wird von einer Frau geleitet, die leider zur Zeit meines Besuchs in Australien unterwegs war. Insgesamt beläuft sich die Zahl der Beschäftigten auf einige tausend, wenn man alle Subunternehmen mitrechnet.

Die bisherige Bilanz kann sich sehen lassen. 1992 wurden mehr als neunzig Flugzeuge ins Ausland verkauft, nach Westeuropa – Italien, Spanien und Großbritannien – sowie in die USA, nach Kanada, Argentinien, Brasilien, Südafrika, Australien und auf die Philippinen.

Mit dem Mehrzweck-Leichtflugzeug »Aviatika 890« ist der Durchbruch gelungen. Konstruiert von Ingenieuren, die auch die Mig-Kampfflugzeuge entwickelt haben, kam eine voll kunstflugtaugliche Sportmaschine heraus, die für verschiedene Aufgaben geeignet ist: Patrouillen über ausgedehnte Waldgebiete, wie sie auch in den USA und Kanada zu finden sind, Transport von Post und anderen Gütern an entlegene Orte mit unzulänglichen Landepisten, Luftaufnahmen und, ausgerüstet mit einem Zusatzgerät, für die Schädlingsbekämpfung in der Landwirtschaft.

Mit Sinn für Reklame startete das Team einen Weltrekordversuch, was die Steigleistung dieser Klasse von Maschinen betrifft, und gewann. Der entscheidende *wirtschaftliche* Vorteil bestand darin, daß dieses Flugzeug wegen der in Rußland üblichen Dimensionen in großer Serie produziert werden konnte. Zwischen 18000 und 20000 US-Dollar – je nach Exportland und Motorleistung – kostet die einsitzige Variante. Für 23000 bis 24000 Dollar ist die zweisitzige Ausführung zu bekommen, die man gleich im Anschluß entwickelte. Hier existiert ein nennenswerter Markt, besonders für die Grundausbildung von Piloten und für den Flugtourismus.

Sportfliegerei ist, weltweit betrachtet, auch kein geringer Marktfaktor, und deshalb haben die Aviatika-Leute eine – wie sie das nennen – Klubtriade entwickelt, bestehend aus den beiden Motormaschinen und einer Segelflugausführung. Damit kann sich ein Flugsportverein für den Bruchteil der in Deutschland üblichen Kosten eine Grundausstattung zulegen, die auch noch den Vorteil hat, daß 80 Prozent der Bauteile austauschbar sind. Und um das Paket komplett zu machen, kann das Fahrgestell auf Wunsch mit Schwimmern oder Kufen statt mit Rädern geliefert werden.

Ein Renner scheint »Autoschir« zu werden, ein Hubschrauber aus dem Bausatz, der sich nach Auskunft der Presseleute von Aviatika in zwei, drei Stunden zusammensetzen läßt und in den USA immer beliebter wird.

Das Konstruktionsbüro der Firma arbeitet auf Hochtouren. Am 22. Februar 1993 startete eine Maschine des Typs »Akrobat« zu ihrem Jungfernflug, ein, wie der Name vermuten läßt, kunstflugtaugliches Gerät für höchste Ansprüche. Im Juni 1993 wird »Akrobat« der internationalen Öffentlichkeit auf dem Flugtag im französischen Le Bourget vorgestellt. In der weiteren Planung ist ein kleines Geschäftsflugzeug; robust und preiswert soll es werden.

Die Geschäftspolitik von Aviatika hat etwas von der VW-Idee: jedem sein eigenes Flugzeug. Zumindest versucht man über die Preisgestaltung einen breiten Kundenkreis anzusprechen. Und genau da wird die internationale Konkurrenz hellhörig. Aber das Aviatika-Team läßt sich nicht bange machen und arbeitet taktisch sehr geschickt. Um die eigenen Produkte im Ausland verkaufen zu können, sucht man sich jeweils einheimische Handelsvertreter, die möglichst nicht aus der Flugzeugbranche kommen. Damit hat Aviatika gute Erfahrungen gemacht.

Natürlich interessiert mich der Stand der Dinge speziell in bezug auf Deutschland, und Stanislaw Knyasew, Chef der Außenhandelsabteilung, schätzungsweise knapp dreißig Jahre alt, erzählt mir, daß man soeben einen deutschen Partner gefunden habe, mit dem anläßlich der Luftfahrtausstellung in Friedrichshafen Anfang Mai 1993 ein Vertrag über die Handelsvertretung unterzeichnet werde. Bis dahin wolle er den Namen des Partners lieber nicht nennen. – Mittlerweile ist der Name raus: UBI-Impex in Itzstedt bei Hamburg.

Stanislaw Knyasew beginnt sehr diplomatisch: »Überall auf der Welt begegnet man unseren Produkten . . . mit Strenge. In Deutschland sind die technischen Vorschriften und Auflagen besonders streng.« Dann wird er deutlicher: »Mit diesen Fragen beschäftigt sich jetzt unser deutscher Handelsvertreter. Das sind Leute, die den deutschen Markt und alle Anforderungen gut kennen. Unserer Meinung nach ist das die optimale Form der Zusammenarbeit.«

Ein deutsches Zertifikat für ein Fluggerät zu bekommen gehört mit zu den schwierigsten Unterfangen. Doch die Überlegung von Aviatika überzeugt: Da die deutsche Zulassung fast überall auf der Welt anerkannt wird, ebnet es den Weg in die meisten Länder, ohne jedesmal wieder unter großem Aufwand entsprechende Genehmigungen beantragen zu müssen.

Knyasew stellt noch einmal die Vorzüge von Aviatika heraus: »Wir produzieren als einzige auf der Welt Flugzeuge dieser Klasse in Großserien. Hohe Stückzahlen bedeuten niedrige Selbstkosten. Wir haben – Sie wissen selbst, warum – gerade auf diesem Sektor hochqualifiziertes Personal, unsere Technologie ist auch nicht schlecht und wird immer besser. Das ist unsere Chance im Konkurrenzkampf gegen die großen westlichen Produzenten.«

Aviatika ist noch ein Schachzug gelungen. Da die Produktion von wirtschaftlichen und umweltfreundlichen Motoren in Rußland bisher keine Priorität hatte, stattete man alle in den Westen verkauften Flugzeuge mit Triebwerken der österreichischen Firma »Rotax« aus – die selbst auf dem russischen Markt vertreten ist –, was die ausländische Kundschaft auf Anhieb überzeugte. Eine eigene russische Triebwerkskonstruktion für den Export ist in der Entwicklung.

Die Nachfrage auf dem russischen Markt ist auch nicht zu verachten: Luftsportvereine einerseits und kommerzielle Nutzer andererseits, zum Beispiel Unternehmen, die kilometerlange Pipelines kontrollieren müssen und dafür Flugzeuge brauchen, mit denen man schön tief und schön langsam fliegen kann – eine der attraktivsten, aber auch der risikoreichsten Arten des Fliegens. Hubschrauber sind dafür natürlich besonders geeignet, verursachen aber wesentlich höhere Kosten. Aviatika hat sogar schon einen Staatsauftrag: Die Polizei braucht Patrouillenflugzeuge. Zwei Maschinen sind zu Testzwecken bereits übergeben.

Eine Tochtergesellschaft gibt es ebenfalls: »Aviatika Motors«. Die auf dem Autosektor tätige Firma hat im Februar 1993 eine Kooperation mit dem Chrysler-Konzern unterzeichnet, die sie zum Generalvertreter für Chrysler-Automobile in Rußland und in den Ländern der GUS macht. Kürzlich wurde in Moskau ein entsprechendes Autohaus mit Werkstatt eröffnet. Geplant ist, in Zukunft in ehemals militärisch-industriellen Betrieben Chrysler-Ersatzteile für den russischen Markt zu produzieren. Auch im Automobilbereich liegt ein Staatsauftrag vor: Die russische Verkehrspolizei hat fürs erste hundert Jeeps vom Typ Cherokee bestellt.

Wie kommt es zu einem solchen Wirtschaftsunternehmen? Wie so oft bei florierenden Betrieben ist zunächst das außerordentliche persönliche Engagement eines einzelnen ausschlaggebend. Und es muß die Zeit passen. Bei Aviatika war das nicht anders. Die Schlüsselfigur heißt Igor Pjankow, 29 Jahre alt, heute Generaldirektor von Aviatika. Er hatte seinen Militärdienst auf einem Fliegerhorst geleistet und anschließend eine Hochschule für Automobilbau absolviert. Da er in der Nachbarschaft einer Flugzeugfabrik wohnte, begann seine Geschäftstätigkeit damit, daß er privat mit den Abfällen und ausrangierten Ersatzteilen von dort handelte. Doch sehr früh begriff er, daß man der russischen Wirtschaft und damit den russischen Menschen mehr hilft, wenn man produziert, statt Handel treibt, auch wenn das den schnelleren Gewinn abwirft.

Von der Idee, eine Firma wie Aviatika zu schaffen, bis zur Realisierung vergingen anderthalb Jahre. Es war Kampf, Kampf und noch einmal Kampf, in erster Linie gegen die Sturheit mit ihrem universalen Motto: »So was haben wir noch nie gemacht!« Hinzu kam die Kleingläubigkeit: Das klappt doch nie! Seine Mitarbeiter sagen heute, wenn Igor nicht so eine energische Ader hätte und eine so starke persönliche Ausstrahlung – einige räumen auch ein, daß er zudem die richtigen Leute kannte –, dann wäre nie etwas aus der Idee geworden.

Diesem für russische Verhältnisse revolutionären Plan kam zugute, daß *Konversion* politisch angesagtwar, also die zivile Umwandlung von militärischen Produktionen. Auch im militärisch ausgerichteten Flugzeugbau gab es plötzlich freie Kapazitäten, weil die Staatsaufträge ausblieben. Alles stagnierte, es wurde keine neue Technik erarbeitet, in den entsprechenden wissenschaftlichen Instituten stand ebenfalls fast alles still. Igors Ideen fielen also auf fruchtbaren Boden. Heute sagt er: »Nichts ist stärker als die Idee, die in die Zeit paßt. Zwei Jahre früher – und ich hätte keine Chance gehabt.«

Als ich mich verabschiede, wartet im Nebenzimmer bereits ein Delegation aus Brasilien. Diesmal geht es nicht um den Einkauf von Flugzeugen, sondern um die Lizenzproduktion von Aviatika-Modellen in Brasilien. Der russische Partner ist im Prinzip einverstanden. Die strategische Überlegung, möglichst viele Kunden anzusprechen, führt in dem Fall zu der simplen Rechnung: Es ist billiger, in Brasilien zu produzieren, als in Rußland gefertigte Flugzeuge zu exportieren.

Auf dem Weg zu meinem Auto begleitet mich der Pressechef mit dem für deutsche Ohren ziemlich unmöglichen Namen Konstantin Kotzew. Auch er sicher nicht viel älter als dreißig Jahre. Es klingt wie eine vertrauliche Mitteilung, als er mir zum Schluß sagt: »Wir bauen jetzt übrigens einen Frachtflughafen in Moskau, wußten Sie das?« Ich frage nach dem Finanzier, und Konstantin antwortet: »Da es sich um ein interessantes Projekt handelt, beteiligen sich westliche Firmen – aber keine deutschen.«

Zurück in Deutschland erkundige ich mich, welchen Eindruck die Vorführungen der Aviatika-Maschinen auf der Luftfahrtausstellung in Friedrichshafen hinterlassen haben. Ich erfahre, daß das allgemeine Interesse sehr groß gewesen sei und problemlos dreißig Flugzeuge hätten verkauft werden können, wenn der Flugzeugtyp denn schon im Besitz der deutschen Zulassung gewesen wäre. Ein vom Luftfahrtbundesamt anerkannter deutscher Prüfer meinte nach einem Testflug: »Das ist das einzige Flugzeug, das ich ohne Rettungssystem fliegen würde« und wollte damit ausdrücken, wie sicher und robust das russische Produkt sei. »Die Maschine fliegt sich wie 'ne große«, fügte er noch hinzu, »aber du kannst notfalls ruhig mal im Kartoffelacker landen.«

Angetan waren die offiziellen Stellen auch von den eingereichten Unterlagen, die für das Zulassungsverfahren notwendig sind. Solche exakten Berechnungen bekomme er nicht mal bei Verkehrsflugzeugen, meinte der Prüfer. Kein Wunder, auf dem Reißbrett des Konstrukteurs sind schließlich auch die Mig-Kampfflugzeuge entstanden; tatsächlich wird bei Aviatika in einem Teil der Fabrik das Sportflugzeug gefertigt und nebendran die Mig 29. Dennoch läßt die deutsche Zulassung auf sich warten, weil die russische Maschine das in Deutschland für diese Klasse zulässige Gesamtgewicht um 50 Kilo überschreitet. Die Russen arbeiten nun fieberhaft daran, die beschichtete Baumwolle, die sie bei der Verkleidung verwenden, durch leichteren Kunststoff zu ersetzen, den sie allerdings zunächst aus Frankreich importieren müssen.

Die Qualität der Kunstflugvorführungen in Friedrichshafen begeisterte Zuschauer und Fachpublikum, die örtliche Flugsicherung allerdings weniger, weil sich der russische Pilot so sehr in seinem Element fühlte, daß er gar nicht wieder aufhören wollte und so das komplette Programm durcheinanderbrachte.

Und die Konkurrenz – das sollte man auch nicht unterschlagen – war irritiert. Wenn die russische Maschine die Zulassung für den deutschen Markt bekommt, dann ist sie in bezug auf das Preis-Leistungs-Verhältnis konkurrenzlos. Klar, daß diese Aussicht die einheimischen Produzenten schreckt. Nach Auskunft des deutschen Generalvertreters soll der Einsitzer für 29 900 DM verkauft werden, der Doppelsitzer für 39 900 (Stand: Juni 1993).

Noch hat es Aviatika nicht geschafft, sich die Tür zum deutschen und damit zu weiteren ausländischen Märkten zu öffnen. Noch begegnet dem Unternehmen auch viel Skepsis, was die Zuverlässigkeit in bezug auf Ersatzteile, Service etc. angeht. Noch wachsen sich Kleinigkeiten zu zeitraubenden Aktionen aus, weil Geschäftsabläufe, wie sie für uns seit Jahrzehnten selbstverständlich sind, erst aufgebaut und beherrscht sein wollen. Aber hier hätten die Russen eine Chance.

»Die deutsche Wirtschaft ist nicht selbstbewußt genug«

Von Hilfsprogrammen und Kooperationen

Was wir uns schon längst hätten leisten sollen, existiert nun endlich seit März 1993: ein Delegiertenbüro der Deutschen Wirtschaft in Moskau, also eine Anlaufstelle für Deutsche und Russen, die miteinander ins Geschäft kommen wollen und seriöse Partner suchen. Bislang wandten sich Interessierte oftmals an die deutsche Botschaft in Moskau, deren Handelsförderungsstelle aber hoffnungslos überlastet war. Folglich zogen sich viele deutsche Interessenten enttäuscht wieder zurück, oder sie gerieten – wie manche Russen auch – an unseriöse Geschäftemacher.

Das neue Büro ist eine Einrichtung des Deutschen Industrie- und Handelstages (DIHT) und des Bundesverbandes der Deutschen Industrie (BDI). Dort arbeiten insgesamt acht Leute. Der Boß ist eine Frau, der stellvertretende Leiter ein Mann aus der ehemaligen DDR, dann ist da noch ein Westdeutscher, der mit einer Russin verheiratet ist, eine russische Sachbearbeiterin, drei Sekretärinnen – eine Russin, eine West- und eine Ostdeutsche – sowie ein russischer Fahrer. Allein diese Zusammensetzung spricht für Erfolg.

Übrigens – damit keiner meint, er müßte das »enthüllen«: Andrea von Knoop, die Chefin, ist eine Studienfreundin von mir, auf dem Gebiet der Ostwirtschaft tätig und hat viele Jahre ihres Lebens in Moskau verbracht. Nach der Einstellung zum Land und ihrer eigenen Aufgabe befragt, antwortet sie: »Nicht rosarot, durchaus skeptisch, aber leidenschaftlich und mit der Gewißheit, daß wir für die Russen nach wie vor westlicher Wunschpartner Nummer eins sind. Nur die deutsche

Wirtschaft ist nicht selbstbewußt genug – die Amerikaner machen viel mehr Wind.« Sie muß es wissen, denn sie arbeitet für einen amerikanischen Konzern, der sie für diese wichtige Aufgabe lediglich »ausgeliehen« hat.

Das Büro residiert auf der letzten Etage eines vierstöckigen Gebäudes, das ansonsten von Siemens genutzt wird. Bei der Zuteilung von Telefonnummern hat sich dummerweise eine eingeschlichen, die bislang dem »Ökologischen Dienst« gehörte. Folglich rufen immer wieder Moskauer an, die sich über Geruchsbelästigungen, ausgelaufenes Öl oder ähnliches beschweren wollen. Dabei wird das Wirtschaftsbüro ohnehin mit telefonischen und schriftlichen Anfragen von russischer und deutscher Seite überhäuft.

Der Terminkalender von Andrea sieht aus, als hätten ihn sich zwei Personen geteilt, denn für einen allein ist es eigentlich nicht zu schaffen, was da alles eingetragen ist. »Ich tue, was ich kann«, bemerkt sie völlig unaufgeregt, »aber der Heilige Geist bin ich auch nicht, nur *der* konnte an drei Stellen gleichzeitig sein.« Spricht's und entschwindet. Ich beschäftige mich derweil mit dem Anrufbeantworter.

Da meldet sich auf Anraten der Industrie- und Handelskammer Potsdam eine Firma für Biochemie aus Berlin, die Interesse an rohen Häuten von Rindern, Kälbern und Schweinen hat und Angebote aus dem Raum Kaliningrad, dem früheren Königsberg, bevorzugt. Dann eine Frau, die unter diesem Anschluß das Umwelttelefon vermutet und Rauch meldet, der einem den Atem verschlage. »Mein Vater und mein Mann husten ständig«, sagt sie. Sie ist später noch einmal auf dem Band zu hören, und es klingt recht dramatisch, wenn sie berichtet: »In der Nachbarschaft wird irgendwas verbrannt. Bitte kommen Sie schnell. Der Rauch dringt auch bei geschlossenen Fenstern in unsere Wohnung.« Der konstante Prozentsatz Verwirrter, mit dem die meisten Institutionen überall auf der Welt zu tun haben, fehlt auch in Moskau nicht. Eine Frau, die sich als Präsidentin einer internationalen Organisation für Arbeitsmoral vorstellt und Rußland retten möchte, blockiert mit ihren ausladenden Erklärungen mehrmals den Apparat. Die meisten Anrufer, überwiegend deutsche, wollen etwas kaufen oder verkaufen.

Ich gehe rüber zu Vera Nasarkina, der Sachbearbeiterin, die sich in ihrem Büro mit diversen dicken Nachschlagewerken zugebaut hat. »Früher war das leichter«, meint sie. »Da lief alles zentral, über die Außenhandelsvertretung oder die Ministerien, jetzt muß man sich die Informationen mühsam zusammensuchen.« Immer mehr junge russische Unternehmer versuchen ihr Glück mit den unterschiedlichsten Adreßbüchern, aber in dieser schnellebigen Zeit veralten sie schnell. In den unhandlichen Schwarten, die doppelt so dick sind wie etwa das Telefonbuch von Köln, in den verschiedenen Aktenordnern und handschriftlich geführten Kladden findet sich außer Vera Nasarkina wohl niemand so schnell zurecht. Sie gibt Ratschläge, verteilt Adressen, wo man dies oder jenes kaufen kann. Auf die russischen Anfragen angesprochen, winkt sie ab: »Viele Russen erwarten Unmögliches. Wer nicht über Devisen verfügt, will um jeden Preis ein Gemeinschaftsunternehmen gründen, aber denen fehlen oft die Voraussetzungen.« Sie bedauert auch, daß die meisten lediglich am Handel interessiert seien und daß man in Rußland immer nur billige Rohstoffe kaufen wolle.

Vera Nasarkina blättert in den schriftlichen Anfragen. Da ist zum Beispiel eine deutsche Firma aus der Schuhindustrie, die Naturfell als Stiefelfutter zum Verkauf anbietet. Ich frage zweimal nach, weil ich ein solches Geschäft eher in umgekehrter Richtung erwartet hätte, aber es handelt sich in der Tat um Naturfell aus Deutschland. »Das wäre natürlich toll«, meint Vera, »aber die russische Firma, die in Frage kam, kann das nicht bezahlen. Da muß man andere Wege finden, um hier in Rußland zu produzieren.« Bei der Gelegenheit erzählt sie mir von zwei russischen Schuhfabriken, die bereits konkurrenzfähige Schuhe ins Ausland liefern.

Dann hat sie einen ganzen Stapel russischer Briefe vorliegen, in denen nach Trockenanlagen für Holz und Maschinen für die Nahrungsmittelindustrie gefragt wird. Es macht Vera fast traurig, daß viele Russen immer nur fertige Produkte kaufen wollen und Nahrungsmittel, die sie dann in Rußland zu überhöhten Preisen wieder verkaufen, die Rubel konvertieren, wieder teuer einkaufen und noch teurer verkaufen und immer so weiter. »Das bringt unsere Wirtschaft nicht voran«, sagt Vera. Von der Umwandlung in Aktiengesellschaften hält sie auch nicht besonders viel. In den meisten Fällen sei es reine Augenwischerei, wenn sich staatliche Betriebe plötzlich als Aktiengesellschaften bezeichneten. Als man neulich im Fernsehen Leute aus solchen Unternehmen gefragt hat, ob sich dadurch für sie irgend etwas geändert habe, antworteten alle übereinstimmend: Nein, nichts.

Beim Weiterblättern ist sie auf ein Schreiben zweier deutscher Firmen gestoßen, die eine Textilproduktion in Rußland ansiedeln wollen. Das klingt schon interessanter. Wenn die einen seriösen Partner finden, muß man auf schwarze Zahlen nicht lange warten. Ein schwieriger Punkt bei der Geschäftsanbahnung ist die Vertragsgestaltung. Die Russen sind darin meist nicht geschult, das Büro ist dafür personell nicht ausgestattet, und deutsche Anwälte beginnen erst damit, Niederlassungen in Rußland zu gründen. Amerikaner und Briten sind bereits gut vertreten. Von den bekannten großen deutschen Kanzleien haben sich bislang zwei auf dieses Thema spezialisiert.

Vera legt kopfschüttelnd eine deutsche Anfrage beiseite, die darauf hinausläuft, Nahrungsmittel gegen Holz und Holzspielzeug zu liefern. Sie muß Prioritäten setzen, und die liegen im Aufbau russischer Produktion. »Da ist etwas Interessantes«, sagt sie und fischt einen Brief heraus. Ein deutsches Unternehmen, das Büromöbel herstellt, sucht Kontakt zu einer russischen Möbelfabrik, um eine gemeinsame Produktion aufzubauen. »Denen würde ich ja auch gerne helfen«, kommentiert Vera das Angebot einer ostdeutschen Firma, günstig Kohlebadeöfen zu liefern, »aber das kauft doch keiner.«

Schade finde ich, daß nicht vorgesehen ist, eine Art Erfolgsliste zu führen. Das Büro gibt Adressen weiter, vermittelt Kontakte, aber verfolgt dann nicht, was dabei herauskommt. Dafür brauchte man mehr Personal, das sich auch um die Vertragsabschlüsse kümmern könnte und so eine gewisse Erfolgskontrolle hätte.

Der Moskauer Repräsentant eines deutschen Großunternehmens stattet Andrea einen Besuch ab, und wir reden zu dritt. Über Jelzin natürlich, über die Amerikaner, die in der russischen Politik eine immer größere Rolle spielen, über die Kriminalität auf Moskaus Straßen und die jüngst vereinbarte Zusammenarbeit zwischen den beiden Geheimdiensten KGB und BND, über die abenteuerliche Steuergesetzgebung und daß es sich lohnt, dagegen zu kämpfen, weil sich Prozentsätze schon mal nach unten verschieben lassen; und wir überlegen, wann es in Rußland am liberalsten zuging. Übereinstimmend stellen wir fest, daß es 1989/90 gewesen ist, als die neue sowjetische Politik zu Freiheiten geführt hatte, die in westlichen Demokratien nicht üblich waren.

Damals konnten ausländische Fernsehjournalisten mit laufender Kamera in Geschäfte oder sogar Behörden gehen – wenn es nicht gerade der Kreml war. Heute braucht man wieder eine Genehmigung, und im Zweifel muß man dafür zahlen. Damals war im sowjetischen Fernsehen auf dem Gebiet der politischen Information beinahe alles möglich. Regierungsfreundlich oder nicht – es wurde gesendet. Heute sieht das etwas anders aus, und Jelzins Team betreibt eine rigorose Personalpolitik, über die wir uns im Westen zu sowjetischen Zeiten sicher aufgeregt hätten. Und was den Wirtschaftssektor betrifft, so wird in der Akademie für Volkswirtschaft ganz offen darüber geredet, daß »Goskomstat«, das staatliche Komitee für Statistik, die Zahlen für 1991 frisiert hat, damit Rußland 1992 nach seiner Eigenstaatlichkeit besser dasteht.

So groß die wirtschaftliche Bedeutung Deutschlands ist –

wir sind mit Abstand der wichtigste Außenhandelspartner für Rußland –, einen ähnlich gewichtigen politischen Stellenwert nehmen wir nicht ein. Da hat die amerikanische Beratermannschaft um den ehemaligen russischen Ministerpräsidenten Gaidar ganze Arbeit geleistet. Die deutsche Wirtschaft und ihre Produkte genießen zwar in russischen Wirtschaftskreisen nach wie vor einen ausgezeichneten Ruf, aber die Dossiers aus dem russischen Außenministerium sprechen eine deutliche Sprache: Eine gewisse Rangfolge läßt sich auch daraus ablesen, daß im letzten Bericht den Vereinigten Staaten sechs Seiten, Deutschland jedoch nur wenige Zeilen gewidmet werden.

In unserem Gespräch taucht immer wieder ein Name auf: Arkadij Wolskij, der Vorsitzende des russischen Industrieverbandes, der im Westen vielfach als »Roter Direktor« verkannt wird. Er gehört zu den Personen, deren kommunistische Vergangenheit uns den Blick auf ihre jetzige Position verstellt.

Wolskij hat mehr als einmal politisches Fingerspitzengefühl bewiesen. Er hätte es leicht, Jelzin vorzuführen oder auflaufen zu lassen. Er tut es nicht. Ganz im Gegenteil: Wolskij greift vermittelnd ein, stellt sich gar schützend vor Jelzin, als dieser bei einer Rede vor dem Verband lauthals ausgelacht wird, weil er vollmundig von einer bereits spürbaren Erholung der russischen Wirtschaft spricht. Wolskij hat für den Beschluß des Verbandes gesorgt, für drei bis sechs Monate die Produktionspreise einzufrieren und keine Lohnerhöhung vorzunehmen, und das bei der Hyperinflation. Er ist ein geschickter Taktiker und vor allen Dingen ein Pragmatiker, der den Mut besitzt, nicht allen nach dem Munde zu reden. Das habe ich bei seinem Vortrag auf einem Wirtschaftsseminar in Deutschland und später auch in privaten Gesprächen erlebt. In Moskau hatte ich keine Gelegenheit, ihn zu treffen, weil er mal wieder im Ausland unterwegs war, und zwar in den neuen Bundesländern.

Wolskij gehört zu denen, die zutiefst davon überzeugt sind, daß die Deutschen von allen Völkern der Welt die Russen am besten verstehen. Wolskij weist in seinen Reden immer wieder darauf hin, daß die deutsch-russischen Beziehungen bis in die Zarenzeit zurückreichen, daß Deutschland schon vor dem Ersten Weltkrieg der Hauptexporteur nach Rußland war, daß Deutsche die russische Kultur nachhaltig beeinflußten und daß beide Völker schlimmste Diktaturen überstanden haben, unter Hitler und unter Stalin. Mit Blick auf die allerjüngste Vergangenheit sind es für ihn die neuen Bundesländer, die das deutsche Verständnis für russische Probleme zusätzlich fördern müßten.

Einer der größten Fehler der russischen Regierung in dem Zusammenhang ist für Wolskij die Abschaffung des Transferrubels, damals noch zwischen dem sowjetischen Ministerpräsidenten Ryschkow und der letzten DDR-Regierung vereinbart. Das sei das Allerdümmste gewesen; beide Seiten hätten sich eingestehen müssen, daß sie keine frei konvertierbare Währungen haben, folglich auch nicht auf das notwendige Verrechnungsinstrument »Transferrubel« verzichten können. Und der zweite dumme Beschluß habe darin bestanden, auf Weltmarktpreise umzustellen, ohne in jeder Hinsicht Weltmarktstandard anbieten zu können. Unter dem Ergebnis dieser Politik, die vom Westen damals begrüßt und unterstützt wurde, leiden heute beide: Rußland und Deutschland. Der Wirtschaftsaustausch ist auf einen Bruchteil seines früheren Volumens zurückgefallen.

Das war auch einer der Gründe, warum sich Wolskij soviel Zeit für seinen Besuch in Sachsen und den anderen neuen Bundesländern genommen hat. Die DDR war im Export in die Sowjetunion Monopolist bei Eisenbahnwaggons, Fischdampfern und in 132 verschiedenen Maschinenarten. In Rußland stehen die entsprechenden Anlagen still, weil man sich die Ersatzteile nicht mehr leisten kann, und in den neuen Bundesländern bersten die Lager, weil die Dinge außerhalb von Rußland niemand braucht. Diese Schizophrenie zu beenden – dafür kämpft Arkadij Wolskij mit aller Macht, rennt aber sowohl auf russischer als auch auf deutscher Seite gegen Betonmauern der Bürokratie.

Vor geraumer Zeit hat Wolskij zusammen mit einigen Leuten aus der deutschen Wirtschaft vorgeschlagen, einen russischen Spezialisten in die Treuhandanstalt aufzunehmen, der beratend mitwirken soll. Es gab Konzepte, Betriebe in den neuen Bundesländern und in Rußland auf der Basis von Barter- oder Clearinggeschäften in einer Übergangszeit von ein, zwei Jahren zu sanieren. Angenommen wurde nichts davon, mit der Begründung, diese Art Geschäfte tragen sich nicht allein, sondern erfordern eine zusätzliche Subventionierung. Der Pragmatiker Wolskij mag dieser Argumentation nicht folgen und hat Berechnungen in Auftrag gegeben, die den Subventionsaufwand mit den Summen vergleichen, die für Arbeitslosengeld, Sozialhilfe, Arbeitsbeschaffungsmaßnahmen und sonstige Sozialpläne gezahlt werden. Psychologische Unterschiede lassen sich zwar nicht berechnen, aber es liegt auf der Hand, daß das soziale Klima besser ist, wenn Menschen sinnvolle Arbeit tun, statt ihre Zeit mit Beschäftigungstherapie zu verbringen.

Arkadij Wolskij setzt nun verstärkt auf den direkten Kontakt von Unternehmen zu Unternehmen, mit sowenig Staat wie möglich. Er hat eine Außenstelle seines Verbandes in Leipzig eröffnet und ist dabei, frühere Industrieverbindungen aufzulisten, um sie wiederbeleben zu können. Es ist kein Zufall, daß er und Lothar Späth sich so gut verstehen. Beide haben es nicht mit theoretischen Lehrsätzen, sondern orientieren sich an praktischen Erfordernissen und bemühen sich um unorthodoxe Lösungen. Das kann mal mehr, mal weniger Staat bedeuten, was auch immer die Chicago-Boys oder andere Wunderheiler der Wirtschaft sagen.

Andrea, der deutsche Manager und ich spekulieren darüber, woran es liegen mag, daß Wolskij und der Industriellenverband in der internationalen Presse – in der russischen, der amerikanischen und ganz besonders in der deutschen – so ein verkorkstes Image haben. »Lesen Sie das einfach nicht«, so hat er mal reagiert, »wer behauptet, wir seien Gegner der marktwirtschaftlichen Reformen, ist dumm. Wir sind früher als alle anderen und sehr viel früher als unsere jungen Romantiker für die Reformen eingetreten.« Wahrscheinlich können wir uns gerade im Westen nicht vorstellen, daß sich ein kommunistischer Wirtschaftsfunktionär für andere Wege entscheidet, ohne ein Schwächling zu sein. Wir kommen nicht auf die Idee, daß auch mächtige Männer mehr als ihren Machterhalt und Eigennutz im Sinn haben können – das spricht nicht gerade für unser Menschenbild. Einem Direktor eines russischen Rüstungsbetriebes aufgrund seiner Funktion Reformfeindlichkeit zu unterstellen ist genauso falsch, wie ausgeprägten Gemeinsinn bei Gewerkschaftsführern aus ihrer Funktion ableiten zu wollen. Es paßt nicht in unser Entweder-oder-Schema, wenn sich so jemand wie Wolskij hinstellt und sagt: »Man darf den Markt nicht um des Marktes willen schaffen. Der Markt muß ein Instrument sein, um ein armes Rußland in ein reiches Rußland zu verwandeln.« Aber warum sollten wir die starken Worte mancher politischer Emporkömmlinge ohne ökonomischen Hintergrund, die in Rußland ab morgen die Marktwirtschaft einführen wollen, wenn sie denn endlich die parlamentarische Mehrheit hätten, ernster nehmen als den Hinweis eines alten Haudegens, daß man erst einmal eine Infrastruktur schaffen muß, bevor man einen Markt einführen kann?

Es ist natürlich hochgradig politisch, was Wolskij macht, aber das politische Geschäft selbst widert ihn an: die endlose Streiterei im Kreml, die gegenseitigen Schläge unter die Gürtellinie, das politische Gezerre um die Macht. »Das ist schlimmer als zu ZK-Zeiten«, hat er neulich gesagt, »die sind wie Spinnen in der Dose. Da mach' ich nicht mit.«

Zum Glück lassen sich nicht alle westlichen Unternehmer von diesem zuweilen unerfreulichen politischen Klima abhalten. Ich will von ein paar Projekten berichten, die für beide Seiten nützlich sind. Eine sinnvolle Angelegenheit ist etwa die Sanierung von russischen Fernheizwerken, die meist mit einer verheerenden Energiebilanz arbeiten. Die deutsche Firma X hat ausgerechnet, daß die russische Stadt Y mit 200 000 Einwohnern Jahr für Jahr 3 Milliarden Kubikmeter Erdgas verbraucht. Beim Einsatz westlicher Technologie könnte man mindestens 20 Prozent einsparen. Wenn man davon ausgeht, daß in Rußland für 1000 Kubikmeter Gas umgerechnet 5 Dollar bezahlt werden, auf dem Weltmarkt aber 85 Dollar, dann leuchtet sofort ein, welches Devisenvolumen auf dem Weltmarkt erzielt werden könnte – bloß durch Einsparung. Der russische Ministerpräsident Tschernomyrdin, früher Chef von Gasprom, der staatlichen Erdgasindustrie, und ein Freund der Deutschen, hat dieses Projekt zur Chefsache erklärt. Für den Start ist ein Betrag von etwa 20 Millionen Dollar erforderlich. Ein klassischer Fall für die mit viel publizistischem Aufwand ins Leben gerufene Osteuropa-Bank, die bislang doppelt soviel Geld für Renovierungs- und Verschönerungsarbeiten ihres Londoner Sitzes wie für Kredite ausgegeben hat und deren Präsident, der Franzose Jacques Attali, im Juni 1993 auf Druck beleidigt zurückgetreten ist.

Wie auch immer – wenn dieses Projekt erst einmal läuft, läßt sich das Modell auf andere Städte übertragen, wobei die Finanzierung dann durch die beim Vorprojekt eingesparten Mittel gesichert ist. St. Petersburg verpulvert mit seinem unmodernen und defekten Fernwärmesystem umgerechnet 70 Millionen Dollar pro Jahr. Und in Moskau sieht die Rechnung so aus: In der russischen Hauptstadt werden jährlich 30 Milliarden Kubikmeter Gas für die Fernheizung verbraucht – etwa dreimal soviel wie der westliche Standard. Würde man in Moskau alle Heizungen mit Thermostatventilen ausrüsten, also die Temperaturregelung nicht mehr durch Fensteröffnen vornehmen, könnte man mit dem eingesparten Erdgas 670 Millionen Dollar erzielen, von der Reduzierung der Umweltbelastung um 30 bis 35 Prozent gar nicht zu reden.

Es geht natürlich auch eine Nummer kleiner. Das folgende Beispiel kann ich wieder namentlich nennen und muß dazu ein bißchen weiter ausholen. Im Sommer 1989, als in

Deutschland die wirtschaftlichen Chancen in der Sowjetunion von politischer Seite noch viel rosiger gezeichnet, faktisch aber schon die Notbremse gezogen wurde, weil sich erste Zahlungsschwierigkeiten der Russen bemerkbar machten, entdeckte ich in einer großen Moskauer Fischfabrik einen kleinen experimentellen Betrieb, den Deutsche und Russen aufgezogen hatten. Sechzehn Beschäftigte verarbeiteten hier mit westlichen Verpackungsmethoden (Trennblätter aus Klarsichtfolie, Vakuum) Lachs aus dem Fernen Osten, der mit dem Flugzeug angeliefert wurde. Die deutsche Firma mit dem gar nicht deutschen Namen E.M.F. Seafood GmbH wollte an einer überschaubaren Einheit »den ganzen bürokratischen Quatsch eines Gemeinschaftsunternehmens mal durchspielen«, wie sich der Geschäftsführer ausdrückte. Wie macht man das am geschicktesten? Man geht mit der Produktion nach Moskau – damals war das richtig –, wo das zuständige Fischereiministerium angesiedelt ist. Da konnten alle, die was zu entscheiden hatten, bequem gucken kommen. Man bietet demjenigen den Direktorenposten an, dessen Bruder im ZK sitzt und – wie praktisch – für die Fischindustrie zuständig ist. Und schließlich wirbt man für die Qualität seines Produktes, indem man eine gewisse Zeit den Kreml kostenlos beliefert. Bürokratische Hemmnisse lassen sich so auf dem kurzen Dienstweg schnell überwinden.

Das Unternehmen muß sich natürlich auch rechnen, und das ging so: 80 Prozent der Produktion waren für den sowjetischen Markt bestimmt, brachten also Rubel, mit denen man im Land weiter investieren konnte, 20 Prozent wurden gegen Devisen in die Bundesrepublik verkauft. »Damit kann man leben«, kommentierte der damalige Geschäftsführer. Innerhalb von drei Monaten machte der kleine Betrieb einen Reingewinn von 500 000 Rubel – 1989, als der Rubel offiziell noch drei Mark kostete. Dieses Geld wurde sofort wieder investiert, um auf dem Gelände der Moskauer Fischfabrik die Produktion in größerem Stil aufziehen zu können. Die simple Überlegung, daß die Sowjetunion ein großes Land ist und in

Moskau nun mal kein Fischfang betrieben wird, führte zu dem simplen Schluß: Man muß sich an anderen Orten Standbeine verschaffen. Man suchte und fand einen Partner in der estnischen Hauptstadt Tallinn – eine angesehene Fischereikolchose. Diese Kolchose hatte vierzig größere Schiffe in der Ostsee laufen und sieben ganz große Pötte im Atlantik und der Beringsee. Aufgrund der guten Kontakte gelang es schon damals, das staatliche Preisdiktat zu umgehen. Statt der üblichen 8,50 Rubel das Kilo wurde der Lachs für 20 Rubel verkauft.

Die Zusammenarbeit zwischen Deutschen und Russen funktionierte blendend, die Atmosphäre stimmte. Der Kolchosvorsitzende erzählte mir ganz begeistert, daß auch die deutschen Chefs die Ärmel hochgekrempelt und selbst mit Hand angelegt hätten. Ich werde nie vergessen, wie er sich ausgedrückt hat: »Die sind mit ihrer Seele dabei, mit Verständnis für uns.«

Das intelligente und frühzeitige Engagement dieser deutschen Firma hat sich ausgezahlt. Heute arbeiten je nach Saison zwischen drei- und vierhundert Leute für E.M.F. In Moskau hat man im März 1993 ein eigenes Verwaltungsgebäude bezogen; in Tallinn, auf Sachalin, der Insel im Norden Japans, und in Kamschatka im äußersten Nordosten Rußlands existieren jeweils selbständige Gemeinschaftsunternehmen. Von Kamschatka aus setzt die Firma zwei eigene Schiffe für den Fischfang ein und exportiert von dort vornehmlich in die USA.

»Europa ist schwierig«, meint Alla Suponizkaja, die russische Geschäftsführerin, »da haben wir immer Probleme mit dem Umladen in Moskau.« Alla hat früher im Lebensmittelministerium gearbeitet, als Dolmetscherin, in der Informationsabteilung und bei der Auswertung deutscher Veröffentlichungen. Bei E.M.F. hat sie auch als Dolmetscherin angefangen, heute leitet sie den Moskauer Betrieb, aus dem mittlerweile eine hundertprozentige russische Tochter geworden ist. Das hat den Vorteil, daß die Firma alle Rechnungen in Rubel bezahlen kann, und es macht sich schon bemerkbar, ob man für ein Telefongespräch per Satellit zwei Dollar pro Minute zahlt oder umgerechnet zwanzig Cent, und das auch noch in Rubel. Allas Prinzip ist, soviel wie möglich in Rubel abzuwikkeln, bevor an der Devisenbörse teure Valuta gekauft werden.

Ich frage sie, ob die auffallend elegante und geschmackvolle Büroeinrichtung etwa auch für Rubel zu haben war. Sichtlich zufrieden bejaht Alla. Entworfen haben das die Damen des Büros selbst, mit unkonventionellen Aktenschränken, die aussehen wie Litfaßsäulen, holzverkleideten Nischen in den Wänden, asymmetrischen oder geschwungenen Schreibtischen, um den Platz optimal auszunutzen. »Man muß nur wissen, wo, und man muß gut bezahlen, dann geht das auch in Rubel«, sagt Alla. Selbst die Telefonanlage ist ein russisches Fabrikat, nur für den Farbkopierer haben sie 11 000 Dollar ausgegeben.

Um heutzutage zu bestehen, muß man kämpfen. Von allein läuft es nicht, aber es kommt der Firma zugute, daß sie sich schon vor Jahren für dieses Land entschieden hat und sich hier auskennt. Natürlich stöhnt auch Alla über die Steuergesetze, die hinterhältigerweise auch mal rückwirkend eingeführt werden. »Wenn man alle Steuern einzeln zusammenrechnet«, meint Alla, »dann kommt man auf 126 Prozent, was natürlich Unfug ist.« Da gibt es Import-, Mehrwert-, Einkommen-, Gewerbe- und Luxussteuer, manchmal wird auch derselbe Aspekt doppelt erfaßt wegen der vielen Änderungen in der Gesetzgebung, und es wird sogar der theoretische Kursgewinn besteuert. Wenn jemand 10 000 US-Dollar auf dem Konto liegen hat, kann es durchaus passieren, daß er durch Kursschwankungen am Ende des Jahres 4,5 Millionen Rubel Gewinn versteuern muß. Wie überlebt der Betrieb denn trotzdem, frage ich Alla. Sie erzählt von verschiedenen Möglichkeiten, bei den Finanzbehörden auf dem Kulanzweg Steuererleichterungen oder gar -befreiungen zu erzielen. »Und dann gib es natürlich noch ein paar Tricks.« Legale oder illegale, will ich wissen. »Amüsante und weniger amüsante, nennen wir es so.« Auf jeden Fall beschäftigt Alla einen Juristen, der nur für diese Dinge zuständig ist.

Es ärgert Alla, daß immer noch so viele aus dem Westen meinen, russische Partner hätten keine Sicherheiten zu bieten und seien allenfalls Almosenempfänger. »Es gibt einige, die mit Garantien deutscher Banken aufwarten können, und es ist durchaus üblich, bei einem Liefergeschäft 40 Prozent der Summe vorauszuzahlen und 60 Prozent bei Montage.«

Was sich eindeutig verschlechtert hat, ist die Sache mit den Bestechungsgeldern. Was früher in Afrika oder im Nahen Osten üblich war, setzt sich nun auch in Rußland durch. »Der Appetit wird immer größer«, meint Alla und erzählt von Scheingeschäften, bei denen der russische Vermittlungspartner eine Million in die eigene Tasche stecken konnte. Obwohl es sich um ein florierendes Unternehmen mit eigenen attraktiven Geschäftsräumen handelt, versichert Alla glaubhaft, noch keinen Kontakt mit der Mafia gehabt zu haben. Gegen die Einbruchskriminalität schützt sich die Firma mittels einer Alarmanlage und privat verpflichteten Polizisten, die nachts, am Wochenende und an Feiertagen Wache schieben.

E.M.F. ist inzwischen nicht nur in der Fischverarbeitung tätig, sondern nutzt das vielfältige Know-how des russischen Marktes, um die unterschiedlichsten Geschäfte anzubahnen. Unkonventionelle Verfahren sind die Regel. Wenn zum Beispiel ein Geflügelkombinat aus Orenburg, einer Stadt östlich von Moskau, deutsche Maschinen benötigt, dann vermittelt E.M.F. die Lieferung von Hühnerfleisch aus Orenburg an »Gasprom« in Moskau, die zahlen in Devisen, mit denen das Kombinat wiederum Industriewaschmaschinen für Geflügelfedern erwirbt. Über E.M.F. ist es auch gelungen, für das Kombinat günstig fünfzehn gebrauchte MAN-Busse in Deutschland zu kaufen. In einem Kleinbus kamen fünfzehn Fahrer aus Orenburg angereist, um die großen Busse zu überführen. Anderthalb Jahre ist das jetzt her, und seitdem werden die Arbeiter des Kombinats damit täglich zwölf Kilometer zwischen Wohnort und Geflügelfarm hin- und hertransportiert.

Mittlerweile beliefert Orenburg eine Firma in Münster mit Federn. Die erste Lieferung war qualitativ ein Reinfall, weil die Federn nicht optimal gewaschen waren. Die Mitarbeiter kamen mit den neuen Maschinen nicht zurecht. Daraufhin schickte die deutsche Seite vier Techniker nach Orenburg, wo sie das russische Bedienungspersonal schulten. Die nächste Lieferung – vier Lkws voller Federn – fand in Münster Zustimmung, die Bezahlung war gut, und die Lastwagen konnten voll mit Konsumgütern nach Orenburg zurückkehren. Alla betont, daß man nur anfangs Lebensmitel oder irgendwelche Konsumware kauft, später dann mehr auf Investitionsgüter achtet. Die Versuchung sei natürlich groß, wenn man erst einmal Devisen in der Hand habe, sich endlich Dinge für den persönlichen Bedarf anzuschaffen, von denen man immer schon geträumt habe.

Um die russischen Produkte, die ihrer Firma immer wieder für den westlichen Markt angeboten werden, besser unterbringen zu können, hat die russische E.M.F. in Hamburg ein kleines Handelshaus erworben. »Russische Hersteller haben ohne westliche Handelsfirmen keine Chance«, meint Alla. »Im Westen ist ohne Beziehungen auch nichts zu machen«, schiebt sie noch hinterher. Auf diesem Sektor arbeitet sie eng mit einer russischen Privatfirma zusammen, die vor zwei Jahren von zwei jungen Akademikern gegründet wurde und mittlerweile zwölf Leute beschäftigt. Der eine, Grigorij, ist Doktor der Chemie, der andere, Alexej, hat die medizinische Hochschule absolviert und ist ausgebildeter Arzt.

Grigorij erzählt mir, daß er zunächst in der Universität wissenschaftlich gearbeitet habe. »Dann begann das, was man Perestroika nennt«, sagt er, »alle hatten die gleichen Chancen und waren gleich arm.« Ich würde gerne widersprechen, aber ich will seine knappe Zeit nicht mit Grundsatzdiskussionen verplempern, die ohnehin zu nichts führen. Ich bin an seiner Geschichte interessiert. 1988 hat er mit seinem Freund Alexej eine Kooperative gegründet und sich »mit Computern beschäftigt«. Was sich dahinter verbirgt, habe ich schon oben beschrieben: Studenten aus Vietnam oder einem afrikanischen Staat bringen elektronische Geräte mit nach Moskau und verkaufen sie an ihre russischen Kommilitonen oder Universitätsangestellte, die sie dann mit Aufschlag weiterveräußern. Grigorij erzählt von der Mafia, die sich schon damals vor den Eingängen zu den Studentenheimen aufgebaut habe und von jedem, der sich mit einem High-Tech-Gerät blicken ließ, kassiert hätte. Man hatte die Wahl: verpfiffen werden oder etwas abgeben. »Außerdem war das die Solnzewo-Mafia«, erklärt Grigorij mit hochgezogener Augenbraue, »die Tschetschenen, mit denen ist nicht zu spaßen.« Er und Alexej handeln mit allem möglichen. »Aber Bier zu verkaufen ist auf die Dauer nicht so aufregend mit Doktortitel«, meint Grigorij und wirkt dabei sehr unterkühlt. »Öl – das wär's«, fügt er hinzu und nach einer Weile mit geheimnisvollem Unterton und reichlich vielsagendem Blick: »Wir machen alles, wir sind sehr flexibel.«

Handel ist der Weg zur schnellen Mark, zum schnellen Dollar, und wer irgendwie kann, beteiligt sich daran. Aber genau das führt zu immer größeren sozialen Unterschieden in der russischen Gesellschaft. Die einen können sich gar nichts mehr leisten, die anderen wiegen ihr Geld besser, statt es zu zählen, weil das bei den Summen zu lange aufhält. Diese Entwicklung begünstigt die Erfolgsaussichten ausländischer Geschäfte und Kaufhäuser in Rußland. Wer heute noch behauptet, es lohnt sich nicht, weil sich die armen Russen das alles nicht leisten können, lebt auf dem Mond und sollte dringend auf die Erde zurückkehren

Quelle betreibt einen florierenden Versandhandel mit fünfzig Mitarbeitern in Moskau und einem eigenen Lager, wo sich die Russen ihre Ware abholen. Zunächst wurde nur Vorkasse akzeptiert, mittlerweile auch Barzahlung. Der Katalog kostet umgerechnet etwa zehn Mark und findet reißenden Absatz. Dabei hat Quelle von einem russischen Partner, nämlich Vneschposyltorg, der staatlichen Ex- und Importstelle, etwa 12 000 Adressen bekommen und einen interessanten Kundenstamm aufgebaut.

Oder nehmen wir »Cash & Carry Moschaisk«, ein Großmarkt vor den Toren Moskaus, vergleichbar etwa der deutschen Metro-Handelskette. Die russische Seite stellt die ausgedehnten Räumlichkeiten, westliche Lieferanten bringen die Ware. 60 Prozent der Moskauer Kioske und Restaurants versorgen sich dort. Für eine Büchse Heineken-Bier zahlt man da draußen 1,20 Dollar, der übliche Moskauer Preis lag im Sommer 1993 bei 1,50 Dollar. Und das Ganze hat noch einen Vorteil: Die Lkws, die den Nachschub bringen, müssen nicht durch das mit Autoverkehr reichlich gesegnete Moskau.

Und dann ist da Karstadt. Am 26. März 1992 in den ehrwürdigen Hallen des Moskauer GUM-Kaufhauses eröffnet, nach gut einem Jahr auf das Doppelte erweitert, mit einer Mannschaft, die vor lauter Motivation und Begeisterung kaum zu bremsen ist. Karstadt hat mit der GUM-Verwaltung – wobei nicht genau klar ist, wer da eigentlich drinsitzt und mitverdient – einen Kooperationsvertrag geschlossen. Die prozentuale Gewinnaufteilung ist ein sorgsam gehütetes Geheimnis. Von der Idee, die im Frühjahr 1991 geboren wurde, über den Vertrag, der im November desselben Jahres unterzeichnet werden konnte, bis zur Eröffnung verging gerade mal ein Jahr.

Etwa hundert russische Mitarbeiter sind bereits dort beschäftigt, zweihundert sollen es bald werden, der Boß ist ein Deutscher. Die Ware kommt alle vier Wochen per Lkw aus Essen. Es gelten die deutschen Preise, die sich auch auf den Etiketten finden; nach Belieben kann aber in DM, Dollar, Rubel oder einer anderen Währung bezahlt werden. Das ist seit Oktober 1992 möglich. Im Vergleich zu den übrigen ausländischen Geschäften liegen die Karstadtpreise unter Niveau. Das erklärt auch den Erfolg. Nirgendwo sonst habe ich im GUM Schlangen entdeckt, und das deutsche Kaufhaus macht 49 Prozent des Umsatzes aller ausländischen Anbieter im GUM, obwohl die zusammengenommen fünfmal soviel Fläche belegen.

Seit Mai 1993 gibt es eine zusätzliche Abteilung für Kinderkonfektion (der Renner!) und einen Optiker. Noch werden die Brillen in Deutschland produziert – die Bestellungen mit den Angaben für die Gläserstärken gehen jeweils nachts per Datenübertragung an die deutsche Zentrale –, aber man verhandelt bereits mit einem Unternehmen in St. Petersburg, um die Aufträge künftig in Rußland bearbeiten zu lassen. »Die sollen alle herkommen«, meint der Moskauer Karstadt-Chef, auf die Aktivitäten anderer Häuser angesprochen, »wir tun uns nichts. Das Land ist so riesig, das glaubt man nicht!«

So lukrativ es für uns ist, in Rußland zu verkaufen, und sosehr das einer bestimmten Schicht in Rußland gefällt und zugute kommt – viel wirkungsvoller im Sinne einer wirtschaftlichen Gesundung dieses Landes ist das Produzieren an Ort und Stelle. Einer, der sich dafür mit besonderem Temperament einsetzt, ist Prof. Wolfgang Kartte, der frühere Präsident des Bundeskartellamtes. Er engagiert sich seit seiner Pensionierung in Rußland und ist überzeugt, daß man diesem Land kein westliches System überstülpen kann. In seiner direkten Berliner Art hört sich das so an: »Ich habe den Russen gleich am Anfang gesagt, glotzt nicht so nach Bonn und auf die soziale Marktwirtschaft, so toll sind wir auch nicht. Aber guckt auch nicht auf die Amerikaner und die Japaner. Sucht euch eine eigene russische Marktwirtschaft.« Der hohe Staatsanteil, der realistischerweise noch über einen längeren Zeitraum bestehenbleiben wird, regt Kartte nicht übermäßig auf. »Wir haben ja auch noch zuviel«, meint er mit Blick auf Deutschland, »also da sollten wir nicht so pingelig sein.«

Als Mann der Praxis hält sich Kartte nicht lange mit Gesprächen in Moskau auf, sondern ergreift Initiative in der Provinz, und zwar im Gebiet Wladimir, um die gleichnamige alte russische Stadt herum, 200 Kilometer östlich von Moskau. Er bevorzugt ein Konzept der »gemütlichen Marktwirtschaft«, nicht das rüde Chicago-Modell, wie er sagt. Kombinatschefs sind bei ihm nicht gleich untendurch, weil sie Kombinatschefs sind, sondern er versucht mit ihnen zusammen und mit Hilfe professioneller Berater aus Deutschland (»Die mußten ganz schön umlernen«) die Region Wladimir zu sanieren. Er rechnet den russischen Unternehmen zwar vor, daß sie sich nicht tragen, wenn sie eigene Polikliniken, eigene Kindergärten, eigene Wohnungen, eigene Lebensmittelversorgung und möglichst auch noch eigene Ferienheime für die Belegschaft unterhalten, aber er sucht Wege, daß etwa die Poliklinik von mehreren Betrieben genutzt wird, daß sich vielleicht sogar die Gebietsverwaltung beteiligt. Er setzt auf jeden Fall nicht den Rasenmäher ein, der alles absäbelt, was nach unseren Normen da nichts zu suchen hat.

Kartte setzt auf Mittelstand und hat im Sommer 1993 etwa 45 mittelständische Unternehmer versammelt und in die Region Wladimir gebracht. »Wer hier nur verkaufen will, den nehme ich erst gar nicht mit.« Diese klare Aussage schaffte von Anfang an klare Verhältnisse. Wirtschaftstourismus mit Folklore-Einlagen kommt für ihn auch nicht in Frage. Nach der Ankunft in Wladimir gab es anderthalb Stunden gemeinsames Programm, Begrüßungszeremoniell, und dann verteilten sich alle auf die sorgsam vorbereiteten Einzelgespräche in den jeweiligen Branchen. »Know-how, 'ne Maschine und für Rußland produzieren«, unter dem Motto tritt er an. »Fünf Joint-ventures habe ich schon gefingert«, sagt er mit einem Blick, als sei ihm ein Streich gelungen.

Und was ist mit den vielzitierten Rahmenbedingungen? »Die Deutschen fordern Rahmenbedingungen, die anderen fangen an.« So sieht es Prof. Kartte. In Wladimir sind 120 Gemeinschaftsunternehmen mit westlichen Firmen registriert, nur fünf davon sind deutsche. Da produzieren Kanadier Wurst, Italiener optische Geräte, und eine amerikanische Kirche baut ein Gotteshaus gleich mit Hotel dabei. »Seine« Region preist Kartte so an: »Eine Verwaltung, die voll Energie bei der Sache ist. Ein junger, 32 Jahre alter Gouverneur, ein junges Management, ein Bischof, der mitmacht.«

Bei der Vermittlung mittelständischer Wirtschaftspartner will seit neuestem auch eine eigens dafür gegründete russische

Agentur helfen. Es ist eine ungewöhnliche Konstruktion: Mit staatlichen Mitteln ins Leben gerufen, soll sie als Wirtschaftsunternehmen geführt werden. Die Zentrale sitzt in Moskau, schräg gegenüber der alten DDR-Botschaft. Ein Netz von örtlichen Vertretungen soll in Rußland aufgebaut werden, und im Ausland nutzt man im wesentlichen die umstrukturierten früheren Handelsmissionen als Anlaufstelle für Partnerwünsche. Die Agentur, zu der eine Datenbank und eine Finanzabteilung gehören, arbeitet selbständig, zumindest ist sie keinem Ministerium oder irgendeiner anderen staatlichen Einrichtung formell unterstellt. Der Leiter, Jurij Petrow, ist ein enger Vertrauer von Boris Jelzin und war zuvor Chef des Präsidialamtes.

Ein gut ausgebildeter Mittelstand, ein funktionierendes Handwerk – langsam, aber sicher verbreitet sich die Erkenntnis, wie wichtig gerade dieser Bereich für wirtschaftlichen Aufschwung ist. Und auch da läßt sich von einem vielversprechenden Projekt berichten.

Seit 18. Januar 1993 wohnt der Deutsche Manfred Ziewers in einer Moskauer Wohnung zur Untermiete. Früher war so etwas verboten, heute ist es die schnellste Möglichkeit, in dieser prall gefüllten Stadt eine Bleibe zu finden. Die Vorgeschichte zu beschreiben würde zu lange dauern – auf jeden Fall gab es eines Tages staatliches Geld für die Mittelstandsförderung in Moskau, und die Handwerkskammer Düsseldorf kümmerte sich darum. Übrigens auch wieder das Resultat einer bestehenden Partnerschaft: Noch zu sowjetischen Zeiten unterzeichneten Nordrhein-Westfalen und die Russische Republik sowie die jeweiligen Hauptstädte Düsseldorf und Moskau entsprechende Partnerverträge.

Die Idee, die Manfred Ziewers in Moskau realisieren soll, geht von folgenden Überlegungen aus: In der Sowjetunion wurde das Handwerk nicht gefördert – allenfalls im Schatten der Kirche. In diesen Umbruchszeiten betätigen sich viele gerade auf dem handwerklichen Sektor, sei es in Form von Schwarzarbeit, Neben- oder Hauptbeschäftigung, sei es in

Garagen oder Wohnungen. Und wenn man dann noch den immensen Bedarf an handwerklichen Leistungen vor Augen hat, dann macht es Sinn, mit ausländischer Hilfe diesen wichtigen Wirtschaftssektor auf vernünftige Füße zu stellen und dem Handwerk Starthilfe zu geben. Dafür braucht man zunächst einmal einen Gewerbehof, in dem sich verschiedene Handwerker ansiedeln können, die bestimmte teure Serviceeinrichtungen (Fax, Kopierer etc.) gemeinsam nutzen. Bei der Maschinenausstattung könnte man mit ausgemustertem deutschen Gerät beginnen, das technisch einwandfrei, aber nach westlichen Maßstäben überholt ist.

Ein weiterer Baustein bei der Konzeption: In den russischen PTUs, unseren Berufsschulen vergleichbar, wird weitgehend am Bedarf vorbei ausgebildet. Denn die Betriebe, wo die jungen Menschen an veralteten Maschinen lernen, sind oftmals faktisch pleite und können neue Leute gar nicht brauchen. Moderne Technik steht meist nicht zur Verfügung. Hier müßte man Handwerker, die sich selbständig machen wollen, durch Kurzlehrgänge am westlichen Gerät in den Stand versetzen, im Laufe von zwei oder drei Jahren selbst Lehrlinge auszubilden.

Und als dritter Punkt dieses Konzepts ist eine »Unternehmensführungsakademie« vorgesehen, was sich vielleicht etwas hochgestochen anhört, aber im Grunde nichts anderes meint als Weiterbildungskurse für die Handwerker mit Informationen über Steuergesetze und all das, was man eben wissen muß, wenn man einen Betrieb führen will.

Sinnvollerweise haben sich die Deutschen, die diese bestechende Idee ausgebrütet haben, gefragt, ob es wirklich das ist, was gebraucht wird, und deshalb im März 1993 einen dreitägigen Kongreß abgehalten, an dem vierhundert russische kleine und mittlere Unternehmen teilnahmen, die Betriebe mit zwischen drei und dreißig Beschäftigten vertraten. Mit dieser Resonanz hatten die Deutschen nicht gerechnet.

Was waren die dringlichsten Probleme russischer Handwerker? Zuallererst wurden fehlende Produktionsflächen genannt. Die meisten saßen mit ihren Firmen in Privaträumen und improvisierten in Wohnzimmern oder Garagen vor sich hin. Dann kam die horrende Steuerbelastung aufs Tapet, die jemand zu dem Kommentar veranlaßte: »Legal kommt hier keiner auf die Beine.« Da die Rechtslage bestenfalls am Ende eines Geschäftsjahres klar ist, weiß man überhaupt nicht, wie hoch Rückstellungen sein müssen, auf welche finanzielle Belastung man sich einstellen muß. Folglich blüht die Schwarzarbeit. Und schließlich klagten die meisten über Probleme bei der Materialbeschaffung, weil das vielfach noch nach altem Muster zentral geregelt werde. Deshalb konnte Konstantin Borowoi mit seiner Börse in Moskau im Handumdrehen Millionär werden – oder ist er gar schon Milliardär? –, weil er überall im Land vom Rohstoff bis zum Nagel alles mögliche aufkauft und »auf dem freien Markt« anbietet.

Auf jeden Fall stieß bei den Russen die Idee auf lebhaftes Interesse, eine Handwerkskammer nach deutschem Vorbild zu errichten, praktische Voraussetzungen für die Ausübung des Berufs zu schaffen und eine Interessenvertretung zu organisieren.

Wenn man sich einmal plastisch vorstellt, in wie vielen Bereichen eine Riesennachfrage besteht, dann kann man als rezessionsgeplagter Deutscher nur noch ins Schwärmen geraten. Ich will nur zwei Beispiele herausgreifen: Fenster und Autos.

Auf dem Gebiet des Bau- und Ausbaugewerbes herrscht ein enormer Bedarf. Bei den in Moskau lebenden Ausländern sowieso, aber auch bei den vielen neuen reichen Russen, die zu Zigtausenden Wohnungen erwerben, für die in Moskau innerhalb des Gartenrings bei sechzig Quadratmeter Wohnfläche etwa 120 000 Dollar hinzublättern sind. Wer das ausgeben kann, der will auch in guter Qualität renovieren und ausbauen. Ich möchte mal behaupten, 98 Prozent aller Fenster in Moskau sind undicht, Isolierverglasung ist so gut wie unbekannt. Welch ein Markt für Fensterhersteller!

Der zweite Bereich ist das Auto. Es gibt Schätzungen, nach denen in ganz Moskau keine hundert funktionierenden Tankstellen mit Reparaturbetrieb existieren. Wer ein ausländisches Fabrikat reparieren lassen muß und auf Ersatzteile angewiesen ist, kann das häufig nur mit grünen Scheinen erledigen.

Nun braucht man zur Realisierung all dieser schönen Überlegungen einen potentiellen russischen Partner, der vor allen Dingen auch ein entsprechendes Gelände bereitstellen kann. Als Standort bietet sich eine PTU mit dem bereits vorhandenen Instrumentarium für die Ausbildung an – und die Stadt Moskau hat bereits erklärt, für dieses Projekt eine derartige Berufsschule unentgeltlich zur Verfügung zu stellen. Im Gespräch ist die Schule Nr. 47 am Anadyrskijprospekt im Nordosten Moskaus. So weit, so gut.

Für die Berufsschulen ist das Bildungsministerium zuständig, und alleine die Erwähnung dieser Institution treibt russischen Unternehmern das blanke Entsetzen in die Augen. Möglicherweise ist das Bildungsministerium ohnehin die falsche Adresse, und man wäre beim russischen Arbeitsamt besser aufgehoben. Einmal hat das bei den russischen Unternehmern einen besseren Ruf, und zum anderen – ganz pragmatisch – ist es finanziell besser ausgestattet. Dem Bildungsministerium werden stetig die Mittel gekürzt, sein Haushalt monatlich bewilligt, und das jeweils zum Ende des Monats. Außerdem hat man von dort schon signalisiert, daß man eine Art Weisungskompetenz anstrebt, was der Idee des freien Unternehmertums einigermaßen widerspricht.

Die ersten Verwirrungen hat es auch schon gegeben, als es plötzlich hieß, die Schule Nr. 47 ist bereits anderweitig vermietet. Dahinter könnte zweierlei stecken: Einmal die Pokervariante, man kann es ja mal versuchen, die Geldgeber dazu zu bringen, daß sie die vorgeblichen Mieter »rauskaufen«, weil es doch schade wäre, in diesem fortgeschrittenen Stadium erst wieder einen neuen Standort zu suchen. Oder die Busineßvariante, nach der sich bereits der gesamte Lehrkörper für die zukünftigen Aktivitäten installiert und auf wundersame Weise beteiligt hat.

Übrigens – für die Finanzierung dieses Projektes ist das Bundeswirtschaftsministerium zuständig, für die Ausführung die Handwerkskammer Düsseldorf und für die Abwicklung das »Entwicklungshilfeministerium«, was die Russen doch immer wieder irritiert.

Ich frage den Moskauer Projektleiter, warum man mit dieser Idee nicht in die Provinz gegangen ist. Das liefe sicher unproblematischer und zügiger als in der Hauptstadt, wo man nie genau weiß, wer gerade mit wem kungelt, wer gegen wen kämpft und welche Seilschaften sich welche Ziele gesteckt haben. Darauf bekomme ich die Antwort: »Der Prüfauftrag lautete: Moskau-Stadt.« Und schließlich kostet ein halbes Jahr Prüfen etwa 350 000 Mark. Das ist zumindest auf den ersten Blick ein Argument. Man kann auch darüber nachdenken, ob Moskau für die Provinz Modellcharakter haben könnte. Nach dem Motto: Wenn das in Moskau funktioniert, können wir es viel leichter in allen anderen Regionen einführen. Aber wetten möchte ich nicht darauf, so schlecht, wie die Regionen auf Moskau zu sprechen sind. Ganz im Gegenteil: Die Chance, ein solches Projekt irgendwo in der Provinz in einem überschaubaren Zeitraum zu realisieren und von dort aus über das Land zu verteilen, halte ich für viel größer. In Moskau sind die bürokratischen Hindernisse höher, die Zahl der involvierten Stellen größer und die Schar der Geier, die nur profitieren wollen, auch.

Unabhängig von dem moskauspezifischen Problem taucht noch eine ganz andere Schwierigkeit auf, und zwar eine deutsche. Nachdem das Projekt ausgearbeitet und auf Machbarkeit und Relevanz überprüft ist, müssen die deutschen Stellen entscheiden, ob man es denn nun auch tatsächlich ausführt. Ein Automatismus besteht da nicht. Das liegt u. a. daran, daß Prüfaufträge aus anderen Geldtöpfen finanziert werden als die geprüften Projekte. Ich habe mir sagen lassen, daß die Entscheidungszeit zwischen zwei Monaten und vier Jahren beträgt.

Während wir wie das Kaninchen auf die Schlange darauf starren, daß russische Wissenschaftler das Land verlassen und ihr Wissen zweifelhaften, undemokratischen Mächten zur Verfügung stellen, ist uns der massenhafte russische Technologietransfer zu Schleuderpreisen in »unsere« Länder kaum eine Zeile wert.

Tatsache ist, daß trotz der oftmals desolaten Situation in den Industriebetrieben auf bestimmten Gebieten der Wissenschaft und Forschung wertvolles Wissen existiert, an dem der Westen interessiert ist.

Und Tatsache ist, daß es bis heute kein wirksames Gesetz über Patentrecht gibt, das geistiges Eigentum schützt. Am 31. Mai 1991 wurde zwar ein entsprechendes Gesetz verabschiedet, nach dem sogar die Gewinne aus der neuen Erfindung fünf Jahre lang von der Steuer befreit wurden, es trat aber wegen des Zerfalls der Sowjetunion nicht in Kraft. Rußland erließ dann am 23. September 1992 ein neues Gesetz (in dem im übrigen von Steuervergünstigungen nur noch sehr allgemein die Rede ist), nach dem auch alle in der Sowjetunion angemeldeten Erfindungen neu registriert und nach russischem Recht patentiert werden sollen; aber mit der praktischen Umsetzung wird es aus verständlichen Gründen dauern. Es gab zwar immer schon eine Art »Erfinderzeugnis«, das dem Urheber neuer Verfahren Ehre, Orden und eine Prämie bescherte, aber das hat nichts mit dem international üblichen Patentrecht zu tun. Es war ja auch nicht nötig, weil ohnehin alles dem Staat gehörte.

Will heutzutage jemand seine Erfindung patentieren lassen, so kann er das für viel Geld im Ausland tun. Die wenigsten haben an einem so umständlichen und teuren Verfahren Interesse, sondern versuchen auf direktem Wege Kapital daraus zu schlagen, mit dem Risiko, daß sie ausgebootet werden und jemand anders mit ihrer Erfindung das große Geschäft macht.

Man muß sich das in der Praxis so vorstellen: Mitarbeiter von staatlichen Instituten und Forschungseinrichtungen gründen kleine Firmen, um ihr Wissen zu Dumpingpreisen ans Ausland zu verkaufen. Die staatlichen Unternehmen werden ausgehöhlt und zerfallen in kleine Forschungslabors. Zum Beispiel das Wawilow-Institut in St. Petersburg, früher eines der führenden Institute auf dem Gebiet der Lasertechnik und Optik in der Sowjetunion, oder das Joffe-Institut, dessen Ruf in die dreißiger Jahre zurückreicht und wo Grundlagenforschung im Bereich der Physik betrieben wurde. Dabei kann man den Wissenschaftlern in den wenigsten Fällen einen Vorwurf machen. Wenn staatliche Aufträge ausbleiben, kommt es vor, daß sie einige Monate ohne Gehalt dasitzen. Was bleibt ihnen also anderes übrig? Es sei denn, sie machen es wie der promovierte Molekularbiologe, den ich in Moskau getroffen habe. Er verkauft im Metroeingang Zeitungen.

Eine konkrete Geschichte sieht dann so aus: Ein russischer Professor, der sich mit der Chemie radioaktiver Stoffe und den Folgen von Tschernobyl beschäftigt hat, bekommt aus den USA eine chemische Substanz mit der Bitte, daraus eine bestimmte andere Substanz zu entwickeln. Der Professor freut sich über die internationale Wertschätzung seiner Person, erledigt alles zur Zufriedenheit und erhält dafür 100 Dollar. Er und seine Frau werden in die Vereinigten Staaten eingeladen, wohnen in den besten Hotels, besuchen wissenschaftliche Zentren der Amerikaner, und der Professor hört immer wieder, welch wertvoller Spezialist er doch sei und daß man eine Zusammenarbeit mit ihm anstrebe. Außer dieser wunderschönen Amerikareise bekommt er noch einmal 400 Dollar für eine Konsultation, und das war's. Er hatte sein Wissen bereits preisgegeben, und man brauchte ihn nicht mehr.

Wenn ein russischer Wissenschaftler für eine bestimmte Zeit auf Einladung ins Ausland geht – froh, daß er dort weiterforschen und experimentieren kann –, dann bleibt all das, was er während dieser Zeit erarbeitet hat, im Ausland. Rein theoretisch – wenn der Vertrag das nicht ausschließt – könnte der russische Wissenschaftler seine Erfindung im Ausland patentieren lassen, aber ein Physiker erklärt das so: »Das Gehalt während des Auslandsaufenthaltes reicht gerade für ein im amerikanischen Sinne mehr oder weniger normales Leben. Alles in allem hätte mich die Anmeldung eines Patents 3500 Dollar gekostet. Wie sollte ich das bezahlen?«

Auch zwischen den einzelnen Republiken der ehemaligen Sowjetunion wird da mit harten Bandagen gekämpft. Die Firma Agnis aus Litauen hat noch zu sowjetischen Zeiten ein von der russischen Firma Jupiter entwickeltes medizinisches Gerät sozusagen in Lizenz gebaut. Nach dem Zusammenbruch der Sowjetunion übergaben die Direktoren von Jupiter alle Papiere an die litauische Firma. Mit den Erfindern wurde anläßlich dieses Verkaufs ins Ausland, also nach Litauen, eine Dividende vereinbart. Die ist nie gezahlt worden, und mit dem geistigen Eigentum der russischen Wissenschaftler produziert weiterhin eine Firma in Litauen.

Trotz der abenteuerlich schlechten medizinischen Versorgung der Bevölkerung haben russische Spezialisten Weltniveau und sind im Ausland sehr willkommen. Russische Mediziner arbeiten zum Beispiel in Kuwait oder Ägypten. Auch solche, denen angeboten wurde, in den USA zu praktizieren. Die Begründung für ihre Wahl klingt einleuchtend: »Wenn ein Herzspezialist in die Vereinigten Staaten geht, dann darf er bei der Operation nur als zweiter Assistent dabeistehen, weil sein Diplom nicht anerkannt wird. Wenn er aber nach Kuwait oder Ägypten geht, arbeitet er dort als Professor und wird auch so bezahlt.«

Ein russischer Mediziner aus der Forschung, den ich nach internationalem Austausch befragt habe, kommentiert das lächelnd so: »Amerikanische Ärzte sollten eigentlich ein goldenes Denkmal für die russischen Kollegen errichten, von denen sie so viele Methoden übernommen haben, nach denen sie heute arbeiten.«

Diese Umbruchszeiten führen zu manchmal paradoxen Situationen. Vor einigen Jahren kauften Japaner russische Maschinen – das kommt auch vor –, die einen bestimmten Arbeitsprozeß besonders rationell erledigten. Die damals noch zuständige sowjetische Außenhandelsorganisation kümmerte sich nicht um den Patentschutz – mit der Konsequenz, daß die Japaner das Verfahren patentieren ließen und die Russen nun für die Nutzung ihrer eigenen Konstruktion zahlen müssen.

Das Thema Konversion ist in diesem Zusammenhang besonders heikel. Nach meinem Eindruck wird nirgendwo sonst so viel geheuchelt. Einerseits erwartet der Westen vom Osten, daß dort im Handumdrehen die hochtechnisierten Rüstungsbetriebe auf zivile Produktion umgestellt werden, ohne Rücksicht darauf, daß man endgültig auch in diesem Bereich den Anschluß verpaßt bzw. in einigen Fällen den technologischen Vorsprung verliert. Andererseits geben sich westliche Vertreter die Klinke in die Hand, um Rüstungstechnologien billig einzukaufen und dann selbst danach zu produzieren. Die entsprechenden russischen Werke stellen ja demnächst Haushaltsgeräte für den heimischen Markt her, was man auch noch als Erfolg feiert. Solange weltweit Rüstungstechnologie produziert und sogar gefördert wird – trotz aller Abrüstungsvereinbarungen –, sollte man das russische Potential zur Zusammenarbeit nutzen, statt sich bei jedem Waffenexport der Russen moralisch zu entrüsten. Das muß man auch als Gegner von Waffenproduktionen jeder Art zur Kenntnis nehmen.

»Man kann doch nicht an einem im Hof liegenden Goldstück ruhig vorbeigehen, man muß es aufheben«, so kommentiert ein russischer Waffentechniker die Begehrlichkeiten des westlichen Auslandes, und weiter: »Ich will denen gar keine Vorwürfe machen, das ist doch der Markt.« Sehr zurückhaltend, ich bin nicht sicher, ob resigniert oder unendlich höflich, erzählt er, daß Amerikaner gerne »unsere geschlossenen Betriebe« besuchen, daß sie Englischkurse finanzieren und für die Zusammenarbeit Dienstreisen anbieten.

Ein russischer Wissenschaftsjournalist deutet in einem Gespräch sehr geheimnisvoll an, es gebe bereits Situationen, in denen sich amerikanische und russische Militärkomplexe

»praktisch verschmelzen«, wie er sich ausdrückte. Es sei schließlich für russische Rüstungsbetriebe günstiger, nach Bestellungen des amerikanischen Verteidigungsministeriums zu arbeiten. Die weltpolitische Lage habe sich eben geändert. »Unser ehemaliger Feind ist unser Freund geworden.«

Auf jeden Fall ist das renommierte Kurtschatow-Institut in Moskau in einem Gemeinschaftsunternehmen mit den Amerikanern dabei, einen superfesten Schutzbelag für Weltraumfahrzeuge zu entwickeln. Es gibt Verhandlungen zwischen einer amerikanischen Weltraumfirma und einem russischen Betrieb über den Kauf neuartiger Raketentriebwerke, die halb so teuer wie die herkömmlichen sind. Und die amerikanische Regierung hat ein Programm aufgelegt zur Weiterentwicklung eines russischen Kernreaktors, der besonders »weltraumgeeignet« ist. Nicht zu vergessen die Franzosen. Die haben kürzlich russische Experten beauftragt, die Konzeption des europäischen wiederverwertbaren Raumgleiters »Hermes« zu prüfen. Sehr hoch im Kurs stehen russische Programmierer. Westliche Firmen beschäftigen die in Rußland lebenden Spezialisten für ein Monatsgehalt von 80 bis 100 Dollar.

Welch ein Potential! Ein hochrangiger Beamter der Europäischen Gemeinschaft, der mit der Verteilung von EG-Geldern beschäftigt ist – und da gibt es ja einiges zu verteilen, EG-Programme für Rußland sind nicht schlecht ausgestattet –, bestätigt, daß den Russen »für 'nen Appel und ein Ei Kostbarkeiten« abgekauft werden, weil sie keine Vorstellung von Preisen haben. Er erzählt, daß er zuweilen von Verzweiflungsschüben heimgesucht wird angesichts der Tatsache, daß EG-Programme zu Selbstbedienungsläden für westeuropäische Firmen verkommen.

Das weltweit größte Programm für technische Hilfe im Osten hat die Europäische Gemeinschaft auf die Beine gestellt. Es heißt TACIS (»Technical Assistance to the Commonwealth of Independent States«, also technische Hilfe für die Gemeinschaft Unabhängiger Staaten) und umfaßt neben den GUS-Staaten auch Georgien. Im Dezember 1990 wurde es verabschiedet, und für die ersten beiden Jahre hat man 850 Millionen ECU (das sind 1,7 Milliarden DM) bereitgestellt. Mit einem Teil dieses Geldes soll ein Projekt unterstützt werden, das sich ISTC nennt (»International Science and Technology Center«, also Internationales Wissenschafts- und Techologiezentrum). ISTC wiederum ist eine gemeinsame Institution der Europäer, der USA, Japans und Rußlands.

Dieses Zentrum soll russischen Atomwissenschaftlern den Übergang von der militärischen zur zivilen Forschung ermöglichen. Wenn man davon ausgeht, daß Europäer, Amerikaner und Japaner zusammen etwa 70 Mio. Dollar dafür aufwenden, dann ist das ein beachtlicher Brocken, vor allen Dingen vor dem Hintergrund, daß ein promovierter Physiker zur Zeit (Sommer 1993) umgerechnet zwischen 20 und 30 Dollar im Monat verdient. Praktisch beginnen die Probleme schon bei der Abgrenzung: Was ist militärisch und was zivil, was also wird gefördert und was nicht? Problematisch ist auch die fehlende Motivation bei den russischen Wissenschaftlern, die sich bei ihrer neuen Tätigkeit unter Wert beschäftigt fühlen. Und erwähnen muß man leider auch das oftmals sehr hemdsärmelige Auftreten gerade der Amerikaner und Europäer. Es gehört schon eine gewisse Dreistigkeit dazu, in einem russischen Forschungsinstitut als Verkehrssprache Englisch einführen zu wollen, nur weil Dollar drinstecken. Und es erinnert an die Praktiken, wie man sie im Irak anwendet, wenn man die Mittel nur fließen lassen will, sofern sich die Russen bei der Frage raushalten, welche Ausländer in solchen Forschungseinrichtungen künftig Zutritt haben dürfen und welche nicht.

Eine ganz andere Schwierigkeit beim TACIS-Programm besteht darin, die richtigen förderungswürdigen Partner zu finden. Ich kann mich an ein Gespräch mit einem EG-Unterhändler erinnern, das ich in einer Rigaer Hotelbar führte. Der gute Mann war ganz verzweifelt, weil er die kostbaren Millionen mangels geeigneter Projekte gar nicht los wurde. Dabei gäbe es genügend sinnvolle Verwendungsmöglichkeiten. Man muß sie nur finden, man muß aufpassen, daß man nicht kriminellen mafiotischen Elementen und Scheinfirmen aufsitzt, und man muß langwierige bürokratische Ausschreibungs- und Kontrollverfahren durchlaufen. Es handelt sich schließlich um öffentliche Mittel, über deren Verbleib Nachweis zu führen ist.

Theoretisch sehr sinnvoll, praktisch haben sich dummerweise eine Reihe von Geschäftemachern gerade auf die Tükken dieser Mechanismen spezialisiert und schustern sich gegenseitig die Überprüfungsstudien zu, statt daß endlich einmal ein konkretes Projekt an Ort und Stelle ans Laufen kommt. Ein SPD-Europaabgeordneter hat das so formuliert: »Mit TACIS helfen sich die Europäer offenbar selbst. Der Verdacht drängt sich auf, daß es sich hierbei um eine sehr eigenwillige Interpretation des Begriffs ›Hilfe zur Selbsthilfe‹ handelt.« Der Abgeordnete ist nicht der einzige, der die mangelnde Qualität vieler solcher Studien beklagt. Sein Kommentar zu einer Arbeit über die Gasvorkommen in Tjumen, die für eine halbe Million DM innerhalb weniger Tage erstellt wurde, lautet kurz und knapp: »Vieles riecht hier nach Selbstbedienung.«

Eine zusätzliche Schwierigkeit liegt in der mangelnden Koordination. Ein Beispiel. Es ist bekannt, daß in Rußland enorme Mengen an Energie vergeudet werden, im vertrackten Zusammenspiel von veralteter Technologie und Verschwendungsmentalität nach dem Motto: Ist ja alles staatlich, kostet nichts! Mit nur zweieinhalb Millionen ECU wird aus einem Extratopf ein EG-Energiezentrum finanziert, das man sich folgendermaßen vorstellen muß. Ein Europabus, blau mit goldenen Sternen, fährt durch Rußland, und die Mitarbeiter veranstalten Seminare zum Energiesparen, geben Tips, vermitteln Kontakte. Der Chef ist ein Deutscher aus der ehemaligen DDR, der Stellvertreter ein Russe. Das Team leistet hervorragende Arbeit, vor allem auch deshalb, weil sie bei ihren Reisen vor Ort auf konkrete Dinge stoßen, bei denen man ansetzen könnte – aber leider nicht kann, denn für die sogenannten Folgemaßnahmen fehlt der Auftrag. Dafür ist eine andere Organisation zuständig. Während der Europa-Energiesparbus bei der Generaldirektion 17 der EG angesiedelt ist, untersteht TACIS der Generaldirektion 1.

Es werden viel zu viele Studien gemacht, sagt auch ein leitender EG-Bediensteter in Moskau: »90 bis 95 Prozent der vorgeschlagenen Projekte sind für die Katz; 50 Prozent der fertiggestellten Studien sind okay, der Rest ist schlecht. Aber die guten machen ja nur Sinn, wenn auch was damit passiert. Tut es aber nicht. Dann wird erst mal ausgeschrieben und noch mal geprüft, und das Zeug vergammelt in der Schublade.« Der energiegeladene unkomplizierte Mann fügt hinzu: »Mit der Zeit wird man müde. Wir haben hier so enthusiastisch angefangen, und wie oft sind wir so voll vor die Wand gelaufen!« Aber das ist für ihn kein Grund zum Aufgeben. Dafür ist ihm das alles zu wichtig. Als begeisterter Europäer, der er mal war, bezeichnet er sich allerdings lange nicht mehr. »Ich glaube, wir müssen einiges einreißen, damit was Besseres wachsen kann.«

Am meisten gehen ihm die europäischen Eifersüchteleien auf die Nerven, die sich auch bei der Mittelvergabe aus dem TACIS-Programm ablesen lassen. Die Deutschen seien zu dämlich. Während andere europäische Länder die erste Garde nach Brüssel und Straßburg schicken, verstünden Deutsche das immer noch als Versorgungseinrichtung für Politiker auf dem Abstellgleis. Es hat zuwenig Prestige und wird nebenbei erledigt. »Die Deutschen sind dadurch stark, daß sie sich an Frankreich hängen in Brüssel und zu allem ja und amen sagen.« Der Moskauer EG-Mann hat eine Menge Wut im Bauch. Die kann man natürlich auch kriegen, wenn man aus nächster Nähe miterlebt, wie ein schönes erfolgversprechendes Projekt an innereuropäischem Konkurrenzneid scheitert. Zum Beispiel das mit der Zentralbank. Es lag ein ausgearbeitetes Programm vor, wie die deutsche Bundesbank die russische Zentralbank beraten sollte, es lief sehr gut an, und dann wurde plötzlich aus Brüssel alles gestoppt. Nun soll neu ausgeschrieben werden. Unter der Hand heißt es, die Franzosen hätten es an sich gerissen.

Wenn man sich die internationale Zusammensetzung der TACIS-Leute ansieht, dann waren die Deutschen von Anfang an mit zwei Mitarbeitern von sechzig in Relation zu den Mitteln, die sie bereitstellen, absolut unterrepräsentiert. Mittlerweile sitzen fünf bis sieben in einem achtzigköpfigen Team. Franzosen, Briten und Niederländer haben das Sagen, obwohl Deutschland finanziell mehr leistet, und bei einem Blick in die Projektliste stolpert man über alle möglichen europäischen Firmen, die beauftragt werden, deutsche muß man suchen. In Tjumen, diesem Erdölgebiet, das mit EG-Hilfe besser erschlossen werden soll, waren als erstes französische und niederländische Geschäftsbanken zur Stelle. »Wir bezahlen 75 Prozent der ganzen Sache«, meint der Europa-Mann, »und kriegen ziemlich wenig raus.« In Zahlen heißt das für das Jahr 1991: Von den 650 abgegebenen Projekten kamen 60 Prozent aus Deutschland. In Brüssel wurde aber kein einziges deutsches Projekt angenommen. Die Aufträge gingen im wesentlichen an die Franzosen und andere Europäer.

Kurz vor unserem Treffen hatte der Moskauer EG-Mann Besuch von einem Deutschen und einem Russen. Die beiden legten eine bestechende Idee zur besseren Nahrungsmittelverteilung vor, auf die ich hier aus Gründen der Vertraulichkeit nicht näher eingehen kann. Im Grunde müßte man sofort mit der Umsetzung beginnen, aber die EG-Statuten verlangen zunächst einmal eine Studie, ob sich das auch wirklich lohnt, also wird als erstes diese Studie ausgeschrieben. Und das dauert. Wann – wenn überhaupt jemals – die praktische Arbeit startet, steht in den Sternen.

Das EG-Team in Moskau bewertet zwar die einzelnen Projekte, übermittelt sie dann aber zur endgültigen Entscheidung nach Brüssel. Dort sitzen Verwaltungsleute im sogenannten Projektvergabeausschuß, der in der Regel aus drei Mitarbeitern besteht. Wie wenig Deutsche im Ausschuß berücksichtigt werden, zeigt noch eine Zahl. Im gleichen Zeitraum, in dem irische Beratungsfirmen für 5 Millionen ECU tätig waren, betrug die Summe für deutsche Beratungsfirmen 1,7 Millionen ECU.

»Ein Projekt ist um so besser, je mehr russische Gegebenheiten erhalten bleiben«, so lautet die Devise des Moskauer EG-Mannes. Die brutale Art der Amerikaner und Europäer mit ihren monetaristischen und neoliberalen Parolen habe schon viel Schaden angerichtet, meint er. Je mehr Ausländer das begreifen, um so schneller wird es den Russen insgesamt bessergehen.

Ich weiß, daß ich Ihnen viel zumute, wenn ich das Verhalten des Westens so kritisch betrachte. Aber wo steht geschrieben, daß wir alles richtig machen? Und wo steht geschrieben, daß all das, was für uns richtig ist, auch für alle anderen Menschen dieser Welt richtig sein muß? Im Umgang mit Entwicklungsländern beginnen wir ganz allmählich umzudenken. Warum müssen wir in bezug auf den Osten der Welt alte Fehler wiederholen? Mein Plädoyer: Wir müssen lernen, die Dinge auch mal von einer anderen Warte zu betrachten. Aber das lernt man nicht, wenn man auf der Seite der Welt wohnt, wo es sich besser und bequemer lebt. Das lernt man in der Regel nur, wenn man mit seinem Wohnsitz mal die Seiten wechselt.

Patentrezepte gibt es nicht, aber damit der Frust auf beiden Seiten – der ist nämlich langsam festzustellen – nicht noch größer wird, schlage ich folgende Zutaten vor: Pragmatische Konzepte, von jeglicher Ideologie entrümpelt, das muß doch zu schaffen sein; eindeutige ressortübergreifende Kompetenzen; straffe Koordinierung (es geht nicht, daß sich drei Delegationen von drei verschiedenen Bundesministerien in Rußland treffen, ohne voneinander zu wissen); eine kräftige Prise Aufrichtigkeit und als Würze Berater aus den Ländern des ehemaligen Ostblocks wie DDR, Ungarn, Polen oder Tschechoslowakei. Die haben uns im Westen *und* den Russen nämlich einiges an Erfahrung voraus.

»Eine gewisse Sehnsucht nach diesem wilden Land«

Im Gespräch mit Viktor Jerofejew

Er wird als *der* führende Schriftsteller der Perestroika-Ära gehandelt: Viktor Jerofejew, 1947 in Moskau geboren. Mit seinem ersten Roman »Die Moskauer Schönheit« gelang ihm der internationale Durchbruch. Von seinen Geschichten, insbesondere der über das »Leben mit einem Idioten«, war der russische Avantgardekomponist Alfred Schnittke (der Name erklärt sich aus seiner deutschen Herkunft) so begeistert, daß er eine Oper danach schuf. Die deutsche Erstaufführung inszenierten die Wuppertaler Bühnen, Viktor Jerofejew wurde dazu eingeladen, er kam, und meine Aufgabe war es, ihn in Form eines Gesprächs am Vorabend der Uraufführung dem interessierten Publikum näherzubringen.

Im Vorfeld dieser Veranstaltung hatte ich durchaus zwiespältige Gefühle, denn einerseits ist dieser Autor in der Tat ein bemerkenswerter Typ, andererseits kann ich nicht gerade behaupten, daß mir seine Erzählung »Leben mit einem Idioten« gefiele. Es ist die Geschichte eines Moskauer Schriftstellers, der zur Strafe einen Wahnsinnigen bei sich zu Hause aufnehmen muß. Dieser benimmt sich zunächst ruhig und bescheiden, später immer wilder, bepinkelt die Tapeten, scheißt auf den Boden, vergewaltigt die Frau des Schriftstellers, der das so gefällt, daß sie sich von ihrem Mann abwendet. Nachdem sie allerdings ein Kind des Wahnsinnigen abtreibt, ist dieser so verletzt, daß er sich nunmehr mit dem Mann zusammentut; und als er sich eines Tages zwischen beiden entscheiden soll, bringt er die Frau mit der Gartenschere um, mit der er sich sonst die Nägel zu schneiden pflegt. Er trennt ihr den Kopf ab.

Ich kann mit solchen Geschichten nicht viel anfangen, gebe ich ehrlich zu, und mir sind die zahlreichen Interpretationen eher suspekt, die eine Art Gleichnis darin sehen und eine Zustandsbeschreibung der sowjetischen Gesellschaft dahinter vermuten. Aber ich kannte ein paar Aufsätze von Jerofejew und war daher neugierig auf ihn.

Er hat einen Teil seiner Kindheit im Ausland verbracht, denn sein Vater war ein hochrangiger Diplomat, der zeitweilig auch als Übersetzer für Stalin gearbeitet hat. Viktor war im Gorkij-Institut für Weltliteratur beschäftigt und Mitglied des Schriftstellerverbandes; aus beiden Institutionen flog er 1979 raus, weil er zusammen mit einem Freund einen Sammelband mit unzensierter Literatur herausgegeben hatte. Die neue sowjetische Politik, Perestroika und Glasnost, rehabilitierte ihn. Heute ist er als Gastprofessor für Slawistik und Romanistik sowohl in Los Angeles als auch in der Nähe von Boston tätig und verbringt ähnlich viel Zeit im Ausland wie in Moskau.

Ich habe mich entschlossen, unser Gespräch im folgenden wiederzugeben und nicht nur davon zu erzählen. Ich glaube, daß es in diesem Fall die angemessenere Methode ist, all das zu transportieren, was an dem Abend »passierte«. Bevor wir mit dem Gespräch begannen, hat einer der Schauspieler Teile der »Idioten«-Geschichte vorgetragen, wobei merkwürdigerweise gerade die brutalen und »geschmacklosen« Passagen fehlten.

Gabriele Krone-Schmalz: *Es hat mich etwas gewundert – die sehr drastischen Passagen haben wir uns erspart. Aber ich kann mir nicht verkneifen, Sie darauf anzusprechen. Ich kenne zum Beispiel keine Menschen, die in die Wohnung scheißen, weder Deutsche noch Russen, die das dann an die Tapete schmieren oder die sich mit Sperma bekleckern. Sie beschreiben das ausführlich. Es gibt ja verschiedene Möglichkeiten, warum Sie das tun. Entweder man hat einen Trend im Auge, im Moment verkauft sich so etwas gut: Scheiße, Gewalt, Sex. Es kann natür-*

lich auch anders sein. Und das meine ich ganz ernst. Wenn man in einer Gesellschaft aufgewachsen ist, in der sehr viele Tabus herrschen, dann muß man auch eine Menge nachholen. Oder gibt es vielleicht noch etwas völlig anderes? Ich möchte es auf jeden Fall verstehen.

Viktor Jerofejew: Als ich die Erzählung geschrieben habe, waren diese Themen noch gar nicht »in«, so was verkaufte sich nicht. Die Erzählung, die Sie eben gehört haben, wurde 1980 geschrieben, und sie lag vier Jahre lang bei mir in der Schublade im Tisch. Als sie fertig war, hatte ich den Eindruck, als wäre ein Frosch aus mir herausgesprungen, als hätte ich mir einen Frosch herausgeschrieben. Das hatte keinen Bezug auf den Markt, auf den Verkauf, das war nur die Reaktion auf mein Leben, das ich in meinem *geliebten* Land gelebt habe.

Geliebtes Land – das hört sich fast ein wenig ironisch an, wie Sie das sagen.

Eigentlich nicht. Ich könnte im Grunde wie Lermontow sagen, ich liebe mein Land, aber mit einer komischen Liebe. Ich würde es anders ausdrücken. Rußland ist ein Paradies für einen Schriftsteller, aber eine Hölle für einen Leser.

Warum?

Ein Paradies für Schriftsteller, weil alle Konflikte, alle Probleme, die es überhaupt im Leben gibt, bis zu den Wurzeln freiliegen. Während in einer normalen zivilisierten Gesellschaft diese Probleme maskiert und verschleiert sind und es seltene Momente gibt, so als ob es blitzt, und dann diese Probleme zu sehen sind, so sieht man sie in Rußland jeden Tag, jeden Moment. Ich meine es ganz ernst, Rußland ist ein Paradies für einen Schriftsteller – sofern der Schriftsteller nicht umgebracht wird. Wenn er aber nicht umgebracht wird und die Möglichkeit und die Zeit hat, etwas zu schreiben, dann kann er auch etwas Gutes schreiben – vorausgesetzt, das Sicherheitsministerium nimmt es ihm nicht weg und vernichtet es.

Heute auch noch?

Heute nicht, aber vielleicht morgen. Wenn ich davon rede, daß Rußland ein Paradies für einen Schriftsteller ist, dann meine ich damit auch, daß es einem Schriftsteller sehr schwerfällt, Rußland zu verlassen – aber ich kann nicht verstehen, warum alle meine Leser Rußland nicht verlassen haben. Ich denke häufig daran.

Sind Sie dabei zu irgendwelchen Schlüssen gekommen?

Die Leser emigrieren deshalb wohl nicht, weil es wirklich schwer ist, Rußland zu verlassen. Aber hier beginnen schon irrationale Probleme. Ich versuche, kurz meine Meinung darzustellen. Es gibt ein großes Mißverständnis, nach dem Rußland bis heute als ein europäisches Land gilt. Aber die russische Mentalität, die äußerlich der europäischen sehr ähnlich scheint, ist von ihr doch sehr verschieden. Nicht zufällig redet man vom Geheimnis der russischen Seele. Doch diese Frage wurde vielfach verzerrt mit verschiedenen Mythen, mit verschiedenen ideologischen Legenden, und sie wird auch von Politikern und Nationalisten ausgenutzt. Aber es gibt bestimmte Momente im russischen Leben, die einen Ausländer erst mal überraschen, dann aber anziehen.

Da ist das so gar nicht ernsthafte Verhältnis zum Leben überhaupt. Es ist eine ständige Verwandlung des Lebens in ein Spiel und die Vorstellung, daß ein echtes, ein wahres Leben irgendwann einmal beginnt. Daher kommt auch eine komische Einstellung zu materiellen Werten des Lebens. Ganz gleich, ob es sich um Autos handelt oder Zahnbürsten. Die Brüder Karamasow leben bis heute in Rußland. Sie treffen sich bis heute in der Küche, weil wir schlechte Cafés und schlechte Lokale haben, aber sie besprechen dieselben Probleme, bis heute. Daraus entsteht ein besonderes menschliches Klima. Eine besondere Vorstellung von Freundschaft, Liebe, überhaupt von menschlichen Beziehungen. Die überraschen einen Ausländer am ersten Tag – sofern er sich nicht gleich am ersten Tag mit verfaultem Fleisch bei uns vergiftet. Aber wenn er überlebt, findet er in Rußland ziemlich viele interessante Dinge.

Deswegen gibt es in der Welt und besonders im Westen so eine komische russische Krankheit. Viele Korrespondenten und Diplomaten gehen nach Rußland, und ich glaube, Gabriele wird mir darin recht geben, sie kommen nach Moskau, beklagen und beschweren sich über ein unerträgliches Moskauer Leben. Aber wenn sie zurückkehren in eine zivilisiertere Welt, wo es gute Zahnbürsten gibt, dann entsteht eine gewisse Sehnsucht nach diesem wilden Land, als ob man etwas verloren hat.

Es fehlt etwas.

Ja, etwas fehlt. – Um das zu verstehen, was da fehlt, dafür existiert die russische Kultur, die versucht, dieses Geheimnis zu ergründen. Wenn es in Rußland nur politischen Idiotismus und ideologische Pathologie gäbe, ebendas, wovon deutsche Korrespondenten hier bei euch so gut berichten, dann könnte man dieses Land aufgeben, es mit einem hohen Zaun versehen und vergessen. Aber in Rußland wächst aus dem Boden ein gewisses Etwas, das man in einer Zivilisation nie antrifft.

Ich sage ganz ehrlich: Mich hat am meisten von Ihnen beeindruckt – nicht »Die Moskauer Schönheit«, nicht »Leben mit einem Idioten«, sondern ein Aufsatz mit dem Titel »Der russische Riß«. Geben Sie mir knapp vier Minuten für ein Stück daraus. Ich glaube, es illustriert das eben Gesagte sehr genau:

»Das Geheimnis des Russen besteht darin, daß er einen Riß hat, oder ein Loch. Oder ein Leck, um einen Begriff aus der

Seefahrt zu verwenden. Jedenfalls hat er mit Sicherheit nichts Hermetisches. Kein Bewußtsein von sich selbst als Ganzheit, als abgeschlossene, vollendete Form. Wo ein Riß ist, da ist auch Gespaltenheit, Zerschlagenheit und Entleertheit. Wenn man anklopft, klingt es nicht hell, sondern seltsam, dumpf und eigenartig. Eine ganzheitliche Sache wirft nicht so viele Fragen auf. Sie ist da. Gut oder schlecht. Sie existiert, und basta.

Doch hier: Wer hat den Riß verursacht? Wann? Zu welchem Zweck? Oder hatte der Russe von Anfang an, von Natur aus einen Riß? Die Antwort fällt schwer.

Schlimmer noch, die Rettung fällt schwer. Mit einem Riß, mit einem Leck ertrinkt man unbedingt. Der Russe ist ein ewig Ertrinkender. Jedoch kein Ertrunkener. Im Grunde ist er ein nicht zu ertränkender Ertrinkender. In gewissem Sinne ist er ein Wassermann, der nie schwimmen gelernt hat. Man wirft ihm einen Rettungsring zu, Panik, man packt ihn bei den Haaren und schleppt ihn unter großer Anstrengung ans Ufer. Man hat ihn hingelegt, man macht Wiederbelebungsversuche. Der Russe ist schüchtern. Es ist ihm unangenehm, daß man Mühe mit ihm hat. Es ist ihm peinlich, daß er nackt ist, schlecht rasiert und überhaupt kein sehr ästhetischer Anblick. Es gefällt ihm nicht, wenn er nicht gefällt. Er wird mißtrauisch und aggressiv und zieht sich in sich zurück. Man wird ihm kein Wort der Dankbarkeit entlocken können. Er hat eine angestrengte, säuerlich-bittere Aura.

Hat er lange genug im Sand gelegen, erhebt er sich, bedenkt seine Retter mit einem trüben Blick und steigt langsam, mürrisch und unbeirrt ins Wasser. Um erneut zu ertrinken und sich zu quälen. Unversehens steigt der Verdacht auf: Der ist ja besoffen, der Hund! Nicht ausgeschlossen. Obwohl er vielleicht auch nüchtern ist. Das ist nicht der Punkt. Der Punkt ist, daß er einen Riß hat – das stichfeste Alibi des Narren.

Mit einem Riß kann man unmöglich normal leben. Mit

einem Riß kann man nicht fleißig arbeiten, sich über den Alltag Gedanken machen, sich eine glückliche Familie anschaffen und Seidenkrawatten kaufen. Mit einem Riß baut man keine Straßen ohne Löcher und wird nicht Apotheker. Einen Riß kann man verstecken, wie ein Hund seinen Schwanz einklemmt. Einen Riß kann man schlimmstenfalls zukleben. Aber der Klang wird trotzdem nicht der erwünschte sein: Er bleibt dumpf und eigenartig. Man kann nur so tun, als ob nichts wäre. Mit List und Tücke. Doch List hin, Tücke her, irgendwie hat man eine unwiderstehliche Lust, Tapeten abzureißen oder zu beschmieren!

Der Riß ist der große Vorzug des Russen. Daß er das Beste ist, was Gott schuf, hat der Russe, und auch der bescheidenste und sanfteste, Tschechow inklusive, niemals bezweifelt. Daß er ›ein Scheiß‹ ist, bezweifelt er ebenfalls nicht im geringsten.

Die ganze russische Philosophie ist bei dieser völlig unvermuteten Polarität steckengeblieben. Die ganze russische Literatur ergötzte sich an der seelischen Weite ihrer Helden. Auch die Ausländer waren voller Bewunderung, in ihrer gesegneten Ahnungslosigkeit. Und wie sollten sie das auch verstehen, wo bei ihnen alles dicht ist, wo sie nicht den kleinsten Riß haben?«*

Ist ein Leben, wenn man dicht ist, armseliger?

(Lange Pause, Lachen im Publikum.) Ich weiß nicht – aber dafür ist ein Leben ohne Riß sehr komfortabel.

Ist das Ihre ganze Antwort dazu?

Ja, so in die Richtung.

* »DER RUSSISCHE RISS« von Viktor Jerofejew. Aus: ders., »Im Labyrinth der verfluchten Fragen. Essays«. Aus dem Russischen von Beate Rausch. © 1993 S. Fischer Verlag GmbH, Frankfurt am Main

Haben denn Leute, die keinen Riß haben, eine Chance, Leute mit Riß zu verstehen?

Es gibt eine Chance. Man muß sich auch einen kleinen Riß machen.

Das werde ich jetzt überall weitererzählen. Wir sollten versuchen, ein bißchen an uns herumzureißen.

Ich gebe keine Ratschläge oder Empfehlungen, aber ich bin der Meinung, man könnte es versuchen.

Sie haben in dem »Russischen Riß« auch geschrieben (polternde Geräusche, als sei jemand mit einem Stuhl umgekippt) – *da ist schon einer umgefallen bei dem Versuch, sich einen Riß beizubringen –, Sie haben auch geschrieben, es gibt trotz allem keinen Grund zu verzweifeln, und Sie haben an anderer Stelle von der niederträchtigen menschlichen Natur geschrieben. Das heißt doch, daß Sie im Grunde genommen dem Menschen nicht so sehr vertrauen. Ich meine mich zu erinnern, daß Sie sogar irgendwann einmal gesagt haben, es sei sehr gefährlich, wenn man dem Menschen als Menschen zuviel vertraut.*

Hier sind wir an sehr komplizierte Fragen gestoßen, vielleicht sogar komplizierter als der russische Riß. Meiner Meinung nach hat die russische klassische Literatur sehr großes Vertrauen in den Menschen gehabt. Ich glaube sogar, das war eine gewisse Droge für Russen. Es war so schrecklich in der russischen Gesellschaft, daß man sich doch gewünscht hätte, so eine russische Literatur zu schaffen, in der geschrieben steht, daß es morgen besser sein wird als heute und übermorgen besser als morgen. Die russische Literatur hat den Menschen immer gesagt, ihr seid gut. Ihr lebt nur so schrecklich, weil die Bedingungen so schlimm sind, ihr müßt euch befreien, vom Zarismus, vom Kommunismus, und dann wird das Leben hell. Man muß sagen, diese Droge hat letztendlich dazu geführt, daß die philosophische Vorstellung von einem Menschen völlig verzerrt worden ist. Ihr hier habt es gut, weil für euch ist die russische Literatur nur ein Teil der allgemeinen Literatur. Aber wenn die Literatur, wie das besonders unter nationalistischen Regimen passiert, zur einzigen Quelle der Ernährung wird, dann führt das zu einer gewissen Pathologie, zu einer gewissen Verzerrung.

Meinen Sie das, wenn Sie sagen, die russische Literatur hat jetzt eine Chance, in die europäische integriert zu werden?

Natürlich hat die russische Literatur eine Chance, in die europäische Literatur integriert zu werden; sie ist ein Teil der europäischen Literatur. Die Frage ist, ob die russische klassische Literatur so stark mit dem russischen Leben verbunden war, daß sich die westliche Literatur und westliche Kulturen etwas abgestoßen fühlten. Ein einfaches Beispiel, damit es klar wird: Man hat mir eben im Foyer gesagt, ich komme aus der sogenannten roten Bourgeoisie. Nun gut. Ich hatte ein Kindermädchen mit Nachnamen Puschkina. Von diesem Kindermädchen wurde ich morgens mit rohen Eiern gefüttert, und sie meinte, man müsse die Eier stark salzen, damit sie besser schmecken. Es hat mich angeekelt, sie schmeckten widerlich, aber sie sagte, es schmeckt gut, und deswegen mußte ich das jeden Morgen essen. Viele Jahre sind vergangen, und ich esse Eier heute ganz ohne Salz. Das ist auch eine Perversion, aber Sie können vielleicht verstehen, warum ich das tue. Genau dasselbe, was ich in der Literatur mache. Das ist auch eine Abweichung von der Literatur, besonders von den Normen der russischen klassischen Literatur, und das ist eine ziemlich undankbare und auch unkommerzielle Tätigkeit.

Es ist keine große Freude, dem Leser jeden Tag zu sagen, daß nicht nur die Bedingungen schlecht sind, sondern auch der Mensch manchmal nicht so gut ist. Das ist eine undankbare Aufgabe. Nicht jeder Leser freut sich darüber. Es ist ein Dialog mit der russischen Literatur. Ich liebe die russische klassische Literatur, aber da sind eben diese übersalzenen Eier, diese Güte, die die russische Literatur hatte.

Um Mißverständnissen vorzubeugen, weil ich eben Ihr Zitat brachte, die russische Literatur habe jetzt eine Chance, in die europäische integriert zu werden. Das hat mich irritiert, eigentlich eher fast geärgert, weil ich dachte: Wieso? Die russische Literatur reicht doch für sich genommen.

Die russische Literatur hat in vielem europäische Wurzeln. Sie wissen, Dostojewski war ein großer Anhänger und Verehrer der deutschen Literatur, besonders von Schiller, andererseits von Balzac. Auf intellektuellem Niveau hatten wir immer sehr gute Beziehungen mit Europa. Aber ein russischer Philosoph hat schon kurz nach der Revolution für meine Begriffe einen sehr richtigen Satz gesagt. Er sagte: Die Gründe für die bolschewistische Revolution sind literarische Gründe. Der Mensch wurde überschätzt, und man war der Meinung, man muß nur die Bedingungen ändern, und dann bekommt man sofort Brüderlichkeit, Freiheit und Gleichheit; aber wir haben eine Hölle bekommen. Natürlich klage ich nicht Tolstoi oder Dostojewski an, daß sie Lenin Impulse gegeben haben, doch es ist ein kulturelles Paradoxon, das man bedenken sollte.

Aber davon reden die heutigen Intellektuellen nicht gerne, denn es gibt wieder einen politischen Kampf, und man sagt wieder, der Mensch ist gut, man soll den Menschen retten, und nur die Bedingungen sind schlecht. Und die sogenannten Demokraten wundern sich: Warum bist du nicht mit uns, Viktor, du hast dich doch immer mit sowjetischer Macht herumgestritten, dein Vater hat darunter gelitten, du hast auf deine Privilegien durch deine Herkunft aus der roten Bourgeoisie verzichtet, aber warum bist du nicht mit uns? Und ich sage ihnen dann: Ich bin zwar mit euch, aber als Schriftsteller bin ich gegen euch. Dann geben sie auf und verstehen überhaupt nichts mehr.

Das ist das Stichwort für heute (es war der vorletzte Tag des außerordentlichen Volksdeputiertenkongresses im Frühjahr 1993, auf dem zwischen Jelzin und Chasbulatow die Fetzen flogen), *und man kann heute nicht mit einem Russen auf dem Sofa sitzen, ohne über Jelzin zu reden. Ich werde Sie jetzt nicht fragen, ob Sie glauben, daß Jelzin das politisch überlebt, weil ich das für eine blöde Frage halte, die sowieso keiner beantworten kann. Aber ich möchte gerne von Ihnen wissen, was Jelzin Ihrer Meinung nach für russische Menschen bedeutet.*

Es gibt sehr viele Russen, da ist es schwierig, für alle zu antworten, aber die Frage ist natürlich sehr wichtig. Normalerweise rede ich nicht über politische Themen, nicht weil ich Angst vor politischen Themen habe, sondern – vielleicht haben Sie schon verstanden, warum.

Aber haben Sie nicht neulich gesagt, daß Sie sich mehr in der Politik engagieren wollen?

Ja – nein. Wir erleben zur Zeit eine wahre Tragödie, es kann ein paar Tage dauern, ein paar Monate. Es ist schrecklich, es ist fürchterlich, im Totalitarismus zu leben, aber es ist noch schrecklicher, in der Gefahr zu leben, daß der Totalitarismus zurückkehren könnte. *Einmal* unter solchen Bedingungen zu leben ist sehr schlimm, das ist eine Erfahrung, aber *zum zweitenmal*, das wäre wie eine öffentliche Vergewaltigung, also sehr schrecklich. Deshalb sage ich zu Jelzin folgendes: Ich bin ziemlich zurückhaltend in bezug auf ihn als politische Figur. Aber am heutigen Tage ist er die einzige Garantie für ein freies Rußland. Und Rußland ist die letzten zwei Jahre wirklich frei, es ist unglücklich, aber es ist absolut frei. Ich habe ziemlich viele Leser in Rußland, mein letztes Buch hatte eine Auflage von mehr als einer Million, und ich tue alles, was ich kann, um für dieses freie Rußland zu kämpfen, ich habe keine andere Wahl.

Aber so, wie Sie das ausgedrückt haben, hieße das doch, Jelzin sei im Grunde der einzige Demokrat, der in ganz Rußland rumläuft, und das kann ja wohl nicht sein.

Nein, nein. Es laufen viele Demokraten rum in Rußland. Aber die politische Situation ist so, daß ziemlich viele Menschen in Jelzin noch Vertrauen haben und er sehr gezielt versucht, Rußland aus der Sackgasse herauszuführen, in der es steckt. Das heißt nicht, daß er der Beste ist. Er ist nicht der Beste, aber er ist optimal.

Könnte man sagen, Jelzin ist als Figur wichtig für russische Menschen – wobei mir klar ist, daß man nicht für alle Russen sprechen kann –, es andererseits aber politisch Qualifiziertere gäbe, die daran arbeiten könnten, daß die Menschen eben nicht nur frei, sondern auch glücklicher werden.

Das Glück beginnt mit der Freiheit, deshalb sind wir auf dem richtigen Weg. Bei Jelzin hat sich Rußland den richtigen Weg ausgesucht. So hat es damals Lenin gesagt: Ihr habt den richtigen Weg genommen, Genossen. Wir gehen also einen richtigen Weg, aber gerade der heutige Abschnitt dieses Weges ist unerträglich, und viele Menschen haben einfach keine Kräfte mehr, keine Geduld und kein Verständnis dafür, daß auf diesen Abschnitt ein anderer folgt. Die Stimmung und die Gemüter heute – da ist eine völlige Desorientierung. Hoffentlich verstehen Sie mich, wenn ich sage, ein normales Leben haben nur unsere Großväter als Kinder erlebt. Die nächsten Generationen und die erwachsenen Großväter hatten nur ein Leben mit Schrecken. Meine Großmutter ist 95 Jahre alt und eine der seltenen Personen, die in Rußland ein normales Leben gekannt haben.

Wenn Sie sagen, man braucht Geduld und Kraft auf diesem Weg, der die richtige Richtung hält – fällt Ihnen denn dann etwas ein, was der Rest der Welt tun könnte, um den Weg etwas weniger beschwerlich zu machen? Wobei ich jetzt nicht über Geld rede.

Deutschland hat ja schon sehr viel getan und tut sehr viel. Und wenn sie auch weiter soviel tun – das wäre einfach hervorragend.

Wäre es manchmal besser, wenn wir uns aus der Politik bei Ihnen zu Hause ein bißchen mehr raushielten?

Nein.

Ich stelle mir nur gerade vor, wenn der russische Außenminister Kosyrew sagen würde, also der Herr von Weizsäcker soll demnächst das und das machen, Herr Genscher könnte eigentlich jenes politische Amt übernehmen und Herr XY, der müßte wirklich nicht in die Politik zurückkehren – dann würden wir doch wahrscheinlich sagen: Ist der verrückt geworden? Nichts anderes aber macht der amerikanische Außenminister Christopher, wenn er sagt, Gorbatschow solle bleiben, wo er ist – wobei es mir gar nicht um den konkreten Namen Gorbatschow geht. Das ist mein westliches Empfinden mit vielleicht einem bißchen Verständnis vom russischen Riß, daß ich meine, man solle so etwas lassen. Aber vielleicht sehen Sie das ja anders.

Ich denke an Japan nach dem Krieg, als die Amerikaner nach Japan kamen und dachten, man sollte den Japanern gewisse Grundlagen, Anfänge der amerikanischen Demokratie geben. Darüber kann man viel streiten, aber stellen Sie sich vor, wenn die Japaner das nicht bekommen hätten, wo wären sie dann heute? Das ist die Situation wie mit einem kranken Menschen, wenn der Magen schmerzt und man operieren soll, dann macht der Mensch mit den Schmerzen das ja auch nicht selbst. Und wenn ich auf einem Operationstisch liege, dann schreie ich um Gottes willen den Chirurgen auch nicht an: Was mischen Sie sich ein?

Das ist natürlich ein tolles Beispiel, aber Sie wissen genausogut wie ich, daß solche Vergleiche hinken, und der hinkt schon gewaltig. Ich habe mich auch nur deshalb ermutigt gefühlt, mit Ihnen einen politischen Exkurs zu unternehmen, weil ich hörte, daß Sie sich jetzt mehr politisch äußern wollen. Stimmt das überhaupt?

Nein, das hat eine mir feindlich gesinnte Zeitung geschrieben.

Das hätten wir vielleicht vorher klären sollen. Aber um zur Kultur zurückzukommen. Politik und Kultur – brauchen die sich, oder stören die sich? Mißbraucht der eine den anderen und wenn, wer wen?

Das ist eine komplizierte Frage. Mein Vater war Politiker, ich beschäftige mich mit der Kultur, und ich bin der Meinung, wir stören einander eher als daß wir uns gegenseitig helfen.

Ich denke, wir können diesen Platz nicht verlassen, ohne Ihren ersten Roman anzusprechen: »Die Moskauer Schönheit«. Ich glaube, in siebzehn Sprachen übersetzt, ein Riesenerfolg, umstritten wie alles, was Erfolg hat, und da möchte ich auf den Anfang des Buches eingehen. Für alle, die es nicht gelesen haben – die Geschichte handelt von einer Frau, die aus der Provinz nach Moskau kommt und dort reüssiert, indem sie in den richtigen Betten mit den richtigen Männern liegt, man kann auch sagen: Die Geschichte einer Edelnutte. Der Roman beginnt mit der Beschreibung einer Landschaft, und der Leser weiß eigentlich nicht so richtig, wo er ist, er ahnt es vielleicht, und dann stellt sich plötzlich heraus, es handelt sich um die gynäkologische Untersuchung durch einen ziemlich lüsternen Mediziner. – War das nötig?

Das ist nur eine mögliche Interpretation dieser Landschaft. Es geht nicht um Gynäkologie.

Eben.

Es geht darum, daß der Roman im Namen einer russischen Frau geschrieben ist. Die russische Kultur war immer eine sehr männliche Angelegenheit. Das Verhältnis von Tolstoi zu Anna Karenina war das Verhältnis von einem Starken zu einer Schwachen. Er bestraft sie, und Anna Karenina kann den Tolstoi nicht bestrafen. Ich habe begriffen, daß die russische Literatur einen Roman brauchte, wo die Frau kein Objekt, sondern ein Subjekt ist. Ich habe darauf gewartet, daß ein Roman von einer russischen Frau über eine russische Frau kommt. Da der Roman aber nicht kam, habe ich mich entschieden, ihn selbst im Namen der russischen Frau zu schreiben.

Sie haben in der Ichform geschrieben, das heißt aus der Sicht der Frau.

Die Frau ist wirklich sehr schön. Es ist meine Schwester, die ich sehr gern habe. Man muß sagen, dieser Roman ist sehr skandalös, denn es war der erste Roman, in dem die russische Frau die ganze Wahrheit über sich selbst gesagt hat, und das hat viele schockiert. Dieser Absatz mit der Gynäkologie ist nur ein kleiner Auszug. Warum die Stimme einer Frau für mich sehr wichtig war, hängt mit folgendem zusammen. Sowohl hier in Deutschland als auch bei uns befinden sich die Menschen sozusagen in sozialen Käfigen, und es ist sehr schwer, sich zu bewegen, sowohl vertikal als auch horizontal. Nur die »Schönheiten« können sich recht frei bewegen. Und meine »Schönheit« bewegte sich von unten bis oben, von Dissidenten bis zur höchsten Nomenklatura, von der Arbeiterklasse bis zu Schriftstellern und Intellektuellen. Wahrscheinlich waren die Bauern die einzigen, wo sie nicht hingekommen ist, aber dafür hatte sie wohl keine Zeit. Diese Herumreiserei, dieses Herumziehen, hat mir die Möglichkeit gegeben, ein Bild der sowjetischen Gesellschaft darzustellen. Mit keiner männlichen Figur, keiner männlichen Persönlichkeit wäre das gelungen.

In gewisser Weise ist es eine Hymne an die russische Frau. Das meine ich ganz ernst, Gabriele. Und ich möchte mir erlauben, noch eine Minute dazu etwas zu sagen. Daß in Rußland die Perestroika, die Freiheit möglich gewesen ist – obwohl die Freiheit jetzt in Gefahr scheint –, muß man sagen, war nur möglich dank der russischen Frau. Denn die Männer in der russischen, der sowjetischen Gesellschaft waren entweder korrupt oder betrunken. Aber die Frau hat versucht, irgendwie Privatleben zu bewahren, Kinder zu erziehen, Häuser gemütlich zu halten, sich die Lippen zu schminken, irgendwelche Züge eines normalen Lebens aufzubewahren. Dank der Frauen konnten wir, wenn auch nur teilweise, wiedergeboren werden. In diesem Sinne ist meine Heldin, meine Figur aus dem Roman, Gorbatschow im Weiberrock. Der Roman wurde noch vor Gorbatschow geschrieben, aber in einem metaphorischen Sinne hat meine Figur auch Gorbatschow die Chance gegeben und der russischen Gesellschaft die Möglichkeit, sich zu befreien.

Was Sie jetzt zum Schluß über die Rolle der russischen Frauen gesagt haben, da kann und will ich auch nichts mehr draufsetzen. Vielen Dank, daß Sie hier waren.

Wie so oft in vergleichbaren Fällen bleiben tausend Fragen ungestellt und unbeantwortet. Es ist auch seltsam, wie sehr ich als Fragesteller*in* versucht habe, das Frauenthema nicht überzustrapazieren, mit der Gefahr, es unter Wert zu behandeln. Ich konnte nicht so richtig einschätzen, ob es das knapp zur Hälfte männliche Publikum genauso interessiert hätte wie mich, mit Viktor Jerofejew darüber zu streiten, ob sein Roman mehr Frauen-Erlebtes oder doch mehr Männer-Phantasie enthält. Ich hätte ihn gerne noch mit der Meinung von Marcel Reich-Ranicki konfrontiert, der in seiner unnachahmlichen Art behauptet, Frauen könnten keine Romane schreiben, Kurzgeschichten ja, aber keine Romane. Ich hätte ihm gerne seinen in einem Zeitungsinterview geäußerten chauvinistischen Satz zum Kommentieren vorgelegt, der da heißt: »Ich will ausprobieren, wie weit einer russischen Frau überhaupt eine Sprache gegeben ist, um sich mit ihrem erotischen Leben auseinanderzusetzen.« Was denkt er sich, wenn er schreibt: »Die besten Frauen erdichten noch immer die Männer«? Ist das Provokation, oder glaubt er das alles wirklich? Eine leicht zynische Ader hat er jedenfalls.

Er hält das Bild vom guten Menschen für verzerrt. Aber wie böse ist der Mensch? Und welcher ist schlechter – der mit oder der ohne Zivilisation? Wie wirkt sich das gewisse Etwas aus, das seiner Meinung nach aus russischem Boden wächst und sonst nirgendwo anzutreffen ist? Wie demokratiefähig ist der Mensch, und wie steht es um das russische Selbstwertgefühl? Viktor Jerofejew hat in einem seiner Aufsätze auch den französischen Reiseautor Marquis de Custine zitiert, der Rußland 1839 besucht hat und danach schrieb: »Das Unglück der Russen besteht nicht darin, daß sie Europa imitieren, sondern darin, daß sie es schlecht imitieren.« Spricht daraus nur traditionelle westliche Überheblichkeit, oder ist das traditionell mangelnde Selbstbewußtsein der Russen stärker, als sie und wir glauben?

Kontaktadressen

ARGE Ost

Arbeitsgemeinschaft
deutscher Ostgesellschaften
Steinstr. 48
44147 Dortmund
Telefon: 02 31/81 82 90 oder
81 82 99
Fax: 02 31/8 38 00 55
Telex: 8 221 58
Vorsitzender:
Dr. Dietrich Sperling, MdB
Geschäftsführung:
Regina Schrader

Delegation der Deutschen Wirtschaft

Ul. Dubininskaja 98
113043 Moskau
Satelliten-
Telefon: 007 502/222 1072
Fax: 007 095/230 2455
Telex: 064/414 783
Dr. Andrea von Knoop

Gorbatschow-Fond

Leningradskij Prospekt 49
125468 Moskau

Prof. Dr. Wolfgang Kartte

Wirtschaftsberater der
Russischen Föderation
Unter den Linden 44–60
10117 Berlin
Telefon: 0 30/39 98 51 10
Fax: 0 30/39 98 52 54
(Moskau:
Krasnopresnenskaja nab. 2
Haus der Sowjets der
Russischen Föderation
Telefon/Fax: 007 095/
2 05 45 29

Kooperationsbüro der
Deutschen Wirtschaft

Uhlandstr. 28
10719 Berlin
Telefon: 0 30/8 82 65 96
Fax: 0 30/8 82 51 93
Telex: 305 137
Dr. Beatrice Kühne

Kooperationsbüro Hessen

Sowjetskaja pl. 3, Zimmer 214
150000 Jaroslawl
Telefon/Fax: 007 08 52/
22 92 19
Wladimir Simonow

OMV

Ost- und Mitteleuropa
Verein e.V.
Bergstr. 11
20095 Hamburg
Telefon: 0 40/33 89 45
Fax: 0 40/32 35 78
Telex: 214 934
Vorstandsvorsitzender:
Henner Geldmacher
(Krupp Lonrho GmbH,
Düsseldorf)
Geschäftsführung:
Dr. Ulrich Dietsch

Ost-Ausschuß der
Deutschen Wirtschaft

Gustav-Heinemann-
Ufer 84-88
50968 Köln (Bayental)
Telefon: 02 21/3 70 84 17
Fax: 02 21/3 70 86 90
Telex: 888 2601
Dr. Karl-Hermann Fink
Dr. Peter Danylow

Repräsentanz des Russischen Industriellen- und
Unternehmerverbandes
(Arkadij Wolskij)

Hainstr. 16–18
04109 Leipzig
Telefon: 03 41/20 09 71
Fax: 03 41/28 72 09
Herbert Schmidt

Staatliche Investitionskorporation

Mjasnizkaja 35
101959 Moskau
Telefon: 007 095/9 25 67 96
Fax: 007 095/2 08 96 43
Jurij Petrow

Deutsche Außenstelle:
Derusa AG – Deutsch-
Russisches Handelshaus

Königsallee 60 G
40212 Düsseldorf
Telefon: 02 11/1 38 56 50
Fax: 02 11/13 22 66
Telex: 8 582 716
Viktor Sorokin

Bildnachweis:
Fotografien im Bildteil von Lothar Schmalz

Die Deutsche Bibliothek – CIP-Einheitsaufnahme

Krone-Schmalz, Gabriele:
Rußland wird nicht untergehen . . ./Gabriele Krone-Schmalz. – 2. Aufl. –
Düsseldorf; Wien; New York; Moskau: ECON Verl., 1993
ISBN 3-430-15697-1

2. Auflage 1993

Gesetzt aus der: Times, Linotype
Satz: Lichtsatz Heinrich Fanslau, Düsseldorf
Papier: Papierfabrik Schleipen GmbH, Bad Dürkheim
Druck und Bindearbeiten: Bercker Graph. Betrieb, Kevelaer
Printed in Germany
ISBN 3-430-15697-1